Arbeiten mit Holz

RUSTLESS
SHEFFIELD 10 mm
Rip Wood
Crosscut Wood
Chip Board
Plywood
Non-Ferrous
Masonry

Jeremy Broun

Arbeiten mit Holz

Werkzeuge, Techniken, Beispiele

Aus dem Englischen übersetzt von
Frank Hering und Gunter Neubert

E.U.
VERLAG
EUGEN
ULMER

Die Deutsche Bibliothek – CIP-Einheitsaufnahme

Broun, Jeremy:
Arbeiten mit Holz : Werkzeug, Techniken, Beispiele / Jeremy Broun.
Aus dem Engl. übers. von Frank Hering und Gunter Neubert. –
Stuttgart (Hohenheim) : Ulmer, 1997
Einheitssacht.: The encyclopedia of wood working
techniques <dt.>
ISBN 3-8001-7806-0

Ein Quarto-Buch

Titel der englischen Originalausgabe:
Encyclopedia of Woodworking Techniques.
Erschienen 1993 in Großbritannien bei Quarto Publishing plc
The Old Brewery
6 Blundell Street
London N7 9BH

Deutsche Ausgabe:

Wollgrasweg 41, 70599 Stuttgart (Hohenheim)
Lektorat: Dr. Angelika Eckhard
Herstellung: Gabriele Wieczorek
Satz: Typomedia Satztechnik GmbH, Ostfildern
Printed in China

Anmerkung des Verlegers

Bei der Holzbearbeitung können gefährliche Situationen entstehen. Bei der Benutzung von Hand- als auch Elektrowerkzeugen kann es sehr schnell zu Unfällen mit schweren Folgen kommen. Deshalb ist immer mit äußerster Vorsicht und Umsicht vorzugehen. Vor der Nutzung elektrischer Maschinen muß die Bedienungsanleitung gründlich gelesen werden. Die zur Verfügung stehenden Sicherheitsvorrichtungen sind in jedem Fall zu nutzen. Nur zum Zweck der anschaulichen Darstellung wurden viele Sicherheitsvorrichtungen entfernt – diese Verfahrensweise gilt nicht für den normalen Betrieb der Maschinen.

Die in diesem Buch vorgestellten Methoden nebst Darstellungen, Informationen und Ratschlägen erfolgen nach bestem Wissen. Jedoch können weder der Autor noch der Lizenzinhaber oder der Verleger eine Haftung für Fehler oder Unterlassungen übernehmen.

Besonderer Dank für die erwiesene Hilfe gilt Ian Styles vom Axminster-Zentrum für Elektrowerkzeuge, ebenso Ian Howes für die Hilfe bei den fotografischen Arbeiten sowie Andrew Varah und Nick Gibbs.

Inhaltsverzeichnis

Einführung

Arbeitstechniken

Gestaltungsbeispiele

EINFÜHRUNG

EINFÜHRUNG

Holz fasziniert uns immer wieder und weckt unser Interesse. Es zählt zu den ältesten Naturschätzen der Menschheit. An den verschiedenartigen Möglichkeiten seiner Verwendung und Gestaltung im Laufe der Jahrhunderte läßt sich die Entwicklung der Zivilisation sehr gut verfolgen. Angefangen bei hölzernen Gesichtsmasken, Holzrädern und Grubenstempeln im Bergbau bis zum Papier für Bücher – Holz ist einzigartig.

Als ein Material mit außergewöhnlichen Eigenschaften läßt sich Holz biegen, verdrehen, brechen und spalten. Es quillt, es schrumpft oder neigt zu Verwerfungen, es riecht angenehm, und es kann so dünn geschnitten werden, daß es fast transparent wirkt. Es erscheint hart, weich, steif oder federnd. Es kann jahrhundertelang haltbar bleiben oder in wenigen Sekunden durch Feuer zerstört werden.

Es gibt kaum etwas, das nicht schon einmal aus Holz gefertigt wurde, und fast jeder ist von den fühlbaren und visuellen Eigenschaften beeindruckt. Die unendlich große Vielfalt der Holzmaserungen und ihre vielseitige Verwendbarkeit sowohl als strukturgestaltendes als auch als dekoratives Element wirken immer wieder anziehend. Holz ist eines der beliebtesten Materialien, welches heute von Hobbyhandwerkern und von Fachleuten gleichermaßen verwendet wird.

Die mit der Holzbearbeitung verbundenen Traditionen und Techniken sind schon seit Jahrhunderten üblich, und ich glaube, daß die Beherrschung dieser Techniken für die erfolgreiche Holzbearbeitung unbedingt notwendig ist. Ich hatte das Glück, ein gediegenes Grundwissen zu den Handwerkstechniken zu erhalten, dies entfachte meine Leidenschaft zum Gestalten von Holz. Trotz des Verwendens elektrisch betriebener Werkzeuge werden die alten Methoden nicht verworfen, sondern in die neuen Verfahren integriert. Es bereitet Freude, sowohl mit den handbetriebenen als auch mit den elektrisch betriebenen Werkzeugen zu arbeiten – vorausgesetzt, sie werden sachkundig gehandhabt. Ich hoffe, daß es gelingt, mit diesem Buch das entsprechende Fachwissen zu vermitteln.

Holz ist als Material wunderbar und angenehm zu bearbeiten. Jedesmal, wenn Sie es anwenden, werden Sie etwas Neues lernen. Geben Sie Ihr Vorhaben nicht wegen fehlenden Wissens oder mangelnder Erfahrung auf, und lassen Sie sich nicht aus Furcht vor Fehlern abschrecken. Ein Mißerfolg ist im Grunde genommen eine notwendige Stufe für den kommenden Erfolg. Keine noch so große Anzahl Worte oder Fotografien kann Sie zur vollendeten Ausführung handwerklicher Arbeiten befähigen – Sie müssen das durch Arbeit mit verschiedenen Holzsorten und unterschiedlichen Formen selbst erreichen. Wenn Sie den Dreh heraushaben, wird Ihr Selbstvertrauen wachsen, Ihre Beherrschung der Technik wird zunehmen, und Sie können neue Gestaltungsversuche in Angriff nehmen.

Hinweise für die Benutzung des Buches

Das Buch bietet einen in sich geschlossenen Zugang zur Holzbearbeitung. Im ersten Teil werden die wichtigen grundlegenden Techniken behandelt und eine detaillierte Analyse der Grundschritte der Holzbearbeitung durchgeführt. Der zweite Teil widmet sich den Ergebnissen der Techniken, u.a. mit Beispielen gelungener Arbeiten aus der ganzen Welt. Diese Stücke sollen Sie zu eigenen Ideen und Experimenten anregen.

Text
Jedes neue Technikkapitel beginnt mit einem kurzen einleitenden Abschnitt zu wichtigen und speziell zu beachtenden Merkmalen der Technik.

Bildliche Erklärungen
Die Techniken werden durch Darstellung der Vorgehensweise Schritt für Schritt erläutert. Diese Darstellungen sind in kleine Einheiten unterteilt, die unterschiedliche Aspekte der Techniken zeigen.

Bezeichnung der Kapitelüberschriften
Die Techniken werden jeweils auf der Seite des Kapitelanfanges links oben mit ihrer gebräuchlichsten Bezeichnung benannt.

Verweise
Wo es angebracht erscheint, wird im Text und in Bildunterschriften auf andere nützliche Techniken verwiesen. Verweise erscheinen auch im zweiten Teil, um eine Verbindung zwischen den Arbeitsverfahren und den Endergebnissen zu ermöglichen.

Grundausstattung
Die Grundausstattungslisten zeigen die für die Ausführung einer speziellen Technik erforderlichen wichtigsten Ausrüstungsgegenstände auf einen Blick.

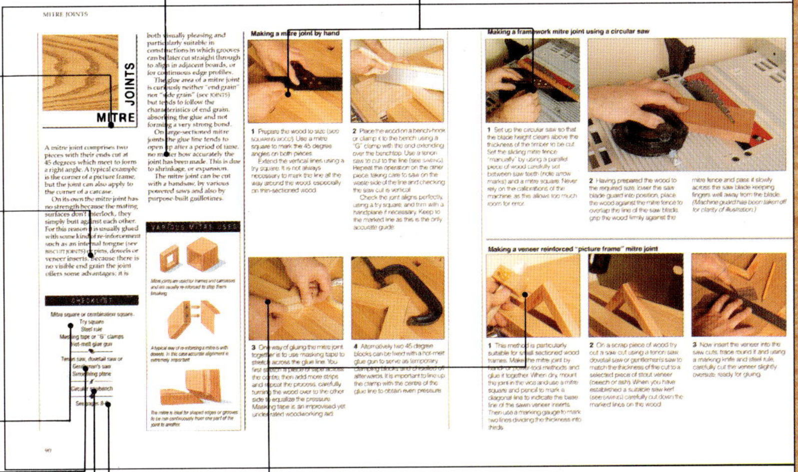

Voraussetzungen: Diese Grundausstattung an Werkzeugen ist notwendig, ganz gleich ob handbetriebene oder elektrisch betriebene Maschinen zur Anwendung kommen.

☞ Handbetriebene Werkzeuge

〰 Elektrisch betriebene Werkzeuge

✚ Anmerkungen zu Gesundheit und Sicherheit

Handbetriebene und elektrisch betriebene Werkzeuge
Wo es angebracht erscheint, werden beide Bearbeitungsmöglichkeiten demonstriert.

GESUNDHEIT UND SICHERHEIT

Kein Thema fand in den letzten Jahren mehr Beachtung als Fragen zu Gesundheit und Sicherheit. Die Beliebtheit der Holzbearbeitung und die sich daraus ergebende größere Personenzahl, die sich damit befaßt, führte zwangsläufig zu mehr Unfällen. Obwohl Gesetze erlassen wurden, die die Tätigkeit in Industrie- und Ausbildungseinrichtungen erfassen, müssen sich die im allgemeinen allein arbeitenden Heimwerker nach ihrem eigenen Ermessen absichern.

Gesundheit und Sicherheit sollten zuerst eine Sache des gesunden Menschenverstandes sein, denn kein Gesetzestext und keine Schutzvorrichtung an Maschinen kann das Abtrennen eines Fingers an einer Säge oder das Durchtrennen eines Nerves infolge des Wegrutschens eines Meißels verhindern. Die Produzenten bemühen sich um verständliche und umfangreiche Anleitungen zur sicheren Arbeit mit den Werkzeugen und Geräten. Diese sollten vor der ersten Nutzung des betreffenden Gegenstandes sorgfältig gelesen werden.

Auch an Vorsichtsmaßnahmen gegen Staub und Lärmbelästigung muß gedacht werden. Der Schutz von Augen und Ohren ist unbedingt erforderlich. Sie sollten nicht nur ein Atemschutzgerät tragen, sondern zusätzlich den Staub an der Entstehungsstelle absaugen. Die Lärmbelästigung läßt sich durch Abschirmen einzelner Teile der Ausrüstung und natürlich auch der Werkstatt verringern.

Das größte Risiko in der häuslichen Werkstatt geht vom Feuer aus. Staub und Späne müssen deshalb am Ende des Tages immer zusammengefegt und aus der Werkstatt entfernt werden.

Grundausstattung

Elektrisch betriebene Werkzeuge

- Hinweise des Herstellers beachten.
- Bei Maschinenarbeit keine lockere Kleidung tragen und lange Haare zusammenbinden.
- Hände von sich bewegenden oder schneidenden Maschinenteilen fernhalten.
- Gehörschutz und Schutzbrille besonders beim Arbeiten an der Fräsmaschine tragen.
- Beschädigung des Schleppkabels vermeiden.
- Während des Einstellens müssen Maschinen immer ausgeschaltet sein.
- Vor dem Einsatz nicht vertrauter Werkzeuge Anleitung gründlich lesen oder sich unterrichten lassen.
- Vor der Nutzung elektrisch betriebener Maschinen Anschluß überprüfen.

Werkstatt

- Die Werkstatt sollte gut belüftet sein.
- Bei Staubentwicklung Staubschutzmaske oder Visier tragen.
- Sorgen Sie für Ordnung und Sauberkeit – dies beugt Unfällen vor.
- Entflammbare Chemikalien, z.B. Lacke und Lasuren an einem kühlen, sicheren Ort aufbewahren.

Chemikalien

- Hautkontakt mit Chemikalien und Leim vermeiden.
- Beim Umgang mit Chemikalien Handschuhe und Schutzbrille tragen.

Atemschutzgerät mit Visier
Das leichte und zweckmäßig kombinierte Atemschutzgerät mit Visier ist eine der neuesten Entwicklungen. Es gewährleistet einen sanften Luftstrom, der durch ein austauschbares Filter in den Hohlraum der Gesichtsmaske gelangt und das Eindringen von Staub verhindert. Die Luftzufuhr wird durch ein batteriegetriebenes Gebläse realisiert. Die Batterie läßt sich am Gürtel oder an der Visiermaske tragen. Die Energie der Batterie reicht für einen ganzen Arbeitstag aus. Die durchsichtige, aus Kunststoff bestehende Schutzscheibe des Visiers ist abnehmbar.

Staubschutzmaske
Es lohnt sich, beim Kauf der Staubschutzmaske auf die beste Qualität zu achten. Einige Produkte sind weniger wirksam als andere, besonders, wenn sie sich nicht vollständig der Gesichtsform anpassen lassen. Es sollte beachtet werden, daß die Masken eine Nasenklammer als festen Bestandteil enthalten.

Schutzbrille
Das Tragen einer Schutzbrille oder eines Visiers sollte in Fleisch und Blut übergehen. Augenverletzungen treten bei Tischlern am häufigsten auf, folglich müssen die Augen konsequent geschützt werden.

Ohrenschützer
Zum Schutz des Gehörs vor langandauernder Lärmbeeinträchtigung, beispielsweise beim Sägen oder Fräsen mit Elektrowerkzeugen, sollten Ohrwatte oder Ohrenschützer (Gehörschutzkapseln) angewendet werden. Die weichen, gepolsterten Ohrenschützer lassen sich preisgünstig erwerben. Ihre Nutzung sollte schnell zur Gewohnheit werden.

HANDWERKZEUGE

Die meisten Holzbearbeitungswerkzeuge werden durch Muskelkraft bewegt, denn Holzbearbeitung ist traditionell eine von Hand ausgeführte Tätigkeit. Werkzeuge, die durch Muskelkraft und nicht durch eine äußere Energiequelle angetrieben werden, lassen sich unter dem Begriff Handwerkzeuge zusammenfassen. Wenn die Zeit knapp ist, werden Sie wahrscheinlich ein Elektrowerkzeug benutzen wollen, womit ein schnelleres und wirksameres Arbeiten möglich ist. Es gibt allerdings auch Gründe für die Verwendung handbetriebener Werkzeuge, z.B. wenn eine Maschine erst eingestellt werden muß oder für Meß- und Anreißarbeiten.

Einige Tischler bevorzugen auch Handwerkzeuge, um direkten Kontakt mit dem Holz zu haben.

▼ Eine Bogensäge ist für das Sägen feiner, gerader oder kurvenförmiger Strecken geeignet, besonders für das Vollenden von Schwalbenschwanzzinkungen, wofür ein Fuchsschwanz zu groß ist.

▶ Der in verschiedenen Größen erhältliche Anschlagwinkel ist unverzichtbar. Er wird für das Anzeichnen und Kontrollieren rechtwinklig zueinander stehender Linien benutzt.

▶ Ein Verstellwinkel kann in einem beliebig einzustellenden Winkel zum Anzeichnen und Kontrollieren verwendet werden.

▶ Der Gehrungswinkel mit den unter 45° zueinander stehenden Anlageflächen dient zum Anzeichnen und Kontrollieren.

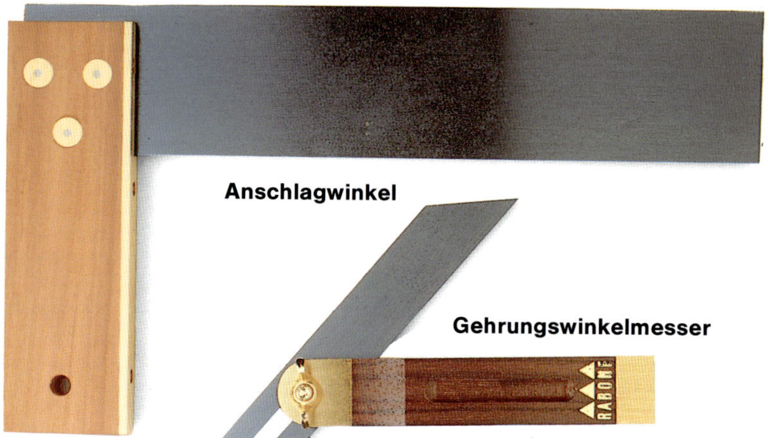

Anschlagwinkel

Gehrungswinkelmesser

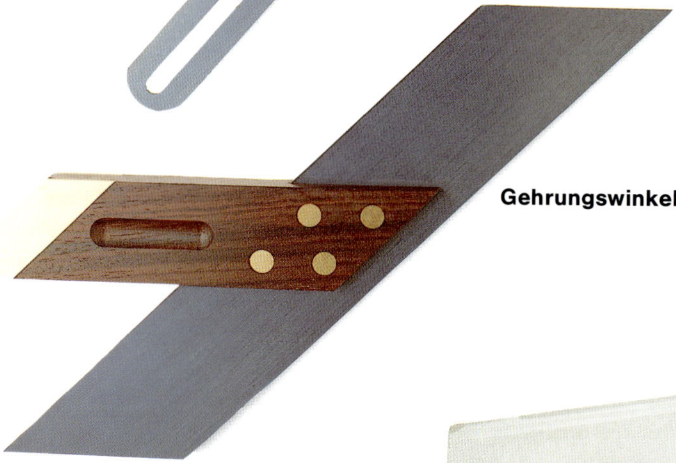

Gehrungswinkel

Bogensäge

▶ Eine Feinsäge ist eine Mehrzwecksäge für gerade Schnitte. Diese Sägen sind normalerweise 300 mm lang und besitzen 13 bis 15 Zähne auf 25 mm Länge. Eine Zinkensäge (rechts daneben) ist eine kleinere Feinsäge für entsprechend feinere Aufgaben. Derartige Sägen sind etwa 200 mm lang und haben 16 bis 22 Zähne auf 25 mm Länge.

Feinsäge

▶ Ein Streichmaß aus Buchenholz wird für das Anreißen paralleler Linien benutzt. Das Führungsstück wird fest gegen die Kante des Holzes gedrückt, während der Sporn über die Fläche gezogen wird.

Streichmaß

▶ Das Doppelstreichmaß besitzt einen Einzelsporn und einen auf die Breite eines Stemmbeitels einstellbaren Doppelsporn. Die entsprechende Position wird mit Hilfe der Klemmschraube arretiert.

Doppelstreichmaß

▶ Ein Fuchsschwanz eignet sich für Längs- und Querschnitte. Er ist ungefähr 650 mm lang und besitzt 6 bis 8 Zähne auf 25 mm.

Fuchsschwanz

Zinkensäge

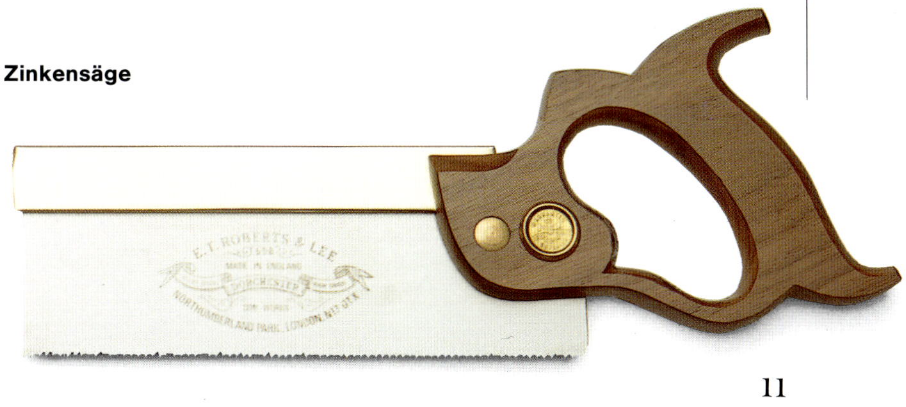

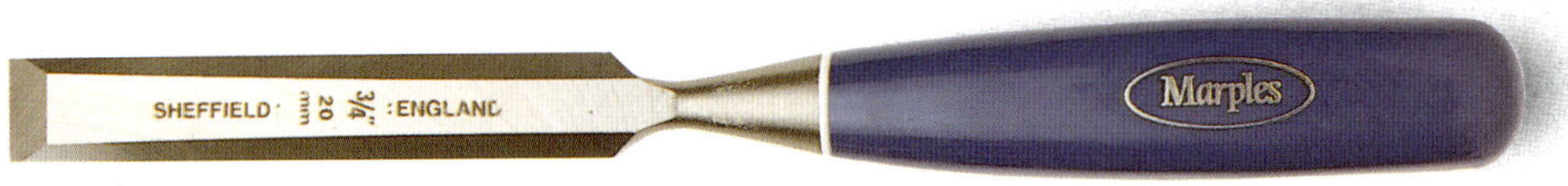

Stechbeitel

◄ Stechbeitel (zum Drücken, nicht zum Schlagen geeignet) sind in Größen von 3 bis 38 mm erhältlich. Es sind Werkzeuge geringeren Gewichtes mit vielseitiger Verwendbarkeit.

Stemmeisen

◄ Diese gegenüber den Stechbeiteln robusteren Stemmeisen (zum Drücken, nicht zum Schlagen) werden ebenfalls im Größenbereich von 3 bis 38 mm angeboten.

Lochbeitel

◄ Für das Schneiden tiefer Kerben oder Nuten ist ein kräftiges Werkzeug erforderlich. Diese Lochbeitel (zum Schlagen mit einem Holzhammer) sind in den Größen von 6 bis 12 mm erhältlich.

Anreißmesser

◄ Das Anreißmesser – eines der genauesten Anreißwerkzeuge – wird stets an einem Lineal entlanggeführt.

▼ Mit dem Stahllineal kann nicht nur sehr genau gemessen werden, es ist das am besten geeichte Meßwerkzeug innerhalb der hier betrachteten Werkzeuge.

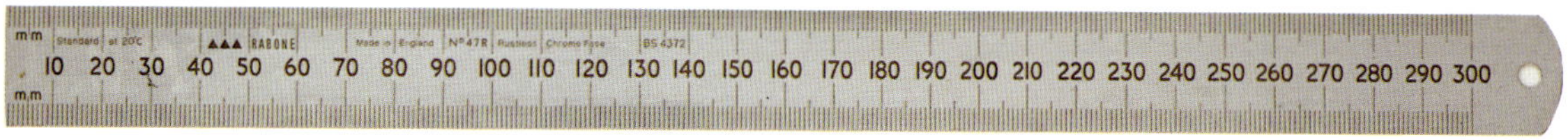

Stahllineal

Raspel

◄ Raspeln und andere Feilen dienen zum Abschleifen von Material. Mit gröberen Feilen läßt sich das Material schneller abtragen.

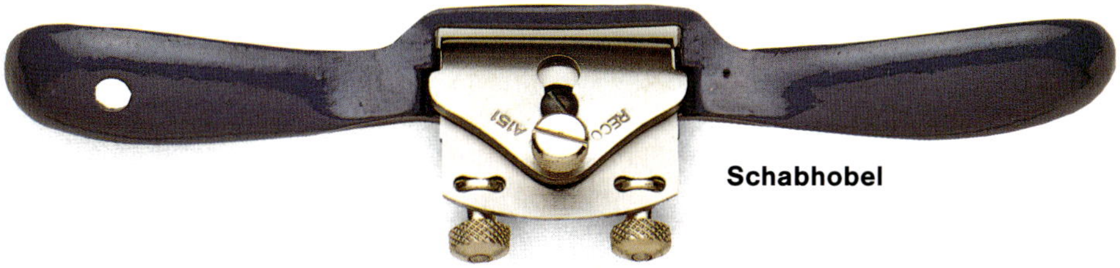

Schabhobel

▲ Zum genauen Gestalten einer Form dient der Schabhobel mit ebener oder anders Schnittkante.

Putzhobel

► Der Polierhobel aus Stahl ist etwa 230 mm lang und gilt mit seiner Möglichkeit zum genauen Einstellen der Schnittstärke als wichtigstes Werkzeug für die Bearbeitung flacher und anders geformter Oberflächen.

▼ Der kleine Putzhobel, dessen Hobelstahl flacher angeordnet ist, wird für feinere Arbeiten benutzt.

Kleiner Putzhobel

Schlichthobel

▲ Der Schlichthobel (mit einer Länge von etwa 350 bis 390 mm) dient zur maßgerechten Bearbeitung längerer Stücke. Das erhöhte Gewicht erleichtert das Führen des Hobels.

Nageltreiber

Klauen- oder Zimmermannshammer

Stifthammer

Holzhammer

▶ Handschraubendreher, obwohl zunehmend durch Elektrowerkzeuge ersetzt, erweisen sich immer wieder als sehr nützlich. Sie werden in verschiedenen Ausführungsformen und Größen angeboten. Es ist wichtig, immer die für die jeweilige Aufgabe passende Schneidendicke und -länge zu benutzen. Schraubendreher mit einem ovalgeformten oder wulstigen Handgriff lassen sich im allgemeinen leichter handhaben. Bei den hier gezeigten Typen handelt es sich um die traditionell in Tischlereien verwendeten Schraubendreher.

◀ Schlagwerkzeuge werden für viele Zwecke benötigt. Holzhämmer dienen beispielsweise dazu, Beitel in Holz zu treiben (Zapfen-Schlitz-Verbindungen). Andere Hämmer werden für das Zusammenfügen von Elementen oder zum Nageln benötigt. Holzhämmer bestehen meist aus Buche, einem relativ harten Holz. Der Schlag mit einem Holzhammer wirkt federnder als der mit einem Metallhammer. Es gibt für leichte und schwere Aufgaben unterschiedliche Hammerarten.

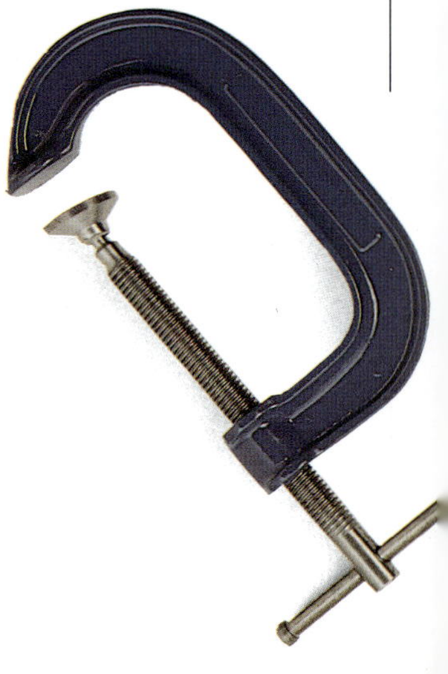

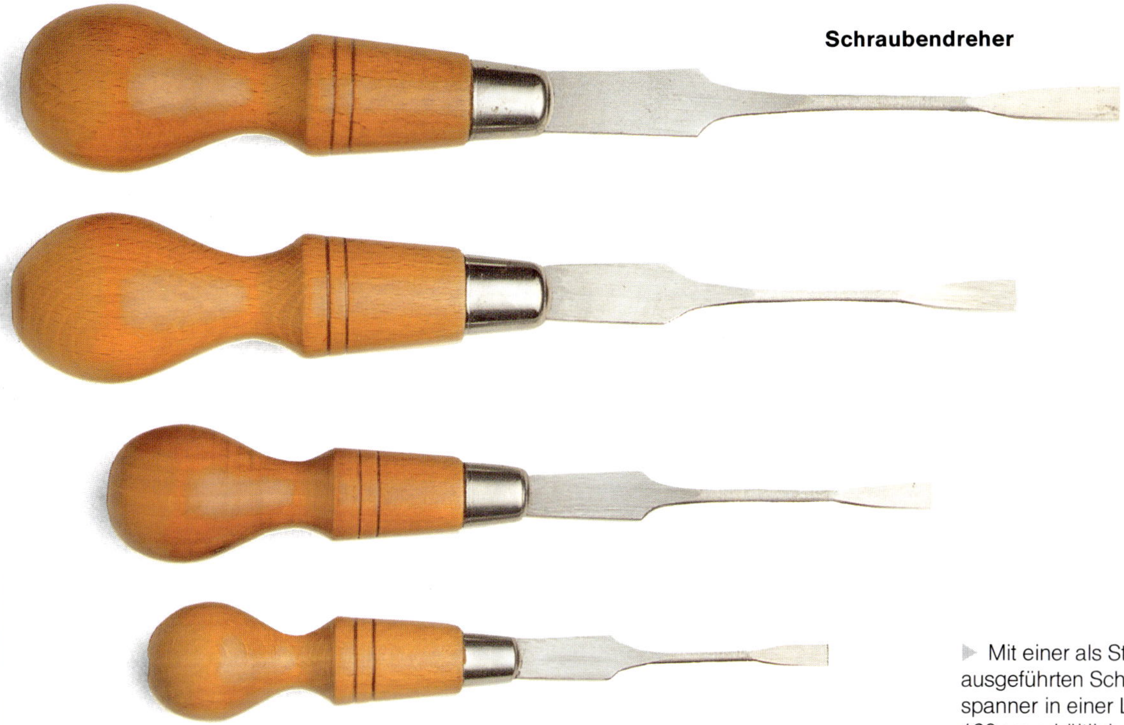

Schraubendreher

Tür-spanner

▶ Mit einer als Stab oder als Rohr ausgeführten Schiene sind Türspanner in einer Länge von 45 bis 120 cm erhältlich.

◀ Jedesmal, wenn Sie ein zusätzliches Paar Hände benötigen würden, um die in Arbeit befindlichen Teile festzuhalten, können sie die vielseitig verwendbaren Schraubzwingen (Größen von 25 bis 300 mm) einsetzen.

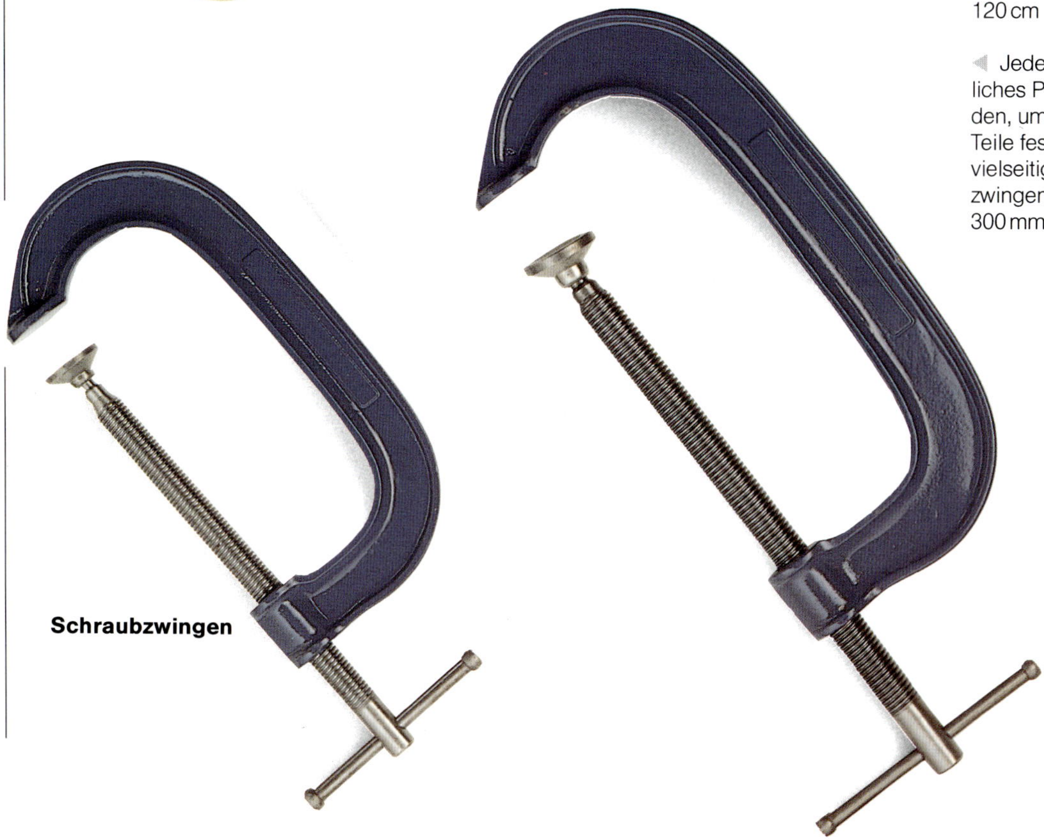

Schraubzwingen

ELEKTRO-WERKZEUGE

In den letzten Jahrzehnten änderte sich aufgrund der Entwicklung elektrisch betriebener Werkzeuge das Verhältnis von Hand- zu Maschinenarbeit sehr stark. Die Elektrowerkzeuge beenden nicht nur die mitunter stumpfsinnige Plackerei, beispielsweise beim Bohren und Hobeln von Hand, sie ermöglichen auch neue Wege bei der Holzgestaltung, z.B. durch Anwendung eines Fräsbohrers. Die Entwicklung des Aluminiumdruckgusses, des Plastformens und der Siliziumhalbleitertechnik ermöglichen und bewirken die vielfältige Weiterentwicklung einfacher tragbarer Bohrmaschinen. Verbesserungen der Elektromotoren und Fortschritte bei der Zerspanungsleistung durch hartmetallbestückte Schneidwerkzeuge waren ebenfalls wichtige Schritte. Mit den akkubetriebenen Werkzeugen stehen den Tischlern heute zweckmäßige und kompakte Werkzeuge zur Verfügung.

▶ Ein senkrechter Bohrständer trägt eine Handbohrmaschine mit 43-mm-Bund und erlaubt dadurch ein genaueres Bohren.

▼ Die Handbohrmaschine gilt als der Prototyp der Elektrowerkzeuge. Eine mit einem 13-mm-Schlüssel- oder Schnellspannfutter ausgerüstete, netzgespeiste Bohrmaschine sollte eine Leistung von 550 Watt erreichen.

Bohrständer mit Handbohrmaschine

▶ Holzbohrer von 0,4 bis 12 mm Durchmesser mit oder ohne Zentrierspitze eignen sich für allgemeine Arbeiten.

▼ Flachbohrer ermöglichen es, trotz eines schmalen Schaftes (6 mm) ein größeres Loch zu schneiden. Sie sind in den Größen von 6 bis 38 mm verfügbar.

Holzbohrer

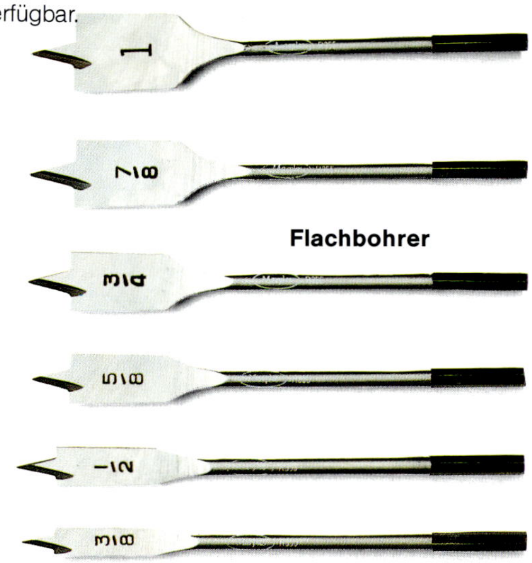

Flachbohrer

Elektrische Handbohrmaschine

Akku-Bohrschrauber (für Spannungen von 3,6 bis 24 V) mit Schnellspannfutter sind leistungsschwächer als netzgespeiste Maschinen, dafür aber weniger gefährlich und handlicher.

Akku-Bohrschrauber und Bohrer

Akku-Pack und Ladegerät

Neueste technische Weiterentwicklungen ermöglichen es, die Akku-Ladezeit von 16 Stunden auf 5 Minuten zu verringern. Einige Ladegeräte können den Ladezustand anzeigen, die Zellen vollständig entladen und gleichmäßig wieder aufladen, und sie lassen sich mit unterschiedlichen Akkutypen bestücken.

Oberfräse

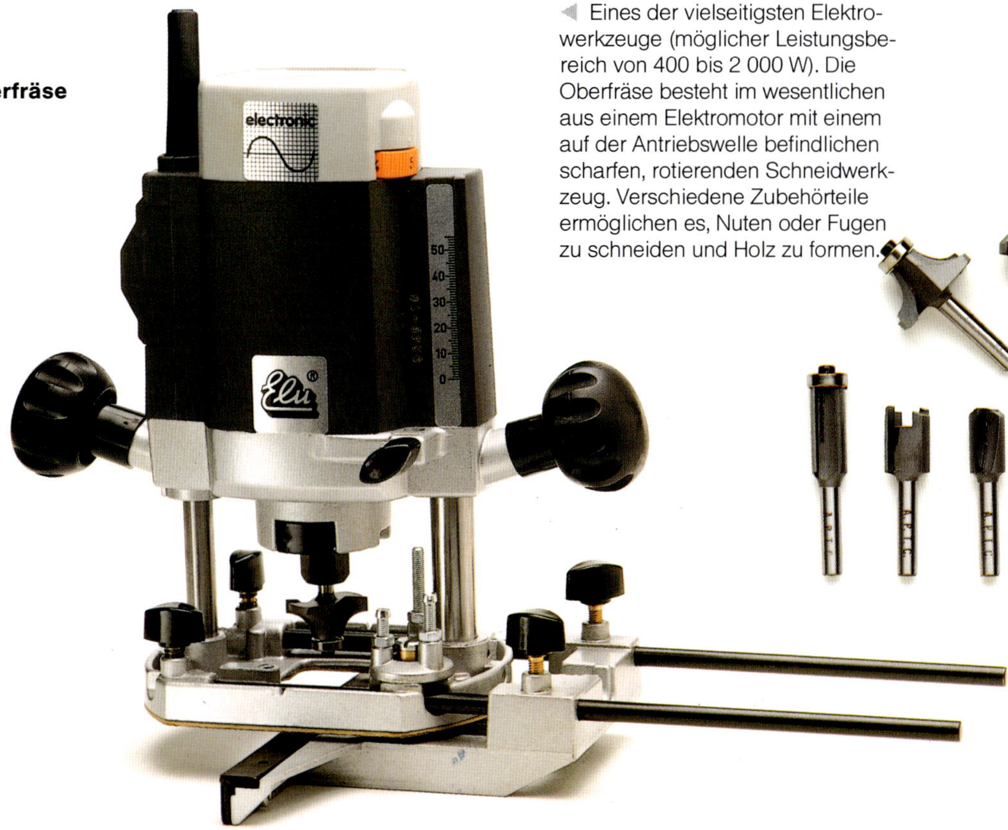

Eines der vielseitigsten Elektrowerkzeuge (möglicher Leistungsbereich von 400 bis 2 000 W). Die Oberfräse besteht im wesentlichen aus einem Elektromotor mit einem auf der Antriebswelle befindlichen scharfen, rotierenden Schneidwerkzeug. Verschiedene Zubehörteile ermöglichen es, Nuten oder Fugen zu schneiden und Holz zu formen.

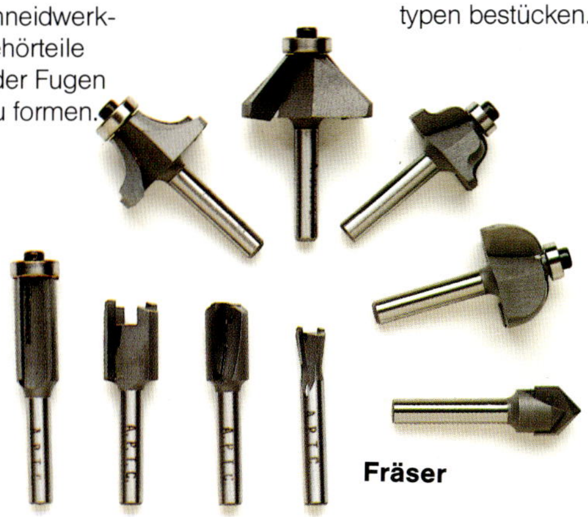

Fräser

Fräser bestehen entweder aus Schnellarbeitsstahl oder sind mit länger schnitthaltigen Hartmetallplättchen bestückt. Die Schaftdurchmesser betragen 6, 9 oder 12 mm.

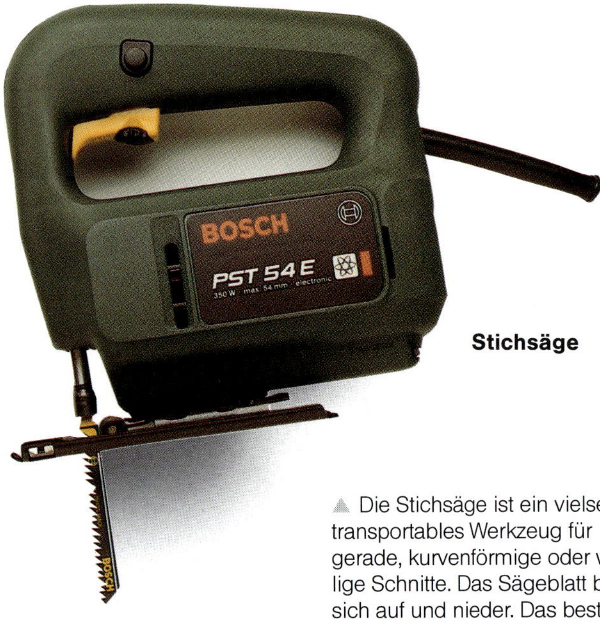

Stichsäge

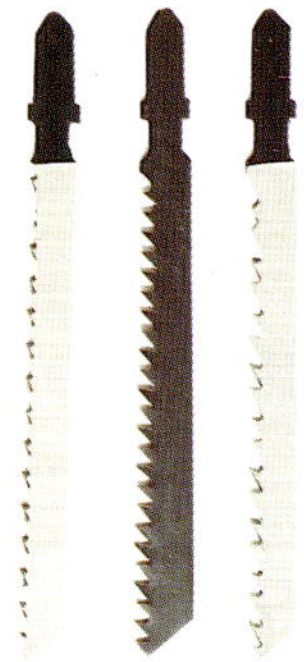

Stichsägeblätter

▲ Die Stichsäge ist ein vielseitiges transportables Werkzeug für gerade, kurvenförmige oder winklige Schnitte. Das Sägeblatt bewegt sich auf und nieder. Das beste Schnittergebnis läßt sich erreichen, wenn der Sägeschnitt in einem Zug durchgeführt wird. Für verschiedene Materialien gibt es unterschiedliche Sägeblätter.

Abzieh- oder Wetzstein

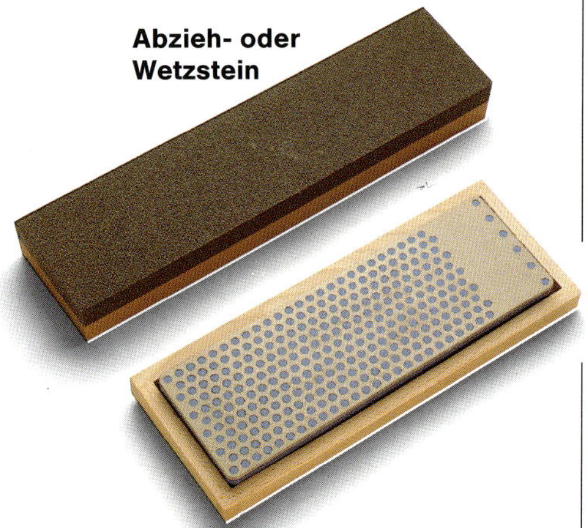

▲ Die hier abgebildeten kombinierten Abziehsteine besitzen grobgekörnte und mittelfeine bzw. mittelfeine und feingekörnte Oberflächen. Sie dienen unter Zuhilfenahme von Öl als Schmiermittel zum Schärfen von Meißeln, Beiteln und ebenen Hobelmessern. Die Abziehsteine bestehen aus gleichmäßig verteiltem, in Kunststoff eingelagertem Diamantgranulat.

▼ Eine Handkreissäge dient zum Schneiden von Vollholz oder zum Herstellen von Brettern. An der Säge kann eine gerade Anschlagbacke befestigt werden, um parallele Schnitte ausführen zu können. Das Sägeblatt kann für Nutungen auf verschiedene Tiefen eingestellt und der Schwenkbalken für winklig auszuführende Schnitte längs oder quer zum Holzfaserverlauf schräg gestellt werden.

Handkreissäge

Exzenterschleifer

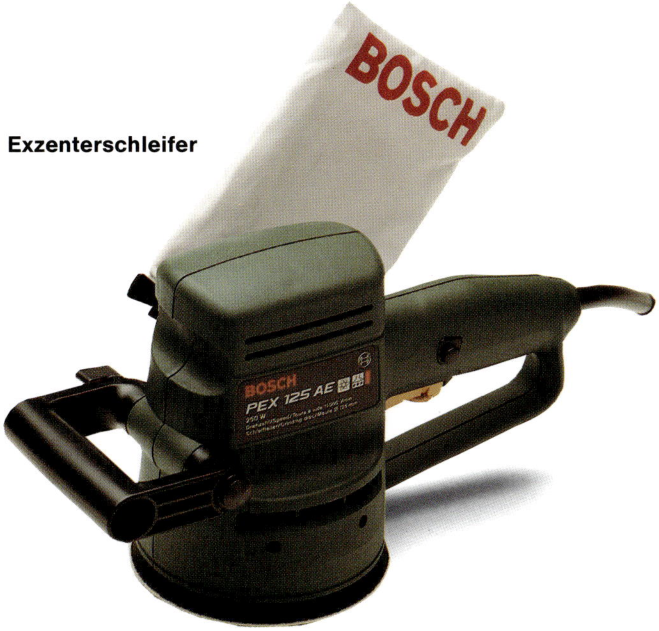

Schwingschleifer

▲ Die Schleifscheibe des Exzenterschleifers haftet mittels Klettverschluß am Schleifteller der Maschine, bewegt sich dabei exzentrisch und bewirkt das Abschleifen. Die Maschine eignet sich für ebene und kurvenförmige Flächen.

▼ Für eine Bandschleifmaschine sind durchgehende Schleifbänder mit einer Breite von 75 bis 100 mm erforderlich.

▲ Für den sich elliptisch auf der Arbeitsfläche bewegenden Schwingschleifer ist Schleifpapier notwendig, das nur etwa 1/2 bis 1/3 so groß sein muß wie für die Bandschleifmaschine. Das Schleifpapier wird auf die gepolsterte Bodenplatte geklemmt.

Lamellofedersäge

**Bandschleif-
maschine**

▲ Die Lamellofedersäge bietet eine sehr praktikable Möglichkeit zum Verbinden massiver Bretter oder von Holzplatten. Das Sägeblatt einer kleinen Kreissäge formt die elliptischen Vertiefungen, in die die kunstharzimprägnierten und gepreßten „Holzbiskuits“ eingeleimt werden.

MASCHINEN

Noch vor wenigen Jahren wog eine elektrisch angetriebene Fräsmaschine oder eine Kreissäge mehrere Tonnen und nahm in einer Werkstatt viel Raum ein. Heute ermöglichen die kleinen elektrisch angetriebenen Maschinen das genaue und phantasievolle Arbeiten sowohl für Hobbyhandwerker als auch für Facharbeiter. Gußaluminium ersetzte den schweren Stahl für die Herstellung der einzelnen Komponenten, die Effektivität des Motors erhöhte sich bei gleichzeitiger Verringerung seiner Größe. Einige Maschinen, wie beispielsweise die Mini-Abricht-Dickenhobelmaschine, konnten so verkleinert werden, daß sie jetzt als tragbare Elektrowerkzeuge verfügbar sind. Andere Maschinen, wie die Spindelfräsmaschine, können die gleichen Aufgaben ausführen und haben die gleiche Kapazität wie einige der größten elektrischen Oberfräsen.

Die Vielfalt und Tragbarkeit der modernen, sich durch geringes Gewicht auszeichnenden Maschinen erleichtert das Planen und Einrichten einer Werkstatt sehr. Wenn diese Maschinen fest installiert werden, ist für ausreichend Platz für den Materialfluß zu sorgen. Sollte dafür nicht genügend Raum vorhanden sein, bedenken Sie, daß nicht alle diese Werkzeuge auf dem Fußboden verschraubt werden müssen und sie also auch erst bei Bedarf in die erforderliche Stellung bewegt werden können.

Die Anwendung von Holzbearbeitungsmaschinen, besonders elektrisch betriebener, kann zu Gefahrensituationen führen. Die Sicherheitsbestimmungen müssen immer strikt eingehalten werden und die Schutzeinrichtungen im Betriebszustand an der richtigen Stelle sein.

Schleifbock

◄ Der Schleifbock besitzt grobkörnige und mittelfeine Schleifscheiben, mit denen die Schneiden von Meißeln, Beiteln, Hobelstählen und Holzbohrern aufgearbeitet und geschliffen werden können. Nichteisenmetalle sollten auf den Schleifscheiben nicht bearbeitet werden, weil sie die Poren der Scheiben verstopfen. Stellen Sie ein Gefäß mit Wasser zum Kühlen bereit, denn durch das Schleifen werden die Stahlwerkzeuge sehr heiß.

Bandsäge

▲ Mit der sehr nützlichen Bandsägemaschine können sowohl gerade als auch kurvenförmige Schnitte auf dem waagerechten oder bis zu 45° neigbaren Tisch ausgeführt werden. Das Endlos-Bandsägeblatt schneidet leiser, effektiver, mit weniger Zerspanungsabfall und weniger Staub als eine Kreissäge.

Zapfenlochstemm- und -bohrmaschine

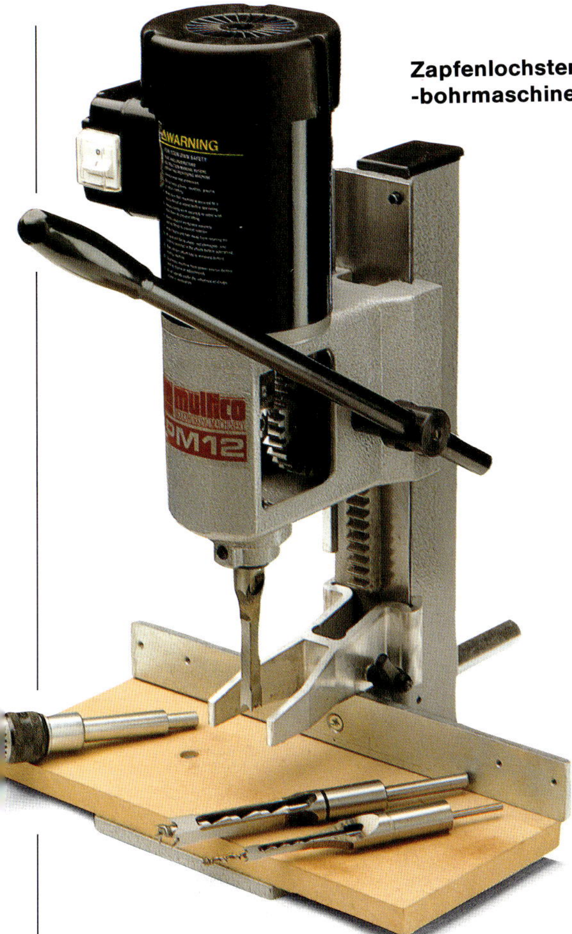

▲ Die Zapfenlochstemm- und -bohrmaschine vereint die drükkende Bewegung eines scharf geschliffenen Meißels mit der eines Bohrers, der innerhalb des hohlen Meißels rotiert, um einen quadratischen Schacht schnell und wirksam in ein Holzstück zu schneiden.

Auslegerkreissäge

▲ Die Auslegerkreissäge ist eine äußerst vielseitige Maschine, die sich unter anderem für das Quersägen, das Längssägen und das Auskehlen eignet.

Elektrolaubsäge

▶ Die Elektrolaubsäge ist eine Säge mit hin- und hergehender Schnittbewegung und kostengünstigen feinzähnigen Wegwerfsägeblättern. Sie wird eingesetzt, um schwierige eckige Formen in Materialien bis zu einer Stärke von 25 mm auszusägen.

Abricht-Dickenhobelmaschine

▲ Die Abricht-Dickenhobelmaschine vereint die Bearbeitungsmöglichkeiten der Abricht- und der Dickenhobelmaschine. Sie wird eingesetzt, um eine ebene Oberfläche auf Holz zu schaffen und um die Kanten unter Verwendung des Anschlages an der Maschine rechtwinklig zu schneiden. Bei der Nutzung als Dickenhobelmaschine kann eine automatische Zuführung des Holzes realisiert werden. Bei einigen Modellen schwenkt der Bearbeitungstisch weg, wenn die Dickenhobelmaschine in Funktion ist.

▼ Die Holzdrehbank oder Drechselbank ist vom Aufbau her eine sehr einfache Maschine, hat aber den Vorteil, daß auf ihr auch vollständige Arbeitsstücke hergestellt werden können. Das zu bearbeitende Holz wird auf eine mehr oder weniger zylindrische Form vorgeschnitten, auf der Drehbank – entweder auf der Planscheibe oder zwischen Spitzen – montiert und danach bei entsprechender Drehzahl bearbeitet. Dazu werden Hohlbeitel oder Schnitzmesser, die auf einer Werkzeughalterung aufliegen, an das sich drehende Holz herangeführt.

Holzdrehbank oder Drechselbank

HOBELBÄNKE

HOBELBÄNKE

Die Hobelbank des Tischlers ist der Ausgangspunkt jeglicher kreativen Arbeit in der Werkstatt. Eine Hobelbank sollte robust sein, eine für den Benutzer geeignete Höhe, eine ebene, belastbare Oberfläche sowie einen Schraubstock und quadratische Aussparungen für das Festklemmen von Werkstücken haben. Die besten Hobelbänke lassen sich aus abgelagertem Buchenholz herstellen. Sie können sich auch eine eigene Hobelbank aus brauchbaren Teilen alter Bänke zusammenbauen. Wichtigstes Ziel muß es dabei sein, die Hobelbank so stabil zu bauen, daß Rütteln sowie durch kräftiges Hobeln am Schraubstock entstehende Kräfte ausgehalten werden können.

▶ Diese sehr gut gestaltete Hobelbank nimmt zusammengeklappt wenig Platz ein. Auf ihr lassen sich mit Hilfe der zwei oben angeordneten hölzernen Schraubstockbakken oder der Kunststoffanschläge schwierig geformte Stücke einspannen. Die Bank steht fester, wenn ein Fuß auf die „Stufe“ gestellt wird. Die vielseitige Verwendungsmöglichkeit dieser Hobelbank wird auch bei der Bearbeitung runder Holzteile deutlich. Wegen der relativ leichten Konstruktion ist die Bank jedoch für Bearbeitungen mit kräftigen Holzhammerschlägen nicht geeignet.

Transportable, zusammenklappbare Hobelbank („Workmate“)

Die traditionelle Hobelbank
Die klassische europäische Hobelbank hat vor der rückseitigen Kante eine vertiefte Ablagefläche für Werkzeuge und unter der Arbeitsfläche ein Ablagebrett für Holzteile und größere Teile von Ausrüstungsgegenständen. Die robuste Arbeitsfläche besteht aus Buchenholz (in Nordamerika aus Ahornholz). Die nach europäischem Muster gebauten Holzschraubstöcke klemmen das Bearbeitungsmaterial fest, ohne es zu beschädigen.

Nur relativ wenige (etwa 70) der mehrere Tausend umfassenden bekannten Holzsorten sind über Holzhandlungen erhältlich. Trotzdem ist noch eine große Auswahl möglich, sehr oft gibt es sogar mehrere Holzsorten, die für eine Arbeit gleichwertig gut geeignet sind. So dürfte beispielsweise ein Tisch in Eichenholz genauso gut aussehen wie in Rüsterholz.

Lieferungen besonderer Holzsorten sind oft nur lokal möglich und verleihen somit den Gebäuden und Möbelstücken einen speziellen Charakter. Die meisten Interessenten und Käufer müssen mit dem verfügbaren Angebot der nächstliegenden Holzhändler zufrieden sein oder auf extra bestellte Hölzer lange warten.

Der Holzkauf

Der billigste Weg der Holzbeschaffung besteht darin, einen Baumstamm direkt aus dem Wald oder vom Holzlagerplatz zu kaufen. Dieser Weg hat aber auch Nachteile; der offensichtlichste ist die fehlende Möglichkeit, die Qualität des Kernholzes zu beurteilen, das in Maserung und Farbe unbefriedigend sein kann.

Der Kauf von Schnittholz ist sicherer, weil die Qualität leichter als bei „im Stück" vorliegendem Holz beurteilt werden kann – die Bretter sind mit Lagerhölzern übereinander gestapelt, um die Belüftung für das Trocknen zu gewährleisten.

Viele Holzhändler haben einen Vorrat an Holz, das bereits auf Standardmaß gesägt ist.

Für den Hobbytischler ohne entsprechend ausgerüstete Werkstatt ist es das einfachste, vorbereitetes, d.h. auf allen Seiten glatt gehobeltes Holz zu kaufen und auf die geplante Länge zu schneiden.

Das Suchen geeigneten Holzes

Die Suche nach einem bestimmten Holz ist in erster Linie von dem zu realisierenden Objekt abhängig. Vielleicht suchen Sie nach qualitativ gutem Eichenholz oder nach farblich kontraststarkem Eibenholz. Manchmal wird es notwendig sein, ein ganzes Brett zu erwerben, um einen kleinen, dem persönlichen Wunsch entsprechenden Abschnitt zu bekommen.

Allgemein wird ein deutlich gemasertes, sauberes Holz frei von Knotenornamenten (durch Ästigkeit) und von Verwerfung gesucht. Kern- oder Spaltrisse in langen Eichenholzbalken können akzeptabel sein, was aber für Feintischlerarbeiten in Kiefern- und Mahagoniholz nicht gilt.

Holzsorten

Es gibt drei Möglichkeiten zur Benennung der unterschiedlichen Hölzer: die Handelsnamen, die territorial üblichen Namen und die botanischen Namen. Im großen und ganzen ist der Handelsname ausreichend verläßlich; bestehen Zweifel, muß der botanische Name erkundet werden. Die Namensbestimmung vor dem Holzeinkauf ist erforderlich, um die Eignung des Holzes für bestimmte Verwendungen einschätzen zu können. Derzeit gibt es viele Harthölzer auf dem Markt, die vor einigen Jahren noch nicht genutzt wurden. Sie sollen als Ersatz für Teak- oder Mahagoniholz dienen, werden allerdings als Originalhölzer verkauft. Häufig besitzen sie ähnliche Eigenschaften wie die Originale. Es lohnt sich aber, sich besonders vor dem Kauf größerer Holzmengen genau zu informieren.

Harthölzer und Weichhölzer

Diese Klassifikation ist irreführend. Eibenholz wird beispielsweise als Weichholz eingeordnet, ist aber äußerst hart und sehr schwer zu bearbeiten, wohingegen Balsaholz als Hartholz gilt, aber leicht geschnitten und bearbeitet werden kann.

Hartholz stammt von Laubbäumen, Weichholz von Nadelbäumen – dies sagen die Bezeichnungen aus, die somit keine Rückschlüsse auf die Eigenschaften des Holzes zulassen.

Holzlagerung zum Trocknen

Für Möbeltischler ist das Arbeiten des Holzes (Schwinden, Quellen) besonders in zentralbeheizten Wohnungen ein großes Problem. Es erweist sich als schwierig, beim Kauf den Feuchtigkeitsgehalt des Holzes einzuschätzen. Ohne Betrachtung dieses Problems können nach einigen Monaten in einem beheizten Zimmer auch an kunstvoll gearbeiteten Stücken Verwerfungen, Spalten und Risse entstehen. Einige Wochen vor Beginn der Arbeit sollte das Holz deshalb in der Umgebung gelagert werden, in der später das fertige Möbelstück stehen soll. Dies ist zwar nicht immer möglich, eine sorgfältige Lagerung macht sich aber in jedem Fall bezahlt.

HOLZ DER LIBANONZEDER *Weichholz*
Merkmale Feinmasrig, harzig, süß riechend, gewöhnlich klar gemasert; nur wenig biegsam und wenig schlagzäh.
Verwendung Außenarbeiten, Gewächshäuser, Gartenmöbel, Fensterfertigung.

KIEFERNHOLZ (GEMEINE KIEFER) *Weichholz*
Merkmale Blaß cremefarbenes Gelb oftmals mit Knotenornamenten, im großen und ganzen fein oder mittelgrob gemasert; gut verarbeitbar, wenig schlagzäh.
Verwendung Sehr häufig für Bautischlerarbeiten, für Türen, Fensterrahmen usw.

Europäisches Eibenholz *Weichholz*
Merkmale Schwach glänzendes Holz mit herrlichen Farbkontrasten von heller Cremefarbe bis Braun und Dunkelrot; gut biegbar; als Oberflächenabschluß gut geeignet, dichte gleichmäßige Maserung.
Verwendung Bögen, kleine Drechselarbeiten, beispielsweise Schalen und Becher, Einlegearbeiten und Furniere.

Europäisches Lärchenholz *Weichholz*
Merkmale Klar gemasert, helles rötlich braunes Kernholz, harzig und manchmal mit Knotenornamenten, einheitliche Struktur; schlagzäh, sehr biegsam.
Verwendung Telegraphenmaste, Bootsbeplankungen, allgemeine Bautischlerarbeiten, Baugrubenabstützungen, Furniere.

Kiefernholz Englischer Provenienz *Weichholz*
Merkmale Helles rötliches Braun, harzig, mit deutlich erkennbaren Jahresringen; wegen des hohen Harzgehaltes schwierig zu leimen, gut verarbeitbar, wenig schlagzäh.
Verwendung Baukonstruktionen, Pfähle, Baugrubenabstützungen, Bautischlerarbeiten, Furniere.

Amerikanisches Weisseschenholz *Hartholz*
Merkmale Gräuliches Braun, hin und wieder mit einem roten Schimmer, ziemlich grobe, aber im großen und ganzen gleichmäßige Struktur; gut biegbar, steif und fest mit hoher Schlagzähigkeit.
Verwendung Häufig für Griffe und Stiele u.a. an Sportgeräten, Äxten, Gartengeräten.

Europäisches Buchenholz *Hartholz*
Merkmale Rötliches und sehr helles Braun, wird durch Dämpfen des Holzes dunkler, manchmal entsteht auch eine dunklere Maserung; die Struktur ist feingliedrig, gleichmäßig und deutlich; außergewöhnlich gut biegbar und leicht leimbar; für das Nageln empfiehlt es sich, Löcher vorzubohren.
Verwendung Möbelherstellung, hochwertige Bautischlerarbeiten, Werkzeuggriffe, Drechselarbeiten.

Amerikanisches Kirschbaumholz *Hartholz*
Merkmale Feingliedrig, deutliche und geschlossen wirkende Maserung, rötliches Braun mit helleren Bereichen; gut bieg- und leimbares Holz mittlerer Festigkeit, polierbar.
Verwendung Möbelherstellung, Bootsinnenausstattungen, Drechselarbeiten, Einlegearbeiten.

Amerikanisches Rotrüsterholz *Hartholz*
Merkmale Stark mit dunklen roten Streifen gezeichnet, grob strukturiert, aber dennoch akzeptabel; außergewöhnlich gut bearbeit- und biegbar, sehr schlagzäh, leicht zu leimen und zu nageln.
Verwendung Fahrzeugbau, Bootsbau, Radnaben, Drechselarbeiten, Furniere.

Amerikanischer Mahagoni *Hartholz*
Merkmale Hellrötliches bis dunkelrötliches Braun, häufig sehr deutlich mittelgrob bis grob z.T. ineinandergreifend gemasert; nicht vorrangig für Biegearbeiten geeignet, leicht zu leimen, zu nageln, zu beizen und zu polieren.
Verwendung Möbelherstellung, Täfelungen, Möbelkomplettierungen, Bootsbau, Furniere.

Gemasertes Myrtenholz *Hartholz*
Merkmale Schattierungen von warmem Braun bis Gelb, manchmal mit einem grünen Schimmer, feste und glatte Struktur, deutliche und unregelmäßige Maserung; ein festes, verschleißbeständiges Holz.
Verwendung Täfelungen, Dielungen, Drechselarbeiten, Bautischlerarbeiten, Möbelherstellung, Einlegearbeiten.

Amerikanisches Weisseichenholz *Hartholz*
Merkmale Hellgelb bis Rosa, meist deutlich gemasert, mittelgrob bis strukturiert, leicht im Gewicht; mittlere Druckfestigkeit, gut biegbar.
Verwendung Bautischlerarbeiten, Möbelherstellung, Dielungen, Leitern, Särge, Böttcherarbeiten, Täfelungen, Furniere.

Ahornblättrige Platane *Hartholz*
Merkmale Rötliches Braun, leicht im Gewicht, markantes dekoratives Muster auf dem radial geschnittenen Stück, mittlere Struktur, deutliche, manchmal feine Maserung, gut biegbar, mittlere Festigkeit.
Verwendung Drechselarbeiten, Möbelherstellung, Bautischlerarbeiten, teure Einlegearbeiten und Furniere, Täfelungen.

Amerikanisches Ahornholz *Hartholz*
Merkmale Cremefarben bis zartbraun, deutlich gemasert, z.T. mit Holzflecken; ziemlich gut biegbar, mittlere Festigkeit, zum Nageln, Beizen und Polieren gut geeignet.
Verwendung Möbelherstellung, Bautischlerarbeiten, Dielungen, Drechselarbeiten, Täfelungen.

AMERIKANISCHE ROTEICHE *Hartholz*
Merkmale Rosa bis rötlich, grob und deutlich, aber mit relativ einfachen Formen gemasert; mittlere Biegefestigkeit, aber dennoch gut biegbar, hohe Druckfestigkeit.
Verwendung Bautischlerarbeiten für Innenräume, Möbelkomplettierungen, Dielungen, Sperrholz, Furniere.

MASERKNOLLENEICHE *Hartholz*
Merkmale Wie alle Maserknollen sehr große Formenvielfalt, visuell anregend; nahezu nutzlos als Bauholz, aber von Drechslern und Einlegearbeiten herstellenden Tischlern sehr hoch geschätzt; existiert getüpfelt und mit kreisähnlichen Flecken.
Verwendung Drechselarbeiten, Einlegearbeiten und allgemeine Arbeiten mit dekorativen Bestandteilen.

ENGLISCHES EICHENHOLZ *Hartholz*
Merkmale Beige oder Hellbraun, häufig deutliche Maserung in vielfältigen z.T. plötzlich wechselnden Formen; auf der radial geschnittenen Fläche mit Streifen; gut biegbar, bei Kontakt mit Eisenmetallen zum Verfärben neigend.
Verwendung Böttcherarbeiten, Bootsbau, Möbelkomplettierungen, Dielungen, Furniere.

ECHTER ZUCKERAHORN *Hartholz*
Merkmale Helles bis cremefarbenes Rot, gelegentlich auch Braun, wechselnde Maserung z.T. wellig, z.T. glatt; gleichmäßig strukturiertes Holz mit feiner Maserung, gut biegbar unter Beibehaltung der hohen Festigkeit; zum Polieren, Beizen und Leimen gut geeignet.
Verwendung Drechselarbeiten, Musikinstrumente, Täfelungen, Möbelherstellung, Sperrholz.

AMERIKANISCHER NUSSBAUM *Hartholz*
Merkmale Dunkelbraun bis grauviolett, deutlich gemasert, mit einigen Wellungen; dichtes, hartes Holz mit grober Maserung; zum Schrauben und Nageln gut geeignet.
Verwendung Bautischlerarbeiten für Innenräume, hochwertige Möbel, Bildhauerarbeiten, Drechselarbeiten, Furniere.

FRANZÖSISCHER NUSSBAUM *Hartholz*
Merkmale Bräunliches Grau, z.T dunkler, oft durchwachsen; unregelmäßige grobe Maserung, gut biegbar, durchschnittliche Schlagzähigkeit, ausgezeichnet polierbar.
Verwendung Erstklassiges Möbelholz, Pistolengriffe, Gewehrschäfte, Türen, Täfelungen, Bildhauer-, Drechsel-, Einlegearbeiten.

Viele der heute im Handel angebotenen Haushaltsmöbel sind aus speziellen Holzelementen, beispielsweise Sperrholz, Spanholzplatten oder mitteldichten Faserplatten, gefertigt. Gründe dafür sind die günstigen Kosten, die Möglichkeit des Aufklebens von Furnieren teurer Hölzer, die als Vollholz nicht zur Verfügung stehen, und die Verfügbarkeit der Bretter in Größen und Qualitäten, die eine hohe Stabilität haben und für warme, trockene, zentralbeheizte Umgebungen geeignet sind.

Holzelemente können außerdem umweltfreundlich sein, wenn sie beispielsweise aus Abfallprodukten, wie Sägespänen, Rinde oder Verschnitt, bestehen.

Diese Produkte werden gewöhnlich mit einem Harz verleimt, das die Bestandteile bindet.

Am preisgünstigsten sind Spanholzplatten, die buchstäblich aus mit Leim gebundenen Holzspänen hergestellt werden. Diese Platten eignen sich sehr gut für Verkleidungen, preisgünstige Korpusse oder Gerippe und für das Herstellen von Schablonen.

Sperrholz wird häufig für Küchenschränke, Tischplatten, im Bootsbau und auch für Verschalungen, zur Spielzeugherstellung und für Gußformen und Schablonen verwendet.

Um eine gute Maßbeständigkeit zu erzielen, sind Tischlerplatten (Verbundplatten mit Vollholzmittellage) und mitteldichte Faserplatten am geeignetsten. Auf beiden läßt sich Furnier gut aufbringen. Faserplatten eignen sich hervorragend für die Möbelherstellung.

Faserplatte mittlerer Dichte
Mitteldichte Faserplatten sind ein relativ neues Material, das sich in der Möbelherstellung bewährt hat und sich ausgezeichnet bearbeiten läßt.

Arten von Holzelementen
Von links nach rechts: Holzfaserplatte, dreilagiges Brett, dreischichtige Spanholzplatte, mehrschichtiges Sperrholz, Tischlerplatte, mehrschichtiges Birkensperrholz. Die Verfügbarkeit in großen Abmessungen ist wahrscheinlich der dominierende Vorzug der Holzelemente.

FURNIERE UND EINLEGEARBEITEN

Die Attraktivität von Feintischlerarbeiten, Truhen und Musikinstrumenten wurde immer schon durch Furniere und Einlegearbeiten erhöht. Das Furnieren gilt als der Maßstab für wirkliche Qualität. Es eröffnet dem Tischler heutzutage die Möglichkeit, seltene Hölzer zu nutzen, die ansonsten unerreichbar wären.

Furnierarten
Von links nach rechts: Espe, Rio-Palisander, Olivenesche, tropisches Olivenholz, Pomelle, Kiefer, Zebraholz, Kirschbaum.

Eine Auswahl Zierleisten
Diese langen gemusterten Leisten können gemeinsam mit Furnieren verwendet oder in flache Nuten in Massivholz eingelegt werden – entweder als dekorative Randeinfassungen oder in einer geometrischen Anordnung.

Eine Auswahl von Motiven für Einlegearbeiten
Diese auf einen Pappenträger aufgeklebten, bereits fertigen Motive sind für Einlegearbeiten gedacht.

SHEFFIELD : ENGLAND
RABONE

ARBEITSTECHNIKEN

ARBEITSTECHNIKEN

Für Holzkonstruktionen sind meist mehrere Arbeitstechniken erforderlich. Wenn Sie beispielsweise einen Tisch herstellen wollen, müssen Sie zuerst das Holz auswählen und zuschneiden. Die Verbindungen sind anzuzeichnen, zu sägen, zu stemmen und zu hobeln. Der zusammengebaute Tisch muß geleimt und gespannt werden. Zum Schluß ist die Oberfläche zu behandeln.

Der folgende Teil des Buches erklärt diese und viele andere grundlegende Arbeitstechniken in verständlichen Schritten. Durchgängig werden Möglichkeiten der Ausführung mit Handwerkzeugen und mit Elektrowerkzeugen vorgeführt. Verweise innerhalb des Texts gestatten es Ihnen, Ihre Kenntnisse zu erweitern, was Ihr Selbstvertrauen festigen wird. Für jede Technik wird die Grundausstattung für das Arbeiten mit Hand- und mit Elektrowerkzeugen genannt.

SCHLEIFEN

Schleifen bedeutet zunächst das Glätten des Holzes vor der endgültigen Oberflächenbehandlung. Die Arbeitstechnik Schleifen wäre aber zu eng gefaßt, wenn darunter nur das Erzeugen einer glatten Holzoberfläche verstanden würde. Oft kann die gewünschte Form durch Schleifen überhaupt erst geschaffen werden, wenn beispielsweise Hobel oder Beitel die Maserung durchtrennt haben oder wenn mit der Säge nur grob vorgearbeitet werden kann.

Schleifen bedeutet das Abtragen von Holzteilchen durch die Einwirkung einer Vielzahl scharfer Zähnchen eines abtragenden Materials, wie sie zum Beispiel auf Sandpapier, aber auch auf Feilen, Raspeln und einigen Elektrowerkzeugen zu finden sind.

Oft kann sowohl mit Handals auch mit Elektrowerkzeugen geschliffen werden, mit Elektrowerkzeugen jedoch im allgemeinen rascher und effizienter.

Das wichtigste Arbeitsmittel für das Schleifen ist Schleifpapier. Auf Papier in Blatt- oder Rollenform sind die Schleifpartikel aufgeklebt. Die Größe der Partikel wird Körnung genannt und durch die Anzahl der Maschen eines Siebes je Längeneinheit gekennzeichnet, das die Partikel hindurchfallen läßt. Grobe Körnung wird durch große, also wenige Maschen je Längeneinheit erreicht, feine Körnung durch enge, also zahlreiche Maschen. Je höher die Maschenzahl, desto feiner die Körnung. Im allgemeinen wird eine Schleifarbeit mit grobkörnigem Papier begonnen. Dann wird mit Papier immer feinerer Körnung weitergeschliffen, bis das Holz glatt ist und keine Schleifspuren mehr sichtbar sind.

Handschleifen – Formen mit Schleifklotz

1 Schleifpapierstreifen in der gewünschten Größe abreißen. Unbedingt Stahllineal verwenden, Freihandreißen bringt unsaubere Kanten und Verluste.

2 Schleifpapierstreifen um eine Schleifleiste wickeln. Randstreifen zuvor einfalzen. Es entsteht eine scharfe Kante, und der Randstreifen haftet unter dem Schleifdruck fest an der Leiste.

Grundausstattung

Eine Auswahl von Schleifpapieren
Weiche Lappen zum Schutz der Arbeit bei der Endbearbeitung

Schleifklotz aus Kork
Mehrere werkstattgefertigte Leisten, die mit Schleifpapier oder Schleifleinen umwickelt werden

Tellerschleifmaschine mit Tischbefestigung
Elektrobohrmaschine, z. B. mit einer Leistung von 550 W
Schwingschleifer
Bandschleifmaschine

Siehe Seiten 8 und 9

Arten von Schleifmitteln

Schleifpapier
Glaspapier Von Zimmerern und Tischlern allgemein für die Endbearbeitung verwendet.

Granatpapier In der Möbeltischlerei und für feine Arbeiten wegen seiner ausgezeichneten Eignung für die Endbearbeitung verbreitet.

Korund Ein gutes Universalschleifmittel, insbesondere für Arbeiten mit Elektrowerkzeugen.

Siliciumcarbid Hauptsächlich für die Bearbeitung von Metall, jedoch auch für harte Lack- und andere Oberflächen auf Möbeln eingesetzt.

Stahlwolle
Für die Holzbearbeitung werden hauptsächlich die Feinheiten 1, 0, 00 und 000 verwendet, hauptsächlich für das Beseitigen von Schleifspuren nach Arbeiten mit Sandpapier und für das Auftragen von Wachs als Endbearbeitungsgang.

Siliciumcarbid — Granatpapier — Korund

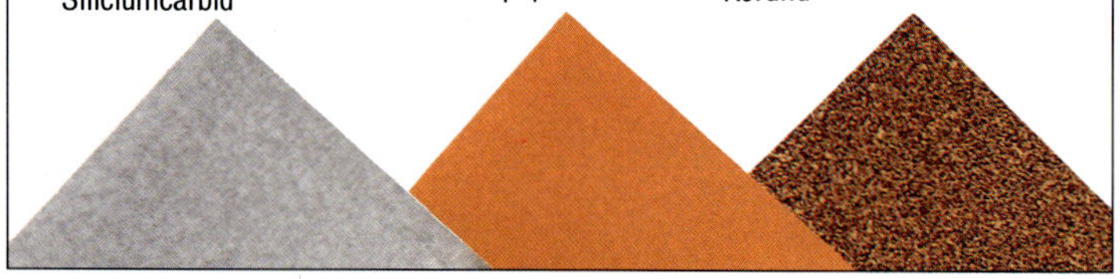

Schleifmittel – Feinheitsgrade

Feinheitsgrad	Körnung		Anwendungsgebiet
sehr grob	50	1	*schwere Formarbeiten*
	60	1/2	
grob	80	0	*Formarbeiten mit Schleifband, Schleifscheibe, Schwingschleifer und mit Hand*
	100	2/0	
mittel	120	3/0	*Formarbeiten und Endbearbeitung mit Schleifband, Schleifscheibe, Schwingschleifer und mit Hand*
	150	4/0	
	180	5/0	
fein	220	6/0	*Endbearbeitung mit Elektro- oder Handwerkzeugen*
	240	7/0	
	280	8/0	
sehr fein	320	9/0	*Fertigstellung, Kantenbrechen, Schleifen zwischen einzelnen Lackaufträgen, Handschleifen*
	360		
	400		
	500		
	600		

3 Werkstück in den Schraubstock spannen und Schleifleiste oder Schleifklotz wie eine Feile bewegen. Am besten mit beiden Händen halten. Quer zu den Fasern schleifen. Die Schleifpapierstreifen werden ausgewechselt, sobald sie stumpf werden und Verschmierungen auftreten. Das ist insbesondere bei harzreichem Holz der Fall.

4 Leicht lassen sich Schleifleisten der verschiedensten Formen herstellen, mit denen Krümmungen und Winkel bearbeitet werden können. Dem Einfallsreichtum sind keine Grenzen gesetzt – ein Stück Kunststoffrohr kann als relativ präzises Formstück für die Bearbeitung von Hohlkehlen dienen. Es wird an beiden Enden gehalten und wie eine Feile quer zur Maserung über das Werkstück bewegt.

5 Mit Schleifleisten läßt sich sehr vielseitig arbeiten. Hier wird mit der einen Hand geschliffen und mit der anderen das Werkstück langsam gedreht.

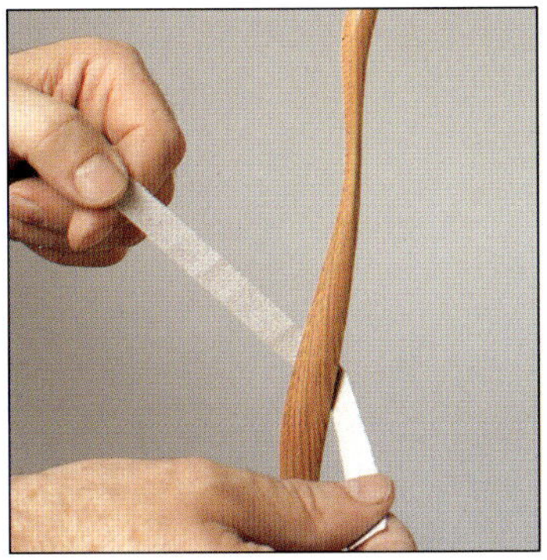

6 Um Kreisquerschnitte genau zu formen, kann ein schmaler Streifen aus grobem Schleifpapier hin- und herbewegt werden, etwa so, als würden Sie Ihren Rücken mit dem Handtuch trocknen.

Schleifen mit dem Schleifklotz

1 Für ebene Flächen wird ein Schleifklotz aus Kork verwendet. Schleifpapier um den Schleifklotz wickeln, Werkstück in den Schraubstock oder auf die Hobelbank spannen; mit kräftigem Druck in Richtung der Maserung schleifen. Höheren Schleifdruck und sicherere Führung erreichen Sie, wenn Sie mit beiden Händen arbeiten. Schleifpapierkörnung 120 bis 180.

2 Stets in Richtung der Maserung schleifen, sonst sind Schleifspuren unvermeidlich.

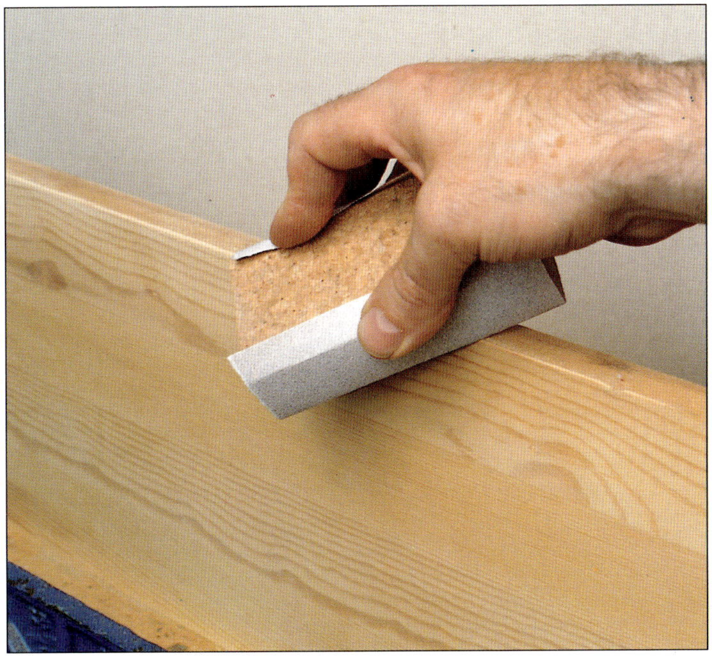

3 Ganz allgemein gilt, daß Holzteile keine scharfen Kanten haben sollen. Deshalb werden am Ende der Bearbeitung alle Kanten mit einem feinen Schleifpapier (Körnung 400) gebrochen.

Elektroschleifen – Formen

Dieses Elektroschleifwerkzeug mit schmalem Schleifband – es heißt auch Power-Feile – bearbeitet Holzwerkstücke rasch und gründlich. Die Werkstücke unbedingt im Schraubstock festspannen. Die Power-Feile muß gut festgehalten und geführt werden.

Formen und Endbearbeiten mit der Elektroschleifscheibe

1 Eine Schleifscheibe als Zusatzgerät für eine Elektrobohrmaschine ist recht nützlich. Sie läßt sich gut zur Bearbeitung von ebenen, aber auch von gekrümmten Stirnflächen einsetzen. Das Holz muß stets so gehalten werden, daß es von der rotierenden Scheibe auf den Tisch gepreßt wird.

2 Wenn der Tisch schräg angestellt und eine Führungsleiste winklig aufgeschraubt wird, können schräge Stirnflächen präzis geschliffen werden, auch wenn sie zweifach abgewinkelt sind.

Bandschleifer

1 Beim Bandschleifer läuft ein endloses Schleifband von 75 oder 100 mm Breite über eine ebene Andrückplatte und zwei Rollen. Bandschleifer schleifen schneller als alle anderen Elektroschleifer. Ein Bandschleifer muß sicher gehalten werden, damit er nicht abhebt.

2 Das Schleifband kann nach Lösen eines Spannhebels leicht gewechselt werden. Die Bandführung wird mit einem Drehknopf eingestellt.

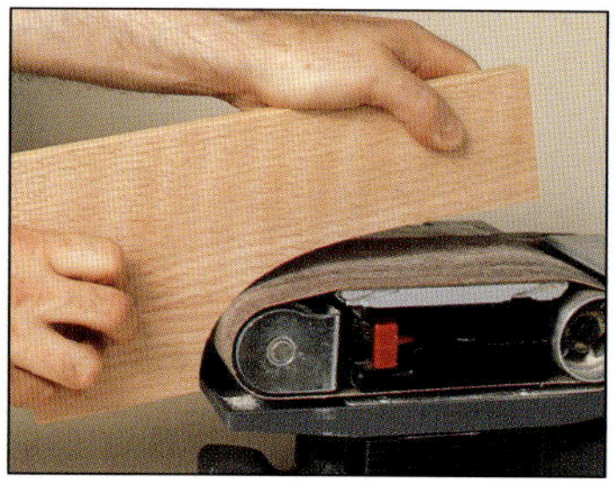

3 Ein Bandschleifer kann auch auf dem Kopf liegend zum Schleifen ebener oder gekrümmter Flächen verwendet werden. Er muß dafür sicher auf der Hobelbank befestigt werden. Halten Sie das Werkstück gut fest, damit es nicht vom Schleifband mitgerissen wird.

Schwingschleifer

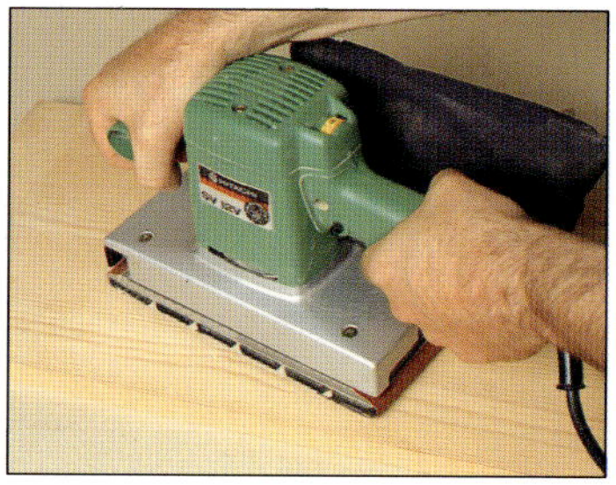

Schwingschleifer eignen sich vorzüglich für das Schleifen großer, ebener Flächen. Auf einer seitlich schwingenden, nachgiebigen Grundplatte ist ein Schleifblatt befestigt. Lassen Sie vor allem das Eigengewicht des Schwingschleifers wirken, und führen Sie ihn in ruhigen Schwenkbewegungen über das Werkstück hinweg.

BIEGEN

Holz ist von Natur aus biegsam. Das hat den großen finnischen Architekten Alvar Aalto zu seinen Holzkonstruktionen inspiriert. Allerdings lassen sich die einzelnen Holzarten unterschiedlich gut biegen. Esche, Buche und Eibe geben leichter nach als Mahagoni oder Teak. In diesem Abschnitt sollen Sie kennenlernen, wie Holz gebogen werden kann. Das Biegen des Holzes wird Ihre gestalterischen Möglichkeiten ganz erheblich erweitern.

Ein dünner Holzquerschnitt läßt sich leichter biegen als ein kräftiger. Nasses und erwärmtes Holz biegt sich leichter als trockenes und normal warmes. Als Formungsverfahren ist das Biegen wirtschaftlicher als das Formen durch Schneiden, das viel Aufwand an Zeit und Material erfordert.

Das Biegen ist eine bei der Herstellung der skandinavischen Möbel häufig benutzte Technik – deshalb sind diese Möbel so wundervoll zurückhaltend geformt, leicht und dennoch stabil, eine Einheit von Struktur und Form.

Die wichtigsten Verfahren des Holzbiegens sind das Dampfbiegen, das Schichtholzbiegen und das Kerbverfahren. Das letztgenannte Verfahren schwächt allerdings die Holzstruktur sehr, weil der Großteil der Fasern durchtrennt wird.

Holz kann auch unter der Einwirkung von Mikrowellen gebogen werden, und das gelingt durchaus im Mikrowellenherd Ihrer Küche. Wegen seiner begrenzten Abmessungen läßt er sich jedoch nur für kleinere Teile verwenden, also im Modellbau und für das Biegen der Streifen für Einlegearbeiten (siehe Furnieren).

Biegungen und Krümmungen bei Möbeln wirken immer gefällig, und mit ein wenig Vorstellungskraft und Improvisationsgabe können Sie sich eigene Biegevorrichtungen bauen. Die verschiedenen Biegeverfahren lassen sich für eine Reihe von Haushaltsgegenständen nutzen – von der Servierplatte für Salat und einem Uhrengehäuse bis zur Sessellehne und zum ganzen Stuhl.

Grundausstattung

Kerbbiegeverfahren
Bleistift oder Kugelschreiber
Schraubzwingen und/oder Türspanner
☞
Handsäge oder Bandsäge
Spannvorrichtung
~
Auslegerkreissäge
✚
Siehe Seiten 8 und 9

Das Kerbbiegeverfahren

Das Kerbbiegeverfahren ist das Verfahren, welches das Holzteil am stärksten schwächt. Weil der Holzquerschnitt fast vollständig durchtrennt ist, hat das gebogene Holz kaum noch Festigkeit und kann nur für unbelastete Teile wie Zargen mit gekrümmten Ecken verwendet werden.

Manchmal ist es auch möglich, zwei eingesägte Bögen miteinander zu verleimen, wobei die Sägeschnitte jeweils nach innen gerichtet angeordnet werden. Allerdings besteht stets die Gefahr des Aufreißens der Fasern, wenn von den Anschnitten weg gebogen wird.

Zum Ansägen können eine Handsäge und eine Spannvorrichtung oder eine Bandsäge, mit der gegen Anschlag gearbeitet wird, verwendet werden. Am raschesten aber geht es mit einer Auslegerkreissäge.

Ansägen

1 Eine Leiste wird auf Maß geschnitten (siehe Zuschneiden) und auf dem Tisch der Auslegerkreissäge gegen die Führung gespannt. Mit Bleistift oder Kugelschreiber eine Markierung etwa 10 mm vom Sägeblatt entfernt anbringen. Das ist der Abstand zwischen den einzelnen Anschnitten.

2 Abstand des Blattes vom Tisch so einstellen, daß das Holz nicht ganz durchtrennt wird. Sägeblatt über das Holzstück ziehen und Schnitte ausführen. Holzstück jedesmal ein Stück weiterbewegen und den eben geführten Schnitt mit der Markierung zur Deckung bringen. Tiefe der Sägeschnitte je nach gewünschter Biegung wählen. Dieses Verfahren ist ziemlich effektiv, dem Holz wird jedoch seine Festigkeit genommen.

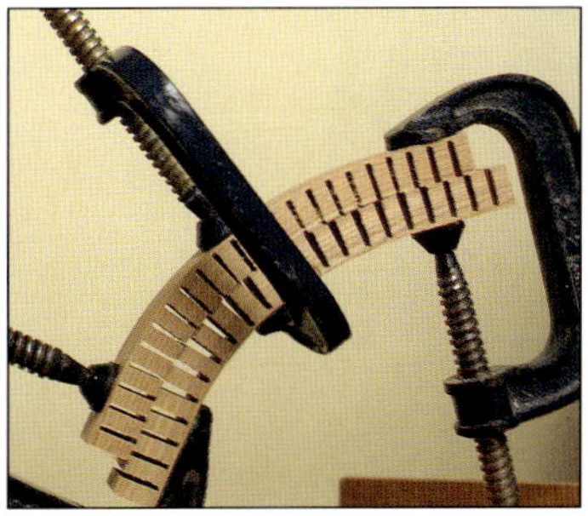

3 Durch Verleimen und Spannen von zwei mit den eingeschnittenen Seiten aneinander gelegten Leisten kann ein interessantes Bauteil geschaffen werden. Es weist allerdings keine große Festigkeit auf (siehe Furnieren).

Schichtholzbiegen

Eine größere Anzahl dünner Holzstreifen – Dicke bis maximal 3 mm – wird zugeschnitten, verleimt und um eine Form gebogen. Die Form besteht aus einer äußeren und einer inneren Formhälfte; die äußere Formhälfte ist konkav, die innere konvex gekrümmt.

Die Maserung verläuft in Streifenlängsrichtung. Wird ein Kunstharzleim verwendet, entsteht eine sehr feste Verbindung.

Dieses Verfahren eignet sich für die Massenfertigung, weil Zuschneiden und Verleimen automatisiert werden können. Es werden hochgenaue Formen aus nichtrostendem Stahl verwendet, die hydraulisch gegeneinander bewegt und verspannt werden. Der Leim wird durch Mikrowellen in kürzester Zeit verfestigt.

Einzelstücke können kostengünstig zwischen aus Spanplatte ausgesägten Formhälften gebogen werden. Das Zurechtsägen der Streifen bringt einen gewissen Verschnitt, da die Schnittfuge etwa so breit ist, wie die Dicke der Streifen beträgt.

Grundausstattung
Schichtholzbiegen
Spanplatte oder Faserplatte (für Biegeformen)
Gummiplatte, etwa 3 mm dick
Schraubzwingen und/oder Türspanner
☞
Bügelsäge
~
Bandsäge
Kleine Kreissäge oder Auslegerkreissäge
✚
Siehe Seiten 8 und 9

Schichtholzbiegen

1 Sägen Sie die beiden Formhälften aus. Beachten Sie, daß die Krümmungsradien um den Betrag der Dicke des Schichtholzteils unterschiedlich sein müssen. Schneiden Sie etwa 3 mm dicke Streifen (siehe Sägen) aus Esche oder Buche, und tragen Sie Leim auf beide Seiten eines jeden Streifens auf. Die Streifen werden zusammengelegt und zwischen den Formhälften mit Türspannern oder Schraubzwingen gehalten.

2 Mit Schraubzwingen werden die beiden Formhälften fest verspannt. Es können beliebig gekrümmte Formen erzeugt werden. Sie lernen das Prinzip des Aufbauens von Holzteilen aus Schichten kennen, mit dem Erzeugnisse sehr hoher Festigkeit hergestellt werden können. Im Bild sind zwischen die Holzstreifen und die Formhälften Schutzstreifen aus Kunststoff eingelegt, um ein Anhaften zu vermeiden. Nach vollständiger Aushärtung des Leims werden die Kanten mit einem Hobel bestoßen.

Schichtholzbiegen mit Furnieren

1 Absperrfurniere aus Buche zum Stapel zusammenlegen, mit schön gemasertem Furnier für die Sichtflächen. Absperrfurnier ist dicker als Deck- oder Außenfurnier. Es können enge Krümmungen erreicht werden, weil sich Furnier sehr gut biegen läßt. Kunststoffolie verhindert, daß Leim auf die Formflächen gerät. Leim jeweils nur dünn auf eine Furnierseite auftragen.

2 Die zusammengelegten Furnierstreifen werden mit Schraubzwingen in der Form eingespannt. Achten Sie auf gute Ausrichtung der beiden Formhälften zueinander. Zum Aushärten verbleibt der Furnierstapel über Nacht in der Form, die sich nach Möglichkeit in einem warmen Raum befinden sollte.

Biegen im Wasserdampf

Für das Biegen im Wasserdampf wird das Holzteil in eine abgeschlossene Kammer eingelegt, in die kontinuierlich Dampf geleitet wird. Für kleine Arbeiten kann bereits der Dampf aus einem Haushaltswasserkessel ausreichend sein. Sobald das Holz vollständig mit Dampf gesättigt ist, wird es aus der Kammer genommen und unter Krafteinwirkung um eine vorbereitete Form gebogen.

Dieses Verfahren ist ein wenig Glückssache, denn das gebogene Holzteil kann sich wieder strekken, wenn es trocknet, oder es bricht, wenn zu stark gebogen wurde. Holz, welches dicker als 35 mm ist, kann kaum noch mit Dampf gebogen werden, obwohl in der Industrie 50 mm dickes Holz erfolgreich gebogen worden ist, so zum Beispiel für die Sitze der klassischen Thonet-Stühle.

Das Biegen mit Wasserdampf eignet sich besonders für eine kostengünstige Improvisation im Hobbyraum zu Hause.

Grundausstattung
Dampfbiegen
Drainagerohr aus Kunststoff, Durchmesser 100 mm
Sperrholz für Außenanwendung (für die Stopfen)
Spanplatte oder Faserplatte (für Formen)
Türspanner und/oder Schraubzwingen
✚
Siehe Seiten 8 und 9

Dampfbiegen

1 Zuerst wird eine Form aus Sperrholz, Spanplatte oder Faserplatte mit den gewünschten Maßen gebaut. Sehen Sie große Öffnungen für die Schraubzwingen vor. Aus dünnem Bandstahl wird ein Biegeband gefertigt und in den beiden Handgriffen mit Stiften und Schrauben befestigt.

2 Zum Kochen (so sagt der Fachmann) des Holzes wird ein Dampferzeuger – hier ist es ein Schnellkochtopf – gebraucht und eine Dampfkammer aus Sperrholz oder einem Kunststoff-Drainagerohr, das an beiden Enden mit Holzscheiben verschlossen ist. In das eine Ende wird über einen Schlauch kontinuierlich Dampf eingeleitet. Damit die Temperatur in der Kammer möglichst hoch ist, wird die Kammer isoliert – hier wurden eine Glasfaserdämmplatte und Aluminiumfolie verwendet.

3 Für die beiden Enden der Dampfkammer werden aus Holz Stopfen gefertigt. Die Kammer sollte ein wenig geneigt liegen, damit das Kondenswasser aus der kleinen Öffnung im Stopfen in einen darunter gestellten Eimer abtropfen kann.

4 Am Beschickungsende wird das Holz auf Lagerhölzern eingestapelt. Stopfen einsetzen, Dampferzeuger auf gleichmäßiger Temperatur halten und einen stetigen Dampfstrom in die Kammer einleiten. Als Faustregel gilt, daß bei 25 mm dickem Holz etwa eine dreiviertel Stunde gekocht werden muß.

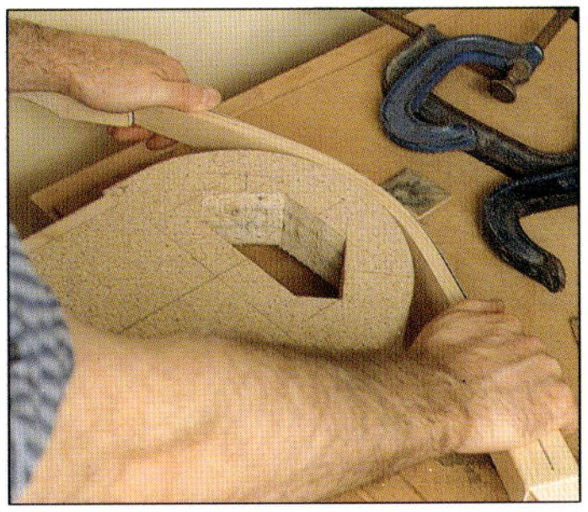

5 Nach dem Kochen muß das Holzteil rasch in die Biegevorrichtung eingelegt, gespannt und in einem Arbeitsgang gebogen werden. Um die gewünschte Krümmung tatsächlich zu erreichen, wird es wohl ohne einige Fehlversuche nicht abgehen. Mit dem Stahlband wird das Aufreißen von Fasern verhindert oder wenigstens vermindert.

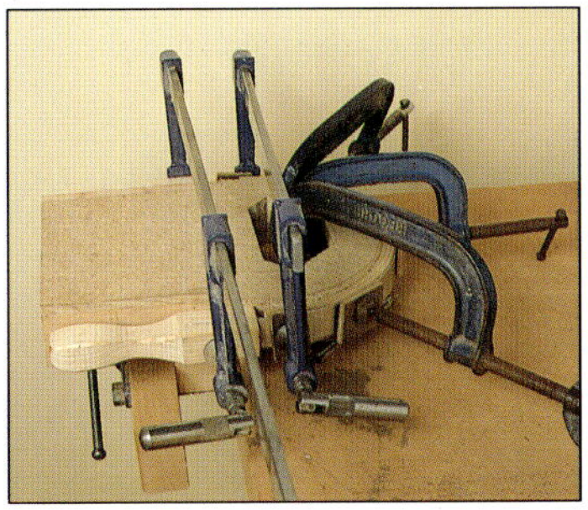

6 Anschließend wir das Biegeteil in der Vorrichtung mit Schraubzwingen und Türspannern verspannt und kann mehrere Tage trocknen.

Biegen mit der Mikrowelle

1 Kleine Holzquerschnitte können für das Biegen zwischen Formhälften mit einer Haushalt-Mikrowelle ausreichend erwärmt werden. Es müssen jedoch ein paar Versuche eingeplant werden.

2 Das Holz bleibt feucht, wenn es in einen verschlossenen, nicht zu dünnen Polyethylenbeutel eingelegt wird, in dem sich ein wenig Wasser befindet. Es kann aber auch in ein nasses Tuch gewickelt werden. Mikrowelle auf höchste Leistung. Für je 3 mm Dicke 3 bis 5 Minuten Einwirkungszeit. Dann das Holz rasch in die Vorrichtung einlegen, spannen und ein paar Stunden trocknen lassen.

LAMELLOFEDER-VERBINDUNGEN

Die Lamellofederverbindung ist eine moderne Art der Holzverbindung, die anstelle einer Reihe herkömmlicher Verbindungen angewendet werden kann. Sie läßt sich leicht und schnell herstellen, und eignet sich für Gestelle und Rahmen aus Vollholz oder bearbeiteter Spanplatte.

Bei der Lamellofederverbindung wird eine simple Stoß- oder Gehrungsverbindung durch einen elliptischen, eingepreßten Holzeinsatz – genannt Lamellofeder – verstärkt, welcher der Verbindung die Festigkeit verleiht. Die Nut für die Lamellofeder läßt sich mit einem speziellen Sägeblatt leicht herstellen. Das Werkzeug besteht aus einem federgespannten Gehäuse, einer Grundplatte und einer einstellbaren Führungsschiene mit einer weiteren schrägen Schiene für Gehrungsverbindungen. Die Schnitttiefe kann entsprechend der Federgröße eingestellt werden, das Sägeblatt außerdem in waagerechter Richtung. Die Verbindung läßt sich leicht anzeichnen, das Werkzeug ohne große Mühe genau positionieren und der Schnitt einfach ausführen. Die Lamellofeder besteht aus gepreßtem Buchenschichtholz und steht in drei Größen zur Verfügung. Die Verbindung wird geleimt, und zwar üblicherweise mit PVAC-Leim. Durch den Leim quillt die Feder; dadurch erhält die Verbindung eine ausreichende Anfangsfestigkeit. Für mehrfache Lamellofederverbindungen ist ein weniger rasch abbindender Leim, z.B. ein Kunstharzleim, günstiger. Lamellofederverbindungen können die Festigkeit der traditionellen Verbindungen, wie der Zapfen-Schlitz-Verbindung oder der Schwalbenschwanzverbindung, niemals erreichen. Für kleine Kisten und Küchenschrankschubladen sind sie jedoch ideal, ebenso für schmalflächenverbundene Vollholzbretter, bei denen die Verbindung die Lage beim Leimen sichert.

Abstände

Die Abstände sind unkritisch – eine Feder alle 50 bis 80 mm. In Rahmen mit starken Querschnitten können zwei Federn nebeneinander über den gesamten Querschnitt gesetzt werden, die Verbindung sollte aber für Mittelgleitschienen und nicht als Ersatz für eine Zapfen-Schlitz-Verbindung an Korpusecken vorgesehen werden.

Die Nut für die Lamellofedern kann auch als Längsnut zur Führung anderer Verbindungselemente benutzt werden, wie bei modernen Schubladenausführungen üblich.

Grundausstattung

- Kugelschreiber/Bleistift
- Lineal
- Lamellofedern
- Hammer
- Türspanner
- Schraubzwingen
- PVAC- oder Kunstharzleim

✚

Siehe Seiten 8 und 9

Lamellofederverbindung für breite Platten: Eck- und T-Stoß

1 Die Stirnseiten der Platten werden sorgfältig vorbereitet; sie müssen genau rechtwinklig und plan sein. Sie können mit dem Handhobel nachgearbeitet werden oder sägerauh bleiben – am wichtigsten ist die Genauigkeit.

2 Die Mitten der Lamellofederverbindungen zuerst an einer der zu verbindenden Platten anreißen, dann auf die andere Platte übertragen. Bei einer T-Verbindung hilft eine Linie quer über die eine Platte beim Ausrichten der zweiten.

Beispiele für die Anwendung der Lamellofederverbindung

Lamellofederverbindungen sind ein vielseitiges, modernes Verbindungssystem, das für viele einfache Stumpfstöße verwendet werden kann.

Lamellofederverbindungen können für das stumpfe Verbinden schmaler Bretter verwendet werden, wenn Tischplatten oder andere großflächige Holzteile hergestellt werden sollen.

Die Lamellofederverbindung kann für die Seitenwände von Schubladen verwendet werden, die Lamellonutsäge für die Nut, in der die Bodenplatte aufgenommen wird.

Doppelte Lamellofederverbindungen können bei kräftigen Querschnitten verwendet werden, z.B. an Mittelleisten, wenn die Belastung nicht allzu groß ist.

3 Die Platte in den Schraubstock spannen, an der Lamellonutsäge die Schnittiefe einstellen und die Führungsleiste so einstellen, daß die Lamellofedernut genau mittig über der Plattendicke liegt. Die Lamellonutsäge an der Markierung aufsetzen und die Nut einsägen. Sägeblatt zurückziehen, ohne die Lage des Werkzeugs zu verändern.

4 Zur Herstellung eines Eckstoßes die Lamellonutsäge mit unveränderter Führungsleiste an der Stirnseite der zweiten Platte ansetzen, auf eine Markierung ausrichten und die Nut einsägen. Arbeiten Sie in Ruhe und mit Sorgfalt.

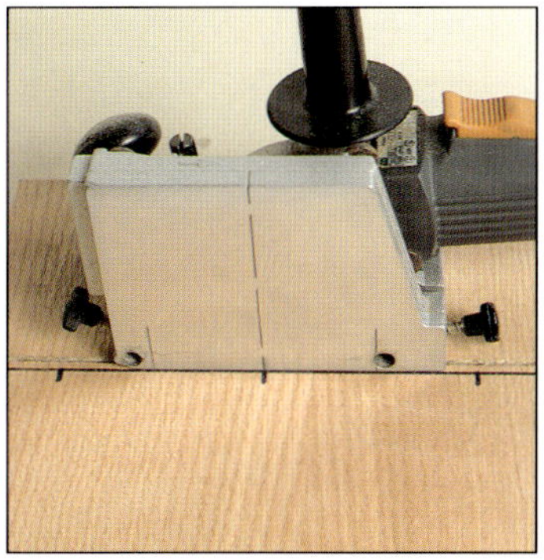

5 Wird ein T-Stoß hergestellt, Führungsleiste entfernen und die Seitenkante des Sägewerkzeugs an der über die Plattenbreite gezogenen Linie ausrichten. An einer Markierung ansetzen und die Nut vorsichtig einsägen. Sie können die Lage der Säge stabilisieren, wenn Sie an der Auflagefläche doppelseitiges Klebeband aufkleben.

6 Sie können aber auch eine Leiste oder eine andere Platte entlang der gezogenen Linie mittels Schraubzwingen aufspannen und das Sägewerkzeug an diese Führung anlegen.

Gehrungsstöße

1 Um bei einem Gehrungsstoß größtmögliche Festigkeit zu erzielen, müssen die Lamellofedern ein wenig außermittig in Richtung Platteninnenfläche angeordnet werden. Die Platten nacheinander in den Schraubstock spannen und an den markierten Stellen vorsichtig einsägen.

2 Alternativ kann die Gehrungsführung des Sägewerkzeugs benutzt werden. Dafür wird die eine Platte mit der Gehrung nach oben auf die andere Platte gespannt. Bei dieser Verfahrensweise kann die Lage der Einschnitte sehr genau eingestellt werden. Beachten Sie, daß sich auf der unten liegenden Platte zahlreiche Markierungen befinden.

3 Stoßflächen mit PVAC-Leim einleimen, in den Einschnitten mit dünnem Holzspatel. Weil Spanplatten den Leim schnell aufsaugen, großzügig und rasch arbeiten. Treiben Sie die Verbinder mit dem Hammer in die Nuten, führen Sie die Hammerschläge aber auf ein Stück Abfallholz. Dann mit Türspannern spannen. Für umfangreiche Leimarbeiten Kunstharzleim verwenden.

STUMPFSTOSS UND ÜBERLAPPTSTOSS

Der Stumpfstoß ist die einfachste Eckverbindung. Zwei winklig bestoßene Holzteile werden ohne jede Überlappung zusammengesetzt. Durch Verleimen hält die Verbindung aber weder besonders fest noch dauerhaft. Das liegt daran, daß das Hirnholz den weitaus größeren Teil der Leimmenge aufsaugt – Hirnholz sollte generell nicht geleimt werden. Weil Holz arbeitet, kann sich die Verbindung dann im Laufe der Zeit lösen. Eine bessere Lösung ist die Dübelung (siehe Dübelverbindungen).

Der Überlapptstoß, eine Weiterentwicklung des Stumpfstoßes, setzt sich aus einem stumpfen Ende an dem einen und einem abgestuften Ende an dem anderen Holzteil zusammen. Das ergibt eine größere Fläche für den Leimauftrag und eine erhöhte Festigkeit der Verbindung.

Für beide Verbindungsarten ist eineUnterstützung durch Stifte erforderlich, die die Lage der Holzteile beim Verleimen sichern (siehe Leimen). Stumpfstoß und Überlapptstoß werden für leichte Rahmen und Gehäuse verwendet, aber auch für kleine Kästen, bei denen Boden und Deckel zur Stabilität beitragen.

Trotz ihrer Einfachheit sind Stumpfstoß und Überlapptstoß ziemlich schwer herzustellen. Es ist eine der schwierigsten Aufgaben der Holzbearbeitung zu meistern – das exakt rechtwinklige Bearbeiten der Enden der Holzteile, und das ist mit Handwerkzeugen nicht leicht (siehe Zuschneiden).

Hier helfen Elektrowerkzeuge ganz beträchtlich – Kreissäge, Auslegersäge oder Bandsäge für den Sägeschnitt und Tellerschleifer für das Abrichten.

Grundausstattung

Streichmaß
Stahllineal
PVAC-Leim
Stifte, Nägel, Schrauben

Feinsäge
Bleistift
Stechbeitel, 12 mm breit
Holzhammer
Schlicht- oder Putzhobel

Tischschleifgerät
Kleine Kreissäge oder Auslegerkreissäge oder kleine Oberfräse

Siehe Seiten 8 und 9

Herstellung eines Überlapptstoßes mit Handwerkzeugen

1 Zuerst beide Holzteile auf Maß bearbeiten und dabei sorgfältig auf Rechtwinkligkeit achten (siehe Zuschneiden). Beim Bestoßen mit dem Hobel verhindert ein in Arbeitsrichtung gespanntes Stück Abfallholz das Aussplittern. Es ist auf einen Riß zu arbeiten und das Ergebnis mit einem Anschlagwinkel zu prüfen.

2 Ein Streichmaß auf die Holzdicke einrichten und am Ende des einzusägenden Teils einen Riß zeichnen. Dann den Riß an beiden Schmalseiten auf zwei Drittel der Dicke verlängern, das Streichmaß neu einstellen und auf der Stirnfläche einen Riß zeichnen. Auch diesen Riß an den Schmalflächen bis zu den bereits gezogenen Rissen verlängern.

Einige Anwendungsmöglichkeiten von Stumpfstoß und Überlapptstoß

Um die Festigkeit zu erhöhen, kann bei Stumpfstoß und Überlapptstoß ins Hirnholz genagelt oder geschraubt werden.

Stumpfstoß und Überlapptstoß können für Eck- oder T-Verbindungen verwendet werden, wenn keine besondere Festigkeit gefordert ist.

Rahmenhölzer, die mit Stumpfstoß und Überlapptstoß gefügt sind, können beim Zusammenbau leicht ausgerichtet werden. Häufig werden sie mit einer Platte an der Ober- oder Unterseite verstärkt.

3 Mit Bleistift werden die zu entfernenden Teile gekennzeichnet. Das Holzteil in den Schraubstock spannen und mit der Feinsäge in Faserrichtung sägen. Es wird stets auf der Abfallseite gesägt (siehe Sägen).

4 Das Holzteil wird nun geringfügig geneigt in den Schraubstock gespannt. Anschließend entweder mit der Säge quer zu den Fasern bis zur Linie einsägen oder die zu entfernenden Holzteile mit dem Stecheisen in Faserrichtung oder quer zu den Fasern abheben.

5 Soll ein Rahmen gebaut werden, werden die Verbindungen eingeleimt und gefügt. Das Bauteil wird mittels Stiften, Schraubzwingen oder Klebeband zusammengehalten.

Herstellen eines Überlapptstoßes mit Elektrowerkzeugen

1 Mit Elektrowerkzeugen können Überlapptstöße viel schneller hergestellt werden. Nach dem rechtwinkligen Beschneiden des Holzes werden zwei Marken angebracht, die die Tiefe und Breite des auszusägenden Holzabschnitts anzeigen. Soll eine größere Zahl von Überlapptstößen erzeugt werden, kann die Arbeit mit der Auslegerkreissäge mit einer Leiste als Anschlag sehr erleichtert werden.

2 Sie können aber auch ein anderes schnelles Verfahren ausprobieren: Spannen Sie das Werkstück auf der Hobelbank auf, und arbeiten Sie mit der Oberfräse. Es wird ein zylindrischer Fräser verwendet und eine Führungsleiste angebracht.

Wie das Sägen ist das Stemmen ein grundlegendes Holzbearbeitungsverfahren. Es wird vorwiegend mit der Hand ausgeführt und erfordert ein gewisses Maß an Geschicklichkeit, die Sie durch praktische Tätigkeit rasch erwerben werden. Das Handstemmwerkzeug wird für Trenn-, Beschneide- und Formarbeit benutzt, insbesondere bei der Herstellung von Verbindungen.

Das Elektrostemmen wird im allgemeinen mit einer speziellen Stemmaschine oder einer Zusatzeinrichtung für die Elektrobohrmaschine ausgeführt. Aus dem Holz werden durch kombiniertes Arbeiten mit Spiralbohrer und Stemmeisen rechteckige Löcher ausgearbeitet, wobei das Stemmeisen mit Maschinenkraft in das Holz gepreßt wird. Stemmaschinen werden in der industriellen Holzbearbeitung eingesetzt und sind für den Heimwerker kein Muß. Das Verfahren dient besonders der Herstellung von Zapfen-Schlitz-Verbindungen.

Für alle Stemmarbeiten ist die Gestaltung der Werkzeugschneide gleich – es handelt sich um einen schlanken Keil mit rasiermesserscharfer Kante, die stets scharf gehalten werden muß (siehe Werkzeugpflege).

Die Schneidkante trägt zwei Keile: den Grundkeil mit einem Winkel von etwa 25°, der beim Kauf des Werkzeugs vorhanden ist, und den Schneidkeil mit einem Winkel von etwa 30°. Der Schneidkeil wird von Ihnen selbst auf dem Ölstein angeschliffen. Stemmwerkzeuge können durchaus unterschiedlich arbeiten – ein Werkzeug mit schlankerem Grund- und Schneidkeil dringt beispielsweise leichter in das Holz ein als ein Werkzeug mit steileren Keilwinkeln, das andererseits eine höhere Festigkeit besitzt. Es gibt verschiedene Ausführungen von Stemmwerkzeugen: Stecheisen oder Stechbeitel mit angeschrägten, wenn auch nicht geschärften Seiten; Stemmeisen mit rechtwinkligem Querschnitt der Klinge für bestimmte Verbindungarten und kräftige Zapfenlochstemmeisen mit dickerer Klinge, mit denen das Holz auch ausgehebelt werden kann.

Für gutes Stemmen mit der Hand ist eine gewisse Erfahrung nötig, doch es lohnt sich die Mühe, diese zu erwerben.

Grundausstattung

Werkzeuge zum Anreißen

Stecheisen und/oder Stemmeisen oder Zapfenlochstemmeisen

Stemmaufsatz für Elektrobohrmaschine oder Stemmaschine

Satz Stemmbits (6 mm, 9 mm, 12 mm)

Siehe Seiten 8 und 9

Stemmen quer zur Faser

1 Mit dem Stemmwerkzeug können Holzfasern quer zur Maserung wirksam durchtrennt werden; mit dem Holzhammer wird nachgeholfen. Als allgemeine Regel beim Ausstemmen eines Zapfenlochs oder einer winkligen Vertiefung gilt, daß zuerst die Fasern quer zur Maserung durchtrennt werden, um ein Splittern zu vermeiden.

2 Nachdem die Fasern quer zur Maserung durchtrennt worden sind, wird das Eisen entlang der Maserung eingedrückt, ohne die Fasern aufzusplittern. Vor dem Stemmen auf Linie werden die Fasern durch mehrere Einschnitte in Querrichtung gelockert.

3 Beide Hände befinden sich hinter der Schneide des Stemmeisens. Die eine Hand führt das Eisen, die andere leitet die Kraft ein. Umfassen Sie mit den Fingern der Führungshand das Eisen fest, und legen Sie den Zeigefinger als Anschlag für die Arbeitstiefe an das Werkstück.

Stemmeisenbreite

Die Erfahrung zeigt, daß ein schmaleres Stemmeisen leichter geführt werden kann, weil weniger Holzfasern mit einem Mal durchtrennt werden müssen. Stemmwerkzeuge werden in Breiten von 3 bis 38 mm angeboten. Ein Stecheisen mit 9 oder 12 mm Breite ist für die meisten Arbeiten ein brauchbares Werkzeug.

Stemmen längs der Faser

1 Der Faseraufbau des Holzes kommt der Wirkungsweise des Stemmeisen entgegen, dessen keilförmige Schneide die Fasern entlang der Maserung abspaltet. Stemmwerkzeug gut festhalten. Beide Hände müssen sich stets hinter der Schneide befinden.

2 Hier wird das Stemmwerkzeug wie ein Dolch gehalten. Daumen und Finger der Führungshand ermöglichen eine sehr genaue Führung des Eisens, so daß die gewünschte Holzmenge exakt abgetrennt werden kann. Häufig werden Stemmwerkzeug und Säge aufeinander abgestimmt benutzt; hier sind zuerst die Fasern quer zur Maserung mit der Säge durchtrennt worden.

3 Das Holz kann auch in waagerechter Stellung mit dem Stemmeisen bearbeitet werden. In Abhängigkeit vom Fasercharakter des Holzes kann es günstiger sein, zuerst die Fasern quer zur Maserung zu durchtrennen und dann in Faserrichtung auf Maß zu arbeiten oder umgekehrt. Auf jeden Fall sollte nach zuvor angezeichneten Linien gearbeitet werden.

Stemmen von Krümmungen

Es gibt zwar schnellere Verfahren, gekrümmte Linien zu erzeugen (siehe Formen), mit dem Stemmeisen können aber durchaus Ecken abgerundet werden. Dazu wird eine Reihe von schälenden Schnitten geführt.

Stemmen mit dem Zapfenlocheisen

1 Das Zapfenlocheisen hat eine ausreichende Festigkeit, so daß Holzspäne herausgehebelt werden können.

2 Mit einer Reihe von Stemmschnitten quer zur Maserung wird das Holz in kleine Späne zerteilt. Sie können bei Arbeiten, wie beispielsweise dem Ausstemmen der Vertiefung für ein Türscharnier, relativ leicht entfernt werden.

Elektrostemmen

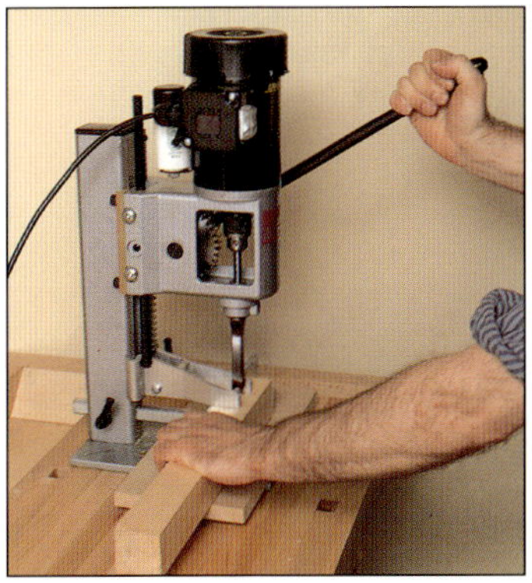

1 Bei einem gut ausgerichteten und geklemmten Werkstück ist die Arbeit mit einer Elektrostemmaschine nicht schwierig. Ausrichtung und Klemmung sollten allerdings wirklich sorgfältig ausgeführt werden.

2 Aus mehreren rechtwinkligen Löchern wird ein Zapfenloch erzeugt. Zuerst wird mit einem Spiralbohrer ein Loch gebohrt und dann das Eisen – mit scharfer Schneide und kräftigem, quadratischem Querschnitt – ins Holz gepreßt. Es entstehen saubere, rechtwinklige Schnitte.

KLEMMEN UND HALTEN

Das sichere Halten des Werkstücks ist bei der Holzbearbeitung unverzichtbar. Wenn das Werkstück nicht zuverlässig gehalten wird, kann mit keinem Werkzeug wirksam und sicher gearbeitet werden. Ganz gleichgültig, wie kräftig Sie beispielsweise beim Sägen das Werkstück mit der Hand zu halten glauben – die Säge klemmt in der Fuge, wenn das Werkstück nicht fest eingespannt ist. Das führt zu Verärgerung, zu unbefriedigenden Ergebnissen und erhöht die Verletzungsgefahr. Oft reicht ein Händepaar nicht mehr aus, ein Werkstück sicher zu halten, und es müssen Haltevorrichtungen irgendwie improvisiert werden. Mit wachsender Erfahrungen werden Sie ganz sicher eigene, an die gerade zu erledigende Aufgabe angepaßte Haltevorrichtungen bauen können.

Grundausstattung
Hobelbank
Anschlagbrett
Schraubstock für Holzarbeiten
Schraubzwingen und Türspanner
Lange Schraubzwingen (Schraubknechte)
Heißklebepistole und Klebestifte
Bankhaken für die Hobelbank
Doppelseitiges Klebeband
✚
Siehe Seiten 8 und 9

Die Hobelbank

Die Hobelbank ist zunächst eine stabile Arbeitsunterlage, sie ist aber auch die grundlegende Halte- und Stützvorrichtung. Normalerweise ist ein Schraubstock aus Metall oder Holz (genannt Zange) fest angebracht, mit dem Werkstücke bis etwa 150 mm Stärke gehalten werden können. Metallbacken sollten mit Auflagen aus Hartholz versehen sein, damit auf hölzernen Werkstükken keine Quetschmarken entstehen. Die Bohrungen zur Befestigung der Hartholzauflagen sind fast immer bereits vorhanden; die Auflagen müssen Sie meist selbst anfertigen.

Allgemein sollte das Werkstück so tief wie möglich im Schraubstock angeordnet werden, um Schwingungen (Rattern) beim Sägen oder Hobeln zu vermeiden.

Verwendung eines Schraubstocks (der Vorderzange)

1 Mit der Vorderzange können Werkstücke in verschiedenster Weise gehalten werden, beispielsweise mit der Hobelbankplatte als zusätzlicher Unterstützung. Um gekrümmte Flächen hobeln zu können, werden kurze Werkstücke zwischen den Stirnflächen eingespannt und nach jedem Hobelschnitt gelockert und ein Stück weitergedreht.

2 Schwierige Spannfälle können gemeistert werden, indem das Werkstück schräg eingespannt wird. So entsteht eine stabile Unterstützung für Hobel- oder Sägearbeiten.

Verwendung von Schraubzwingen

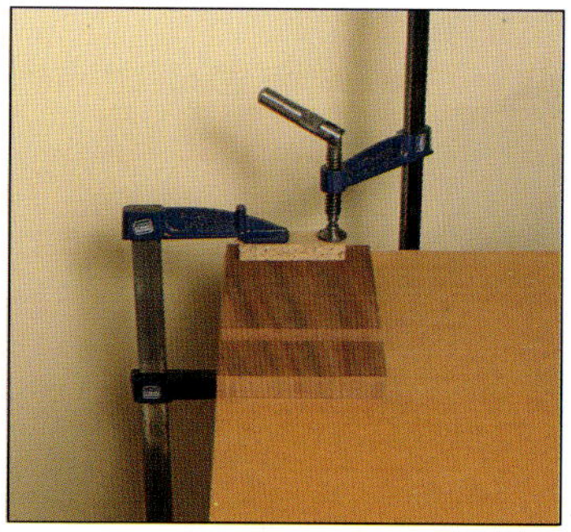

1 Zum Werkzeugsatz gehört unbedingt eine Reihe unterschiedlicher Schraubzwingen. Mit zwei Schraubzwingen kann ein Werkstück für Stemm-, Säge- oder Bohrarbeiten fest auf die Hobelbank gespannt werden. Um eine Beschädigung der Oberfläche des Werkstücks durch die Spannelemente zu vermeiden, werden Abfallhölzer zwischengelegt.

2 Schnellspanner vereinen die Vorzüge von Schraubzwingen und Türspannern. Sie sind in verschiedenen Längen erhältlich und eignen sich für das Zusammenhalten von Holzbauteilen beim Leimen.

Anschlagbrett

Ein Anschlagbrett (das leicht selbst angefertigt werden kann) ist ein sehr nützliches Zubehör der Vorderzange. Es bietet zusätzliche Stabilität beim Sägen von Holz.

Türspanner

Zum Halten eines langen oder besonders breiten Werkstücks kann im Schraubstock mit Hilfe eines Spannblocks ein Türspanner eingespannt werden. Er ist auch für das Rundhobeln eines langen Holzteils mit quadratischem Querschnitt zweckmäßig. Zuerst werden die 4 Hauptkanten abgehobelt, dann die neu entstandenen 8 Kanten und so weiter, bis das Werkstück einen kreisrunden Querschnitt hat.

Hinterzange und Bankhaken

Ein Werkstück mit geringer Dicke kann sich unter der Spannkraft des Schraubstocks durchbiegen. Es wird deshalb auf die Hobelbank aufgelegt und zwischen Bankhaken gespannt. Bankhaken sind Teile aus Holz oder Kunststoff, die in vorgefertigte Löcher der Bankplatte und der Zangenbacke eingehängt werden können. Die Löcher sind meist in einem Abstand von etwa 150 mm angebracht.

Anschlag

Um dünnes Holz hobeln zu können, kann aus zwei Schraubzwingen und einer noch dünneren Sperrholzplatte ein Anschlag improvisiert werden. Die Sperrholzplatte müssen Sie so breit wählen, daß Sie beim Hobeln nicht an die Schraubzwingen stoßen.

Verwendung einer Flachspannbank

1 Moderne Universal-Flachspannbänke haben Kunststoffbacken, mit denen Werkstücke beinahe jeder Form gehalten werden können. Diese sinnreich konstruierten Werkbänke sind insbesondere für Hobel- und Sägearbeiten nützlich.

2 Rundholz kann waagerecht oder senkrecht eingespannt werden

Die Heißklebepistole

Mit einer Heißklebepistole kann ein Werkstück zeitweilig in Bearbeitungsposition gehalten werden. An 4 Punkten des Werkstücks Kleberpunkte aufsetzen und kurz abkühlen. Dann das Werkstück auf die Hobelbank aufdrücken. Hier liegt es ideal z.B. für Fräsarbeiten, bei denen ein Schraubstock o.ä. in der Bewegungsbahn der Fräserführung liegen würde.

Verwendung von Klebeband

Für eine zeitweilige Sicherung des Werkstücks auf der Platte der Hobelbank oder das Festhalten einer Bohrvorrichtung auf dem Werkstück ist doppelseitiges Klebeband gut geeignet.

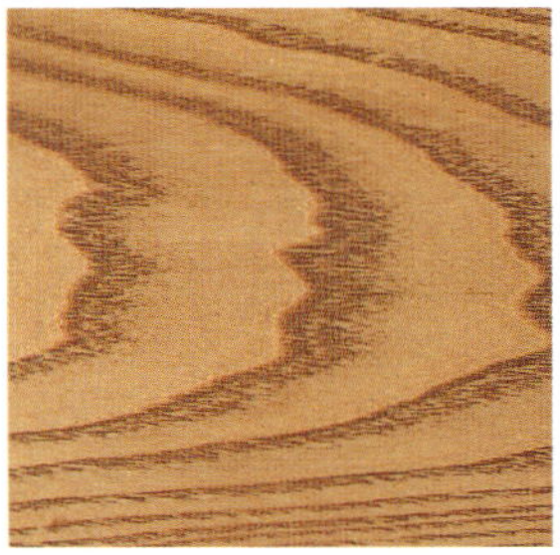

ZINKEN-VERBINDUNGEN

Keine andere Holzverbindung ist so universell einsetzbar wie die Zinkenverbindung oder Zinkung. Sie trägt die gesamte Tradition der Holzbearbeitungstechnik in sich und ist dennoch überflüssig geworden. Neue Verbindungsarten sind aufgekommen, die im Verein mit den heutigen Leimen dieselbe Festigkeit und Haltbarkeit wie die Zinkenverbindung bieten, aber viel rascher hergestellt werden können.

Grundausstattung

Anschlagwinkel
Stahllineal
Anreißmesser
Bleistift
Streichmaß
Zinkenanreißer
Zinkenschablone oder Winkel mit verstellbarer Zunge

☞

Zinkensäge
Laubsäge
Stechbeitel
Holzhammer
Hammer und Abfallholz
Handhobel
Zinkenvorrichtung

~

Oberfräse (am günstigsten 1 300 W)
Zugehörige Schwalben- und Walzenfräser (hartmetallbestückt oder aus Schnellstahl)

+

Siehe Seiten 8 und 9

Früher wurde die Zinkung vom Möbeltischler an der Frontseite von Schubladen verwendet. Beim Herausziehen der Schublade wirkt die Zugkraft gegen den Keil der Zinken, und weil nach dem Grundprinzip der Zinkung die Verbindungselemente durch Auseinanderziehen der Teile fester ineinander gezogen werden, kommt es zu dem nützlichen Phänomen: Je stärker der Zug, desto fester die Verbindung. Die Zinkenverbindung wird aber auch in Zukunft ihren Reiz auf den Heimwerker ausüben und das nicht nur aus ästhetischen Gründen, sondern auch wegen ihrer Ansprüche an das handwerkliche Können.

Zinkungen können von Hand oder mit der Maschine hergestellt werden, und Zinkenverbindungen, die mit den heutigen Fräsvorrichtungen und der Oberfräse erzeugt worden sind (siehe Fräsen), stehen handgefertigten Verbindungen im Erscheinungsbild in nichts nach. Es gibt verschiedene Ausführungsformen, wie überblattete Zinkungen, verdeckte Gehrungszinkungen, einfache und gewöhnliche Zinkungen. Alle beruhen sie auf dem Keil, der der Verbindung die Festigkeit verleiht. In diesem Buch sollen die Zinkenverbindungen am Beispiel der gewöhnlichen Schwalbenschwanzzinkung demonstriert werden.

Anreißen einer gewöhnlichen Zinkenverbindung

1 Nachdem das Holz auf Maß gearbeitet wurde (siehe Zuschneiden), ist an den Enden beider Stücke mit dünnen Linien die Dicke des jeweils anderen Stücks plus 1 mm Zugabe ringsherum anzureißen. Es können ein Anschlagwinkel und ein Anreißmesser benutzt werden, wobei der Griff des Anschlagwinkels an das Holzteil angelegt wird.

2 Mit einer Zinkenschablone und Bleistift werden die Zinken an einem der Teile angerissen, dabei stets den Verschnitt markieren. Der Neigungswinkel beträgt ungefähr 1 : 7 und kann auch mit einer Winkellehre angerissen werden.

3 Mit einem Anschlagwinkel wird auf der Stirnfläche des Holzteils angerissen und der Verschnitt markiert. Letzteres ist bei der etwas kompliziert gestalteten Zinkenverbindung ganz besonders wichtig, damit nicht die falschen Stücke herausgetrennt werden.

Sägen der Zinken

1 Werkstück in den Schraubstock spannen und so weit neigen, daß der Sägeschnitt senkrecht geführt werden kann. Das hilft sehr, weil die Säge durch die Schwerkraft nach unten gezogen wird. Für feine Arbeiten Zinkensäge verwenden. Stets auf der Abfallseite sägen – Blei oder Riß bleibt stehen!

2 Mit Anschlagwinkel und Anreißmesser den Riß, auf dem der Schnitt geführt werden soll, vertiefen.

3 Die Abschnitte an den Seiten mit der Feinsäge entfernen. Quer zur Faser und sorgfältig auf dem Riß sägen.

4 Die Abschnitte zwischen den Zinken werden mit der Laubsäge 3 mm oberhalb des Risses ausgesägt. Die Zugabe von 3 mm bleibt auf dieser Arbeitsstufe stehen, weil sie nur mit einem sehr scharfen Stechbeitel entfernt werden kann.

Ausstemmen der Verbindung

1 In feinen Schritten wird mit Stechbeitel und Holzhammer bis an den Riß heran ausgestemmt. Dabei jedesmal nur bis zur Mitte stemmen, dann Holzteil wenden und von der anderen Seite stemmen. Das verhindert das Ausreißen von Fasern oder Absplittern.

2 Mit dem Stechbeitel wird das im Schraubstock gespannte Holzteil endbearbeitet.

Übertragen der Risse

1 Das zweite Holzteil in den Schraubstock spannen, und zwar um so viel über der Hobelbankplatte, wie eine dort aufgelegte Unterlage dick ist. Dann das Teil mit den ausgearbeiteten Zinken auflegen und genau fluchtend ausrichten. Alle Risse sorgfältig mit spitzem Bleistift oder Zinkenreißer übertragen. Dabei ist der Verschnitt zu markieren.

2 Die Risse auf den Seitenflächen des Holzteils mit angelegtem Anschlagwinkel ergänzen. Verschnitt markieren.

Sägen des zweiten Holzteils

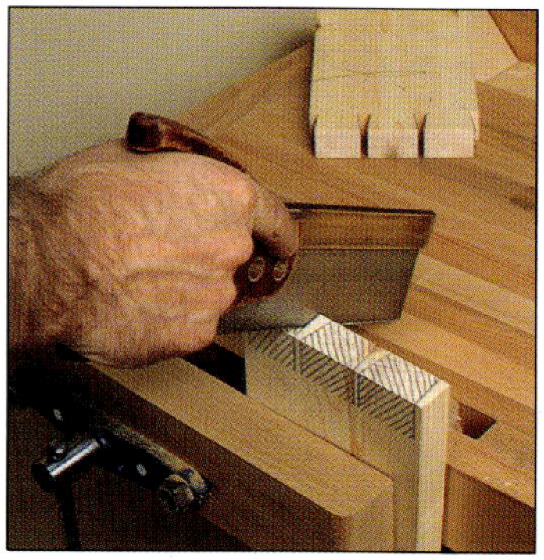

1 Mit der Zinkensäge wird auf der Abfallseite bis zum Riß gesägt.

2 Wie schon zuvor werden mit der Laubsäge die Lücken bis kurz oberhalb des Risses ausgesägt, dabei darf nicht in das stehenbleibende Holz gesägt werden.

Ausstemmen des zweiten Holzteils

1 Der Riß kann wiederum vertieft werden, um für das Ausstemmen eine eindeutige Begrenzung zu haben.

2 Vorsichtig bis an den Riß heran stemmen. Die einzelnen Stemmschritte müssen dabei so überlappen, daß eine gerade Linie entsteht. Ein schmaler Beitel kann viel genauer geführt werden (siehe Stemmen).

Abspannen

1 Die Zinkenverbindung zusammenfügen. Dafür wird ein Abfallholz verwendet, das so ausgesägt ist, daß die Zinken bis an die Fußlinie eingedrückt werden können. Durch das zwischengelegte Abfallstück werden außerdem Quetschmarken der Zwingenbacken verhindert, der Preßdruck wird gleichmäßig verteilt. Die Rechtwinkligkeit der Verbindung ist mit einem Anschlagwinkel zu prüfen (siehe Leimen).

2 Nach dem Verleimen wird die Verbindung mit dem Hobel bestoßen. Dabei stets nach innen arbeiten, um ein Absplittern der Fasern zu vermeiden. Die Kanten der Verbindung können diagonal bestoßen werden, wobei das Holzbauteil in den Schraubstock gespannt wird.

Fertigen einer Zinkenverbindung mit Hilfe einer Lehre

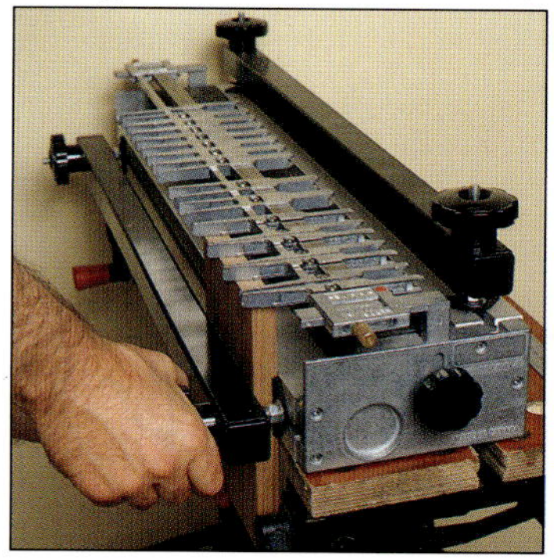

1 Hier wird eine Speziallehre vorgestellt, die einige Besonderheiten aufweist. Wenn Sie eine Zinkenlehre verwenden wollen, lesen Sie zuerst die Anleitung des Herstellers genau durch, um sich mit den Eigenheiten der Lehre vertraut zu machen. Erst dann die Lehre auflegen und das Holzteil zum Aussägen der Zinkung einspannen.

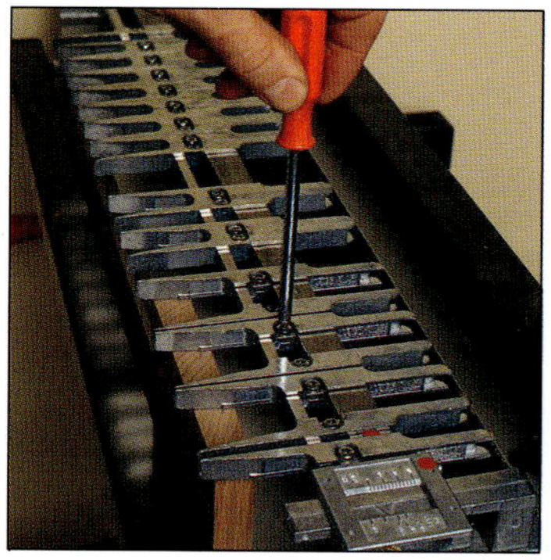

2 Die Lage der Zinken kann durch Verschrauben der verschiebbaren Finger an den gewünschten Stellen leicht festgelegt werden. Dabei liegt die Lehre in der Position „Zinken".

3 Nach dem Einspannen des Holzteils in den Schraubstock können die Lücken in waagerechter Richtung mit dem Stechbeitel gesäubert werden. Dabei sollte nicht bis an die andere Brettseite gearbeitet, sondern das Brett gewendet werden, um ein Absplittern zu vermeiden.

4 Mit einem Stechbeitel wird eine feine Fase an der Innenseite der Zinkenlücken angebracht. Das erleichtert das Zusammenfügen der Verbindung.

Zusammenbau und Verleimen

1 Die Verbindung wird vorsichtig zusammengefügt und entweder im Schraubstock zusammengepreßt oder mit Hammer und Abfallholz zusammengetrieben.

2 Wenn alles gut paßt, werden die Teile getrennt und die Paßflächen mit einem dünnen Spatel eingeleimt.

3 Nun wird die Lehre in die Position „Schwalben" gebracht und festgeschraubt. In die Oberfräse werden der richtige Zinkenfräser und eine Führungsbuchse eingesetzt (Sehen Sie im Bedienhandbuch nach!). Dicke des anzuschließenden Holzteils anreißen und Frästiefe einstellen.

4 Die Lücken werden vorsichtig ausgefräst. Um ein Absplittern an der Austrittsseite zu vermeiden, ist etwas Erfahrung erforderlich. Das Aufkleben eines Schutzbandes kann helfen.

5 Das Schwalben-Teil aus der Lehre ausbauen und das Zinken-Teil einbauen. Den Riß wie zuvor anzeichnen. Schablone wenden und entsprechend den Führungsmarken an der Lehre ausrichten. Den entsprechenden Walzenfräser in die Oberfräse einsetzen und die Tiefe einstellen. Zuerst einige flache Schnitte über die ganze Breite der Zinken führen.

6 Am Profil der Finger der Lehre ist zu erkennen, wo die beiden Fräser an den Teilen angesetzt werden müssen. Mit ein wenig praktischer Erfahrung kann die Zinkenlehre so genau eingestellt werden, daß eine fertige Zinkenverbindung von Hand zusammengefügt werden kann und keine Spalten sichtbar sind. Am Schluß wird geleimt und gespannt wie bei der handgefertigten Verbindung.

DÜBEL-VERBINDUNGEN

Die Dübelverbindung ist schnell und einfach herzustellen, weil sie auf vorgefertigten kleinen Holzstäbchen, den Dübeln, beruht anstelle auf selbst zurechtgesägten Holzteilen. Sie ist vielseitig anwendbar, garantiert Festigkeit und Haltbarkeit und erfordert keine umfangreiche Ausstattung. Die Teile können beinahe beliebig miteinander verbunden werden – im Eckstoß, als T oder gekreuzt. Die Dübelverbindung tritt oft an die Stelle der Zapfen-Schlitz-Verbindung. Um der Verbindung mehr Festigkeit zu verleihen, werden anstelle eines einzigen Zapfens mehrere Dübel benutzt.

Verbunden werden beispielsweise zwei stumpf oder auf Gehrung geschnittene Holzteile, die sorgfältig ausgerichtete Lochreihen für die hölzernen Dübel tragen. Die relativ kurzen Dübel werden aus einem festen Holz gefertigt, z.B. aus Buche oder Esche. Sie werden in drei Durchmessern – 6, 8 und 10 mm – angeboten. Damit sich der Leim beim Eintreiben des Dübels gleichmäßig verteilt, sind Nuten oder Riefen eingearbeitet. Der Dübel würde sonst wie ein Kolben wirken und den Leim in den Lochgrund schieben. Am raschesten und genauesten lassen sich Dübelverbindungen mit speziellen Dübelbohrbuchsen oder mit Hilfe einer Bohrlehre herstellen, die im Fachhandel erhältlich sind (siehe auch Verbindungen).

Grundausstattung

Stahllineal und Streichmaß
Dübelholz
Dübelbohrer mit passendem Durchmesser
Anschlagring für die Bohrtiefe
Dübellehre oder Dübelbohrbuchsen oder
Nägel und Kneifzange
PVAC-Leim
Schraubzwingen

Elektrobohrmaschine

+

Siehe Seiten 8 und 9

Verbindung mit mehreren Dübeln

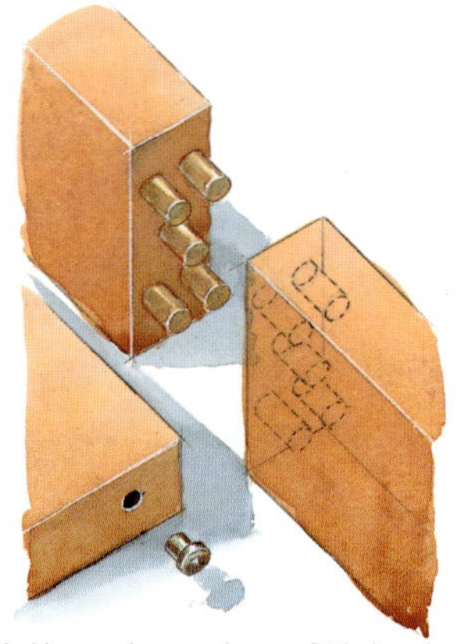

Die Verwendung mehrerer Dübel, – das ist das moderne Verfahren, das Zapfenverbindungen mehr und mehr ersetzt. Kleine Messingspitzen helfen sichern.

Herstellen einer Dübelverbindung mit Dübelbohrbuchsen

1 Nach dem Bearbeiten des Holzes auf Maß (siehe Zuschneiden) werden die Mittellinien an der Stirnfläche der Holzteile mit Anschlagwinkel, Stahllineal und Streichmaß angerissen.

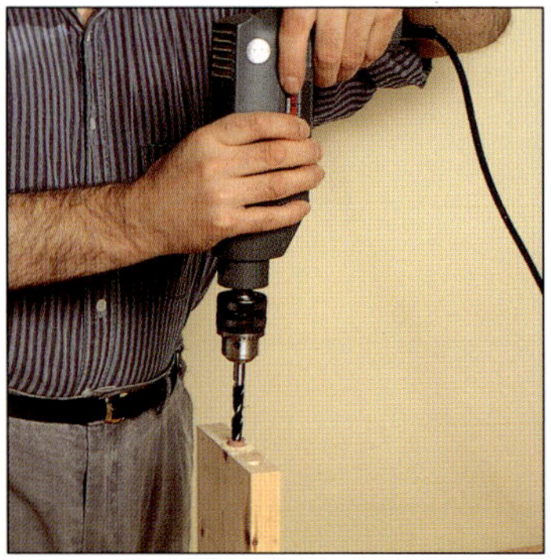

2 Die passenden Dübelbohrbuchsen auswählen und mit einem Bohrer gleichen Durchmessers die Dübellöcher bohren. Stellen Sie sich in einer Richtung mit dem Holzteil auf, so daß Sie den Bohrer parallel zu den Seitenflächen des Holzes führen können. Damit Sie nicht zu tief bohren, stecken Sie einen Anschlagring auf den Bohrer oder markieren Sie mit Klebeband.

Dübelanreißen mit Nägeln

1 Eine einfache Alternative für Dübelbohrbuchsen sind Nägel, mit denen die zu bohrenden Dübellöcher angerissen werden. Nägel einschlagen und die Nagelköpfe mit der Kneifzange abscheren. Dann können die Dübellöcher durch Zusammenpressen der beiden Holzteile am Gegenteil angerissen und die Nägel mit einer Beiß- oder Kneifzange herausgezogen werden.

Verwendung einer Dübellehre

1 Lage der Dübellöcher durch Risse quer über die Hirnholzfläche markieren. Wie genau das Werkzeug ist, spielt keine Rolle – ausschlaggebend ist die allererste Markierung. Die Goldene Regel jeder Holzbearbeitung lautet: Zweimal messen, einmal schneiden. Dübellehre an der Hobelbank klemmen und das Holzteil so einspannen, daß der Riß in Lehrenbohrungsmitte sichtbar ist.

3 Es sollte unbedingt ein Dübelbohrer verwendet werden. Dübelbohrer haben eine Spitze in der Bohrermitte, mit der die angerissene Lochposition exakt eingehalten werden kann. Spiralbohrer wandern gern aus. Spatenbohrer können ebenfalls benutzt werden; ihre lange Spitze macht sie allerdings für dünnes Holz ungeeignet.

4 Zum Anreißen der Lochpositionen am Gegenholzteil werden spezielle Dübelspitzen in die Löcher gedrückt.

5 Durch leichtes Aufschlagen wird das Gegenholzteil angerissen. Soll eine T-Verbindung gefertigt werden, hilft ein mit dem Anschlagwinkel gezogener Riß quer über das Brett.

6 Nun werden die Dübellöcher gebohrt. Dabei ist auf Rechtwinkligkeit zu achten – das ist mitunter nicht einfach. Dübel, Dübellöcher und Fugenflächen einleimen und die Stücke verspannen (siehe Leimen).

2 Mit einem Dübelbohrer entsprechenden Durchmessers und aufgestecktem Anschlagring wird durch die Lehrenbohrung hindurchgebohrt. Der Bohrer ist rechtwinklig zur Lehrenfläche zu führen. Dann wird das Holzteil für die nächste Bohrung verschoben.

3 Das andere Holzteil in die Lehre spannen. Die angerissenen Dübellochpositionen werden mit der Lehrenbohrung ausgerichtet.

4 Nun werden die Dübellöcher gebohrt. Damit alle Löcher gebohrt werden können, müssen die Spanner der Lehre versetzt werden.

5 Die Dübelverbindung sollte jetzt fertig für das Leimen sein.

ANFERTIGEN EINER ZEICHNUNG

Die meisten Heimwerker betrachten das Anfertigen einer Zeichnung als eine überflüssige Anstrengung. In der Tat sind zeichnerische Fähigkeiten längst nicht so entscheidend wie Grundkenntnisse des Messens und Anreißens.

Ein gewisses Maß an Können, Zeichnungen anzufertigen und zu lesen, ist allerdings von Vorteil, wenn Sie wirklich vielseitig tätig sein möchten. Das gilt sowohl für die eigenständige Gestaltung als auch für den Nachbau von Holzerzeugnissen. Nur ein wirkliches Genie kann ein neues Holzprodukt entwerfen und ausführen, ohne auf eine zeichnerische Veranschaulichung zurückzugreifen, und wenn sie auf der Rückseite eines Briefumschlags skizziert wäre.

Festhalten von Ideen auf einem Blatt Papier

1 Mit etwas Übung gelingt es bald, auf einem Blatt Papier rasch eine perspektivische Freihandzeichnung zu skizzieren. Ein Faserstift oder ein weicher Bleistift, vielleicht 2B, eignen sich gleichermaßen.

2 Mit der Hand läßt sich mit einem natürlichem Schwenk um das Handgelenk als Drehpunkt eine Linie ziehen. Legen Sie sich deshalb das Blatt Papier immer so zurecht, daß Ihnen das Ziehen einer Linie leicht fällt.

3 Mit dünnen Linien wird der Gegenstand zunächst nur angedeutet. Dann wird der Umriß dick nachgezogen, Vorderkanten meist noch dicker. Zeichnungen bestehen meist aus drei Linienarten: einer schwachen Linie für Projektionen, einer Umrißlinie und aus Maßlinien.

Grundausstattung

Spezielles Zeichenbrett (Reißbrett) oder eine Platte DIN A3 aus melaminbeschichteter Spanplatte oder etwas ähnliches
Reißschiene
30°- und 45°-Zeichendreiecke
Kunststofflineal 60 cm lang
Winkelmesser
Kurvenlineale
Maßstab
Zirkel
Bleistifte verschiedener Härten
Faserstifte oder Ziehfedern
Klebeband oder Klemmer

Zeichnen von Kreisen

1 Kreise oder Kurven in perspektivischer Darstellung können mit Hilfe eines Gitternetzes gezeichnet werden. Den Kreis dazu zuerst in ein vierfach unterteiltes Gitter einzeichnen. Dann das gleiche Gitter schräg neu zeichnen und wiederum Bogenlinien einzeichnen. Dabei das Blatt drehen. Kreise freihand zeichnen können. Kreise in perspektivischer Darstellung sind Ellipsen, deren gestreckte Bögen senkrecht zu den Seitenflächen des zu zeichnenden Zylinders liegen.

2 Die Darstellung zylindrischer Objekte kann mit Hilfe von Mantellinien Tiefe erhalten. Markieren Sie auf dem Kreisumfang Punkte in gleichem Abstand, und ziehen Sie von diesen Punkten aus senkrechte Linien auf dem Mantel des Zylinders.

Übertragen von Skizzen auf Bearbeitungszeichnungen

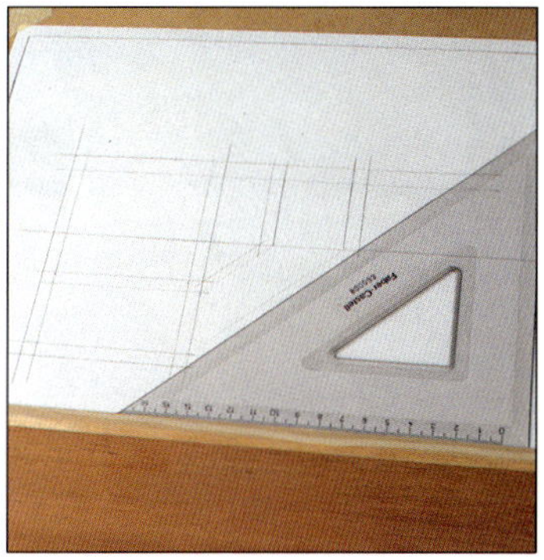

1 Genauere Zeichnungen können auf einem Reißbrett mit Reißschiene, Zeichendreieck und Lineal erzeugt werden. Zuerst Papier mittels Klebeband aufspannen. Benötigt werden Bleistifte der Härten H und 2H. Die Reißschiene muß immer gut an der Seitenkante des Reißbretts anliegen.

2 Ein Zeichnungssatz für Holzarbeiten besteht üblicherweise aus der Vorderansicht (dem Aufriß), einer Seitenansicht (bei uns in Deutschland „von rechts", in den USA „von links") und der Draufsicht. Zuerst werden mit einem harten Bleistift eine waagerechte und eine senkrechte Mittellinie gezogen.

3 Abmessungen, die in allen Ansichten gleich sind – wie Höhe und Breite des zu zeichnenden Gegenstandes –, werden durch Linienverlängerung übertragen (projiziert) und mit dünnen Linien eingezeichnet. Sie können mit Hilfe des 45°-Zeichendreiecks in die Seitenansicht übertragen werden.

4 Die Außenlinien werden dann in jeder Ansicht dick nachgezogen. Die Projektionslinien sollten so schwach sein, daß sie auf Armlängenabstand nicht zu erkennen sind. Verdeckte Details können mit gestrichelten Linien eingezeichnet werden.

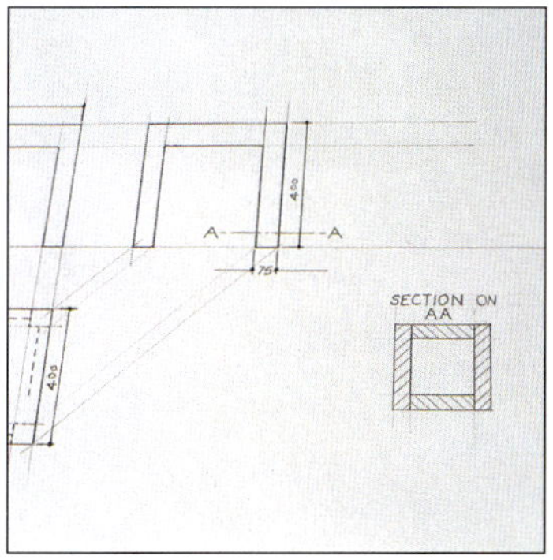

5 Dann werden Maßlinien in die Zeichnung eingetragen. Die Maßangaben werden gleichmäßig über die drei Ansichten verteilt.

Wenn die Bearbeitungszeichnungen maßstäblich verkleinert angefertigt werden müssen, sind Maßstablineale eine wertvolle Hilfe; sie ersparen ständiges Umrechnen.

6 Damit eine Bearbeitungszeichnung ihren Zweck erfüllen kann, müssen oft weitere Einzelheiten dargestellt werden. Das kann in Form von vergrößerten Ausschnitten oder durch Schnittdarstellungen geschehen, die mit Angaben wie „Schnitt AA" auf die Hauptansichten bezogen werden sollten.

7 Vielleicht wünschen Sie sich eine Pause Ihrer Zeichnung, die Sie zusammen mit einer perspektivischen Darstellung mit Faserstift oder Ziehfeder auf einem Blatt Transparentpapier anfertigen können. Heften Sie dieses Blatt mit Klebestreifen an oder beschweren Sie es mit massiven (aber sauberen) Gegenständen.

8 Sehr nützlich ist das Aufstellen einer Holz- oder Zuschnittliste.

BOHREN

BOHREN

Bohren ist eine der Arbeitstechniken, die in der Handwerkerlehre als erste vermittelt werden. Heutige Hilfsmittel erleichtern das Bohren sehr.

Löcher im Holz werden durch Entfernen von Holzfasern mit Hilfe einer Schneide und einer archimedischen Schraube erzeugt. Eine hand- oder elektrogetriebene Bohrmaschine versetzt das in ein Futter eingespannte Werkzeug in schnelle Umdrehungen. Die Fasern werden aus dem Faserverband herausgetrennt und von der Spirale des Bohrers aus dem entstehenden Loch gefördert.

Löcher können auch durch die abtragende Wirkung einer Fläche wie beim Flachbohrer erzeugt werden. Flachbohrer sind speziell für die Verwendung in der Elektrobohrmaschine konstruiert worden. Das Bohren von Hand ist kaum noch üblich, weil mit elektrischen Hand- oder Ständerbohrmaschinen viel effizienter gearbeitet werden kann.

Bohren mit der Elektrobohrmaschine

Die tragbare Elektrobohrmaschine war das erste der elektrisch betriebenen Werkzeuge. Schon frühzeitig wurde Zubehör wie Stichsäge, Kreissäge (siehe Sägen) und Schleifscheibe (siehe Schleifen) angeboten. Es gibt wohl kaum eine Werkstatt, die ohne die vielseitig einsetzbare, tragbare Elektrobohrmaschine auskommt. Wenn sie in einen auf der Hobelbank aufgestellten, senkrechten Ständer eingespannt wird, können sehr genaue Bohrarbeiten ausgeführt werden.

Meist sind Elektrobohrmaschinen netzbetrieben und haben schlüsselbetätigte Spannfutter zum Einsetzen des Bohrwerkzeugs. Nennwerte sind die Leistungsaufnahme (im Mittel etwa 500 W) und der Futterinnendurchmesser (10 bis 13 mm), der sich auf den größten aufzunehmenden Bohrerdurchmesser bezieht. Ein Vorteil heutiger Flachbohrer besteht darin, daß große Bohrungen bis 38 mm Durchmesser mit Werkzeugen erzeugt werden können, deren Schaftdurchmesser lediglich 6 mm beträgt.

Flachbohrer benötigen ein geringeres Drehmoment, es wird ihnen aber unterstellt, die Holzfasern herauszureißen, anstelle sie ordentlich zu zerschneiden. Oft wird der Spiralbohrer aus Gründen der Genauigkeit vorgezogen, er neigt aber zum Auswandern, besonders im Hirnholz, und es ist dann günstiger, einen Holzbohrer mit Spitze zu verwenden.

Bohren von Führungsbohrungen

Für Führungs- oder Vorbohrungen mit kleinem Durchmesser (siehe Scharniere und Schlösser) werden Spiral-Holzbohrer verwendet, weil Flachbohrer mit einem Durchmesser unter 6 mm kaum angeboten werden. Sie können natürlich Ihre eigenen Flachbohrer am Schleifbock entsprechend herunterschleifen (siehe Werkzeugpflege).

Akkubohrmaschinen sind sehr verbreitet, obwohl sie ein geringeres Leistungsvermögen haben als netzbetriebene Maschinen. Sie sind jedoch innerhalb und vor allem außerhalb der Werkstatt bequem einzusetzen. Wegen der niedrigen Spannung (3,6 bis 24 V) sind sie ungefährlich, was besonders bei Arbeiten in feuchter Umgebung von Vorteil ist.

Ein Akku kann innerhalb von 5 Minuten wieder aufgeladen werden. Es lohnt sich dennoch, einen Austauschakku zur Verfügung zu haben.

Das schlüsselbetätigte Futter ist heute weitgehend durch Futter ohne Schlüssel ersetzt. Bohrmaschinen mit schlüssellosem Futter können aber noch einem weiteren Zweck dienen – wegen der drehmomentgesteuerten Rutschkupplung sind sie auch als Elektroschrauber einsetzbar.

Für Bohrmaschinen wird zahlloses Zubehör angeboten – beispielsweise Fräser für Türangelschlitze, rotierende Feilen und Schleifscheiben.

Grundausstattung

Elektrobohrmaschine (Schlageinrichtung nicht unbedingt erforderlich)
Bohrständer
Satz Spiralbohrer
Satz Flachbohrer
Senker
+
Siehe Seiten 8 und 9

Spiral- und Flachbohrer – Auswahlkriterien

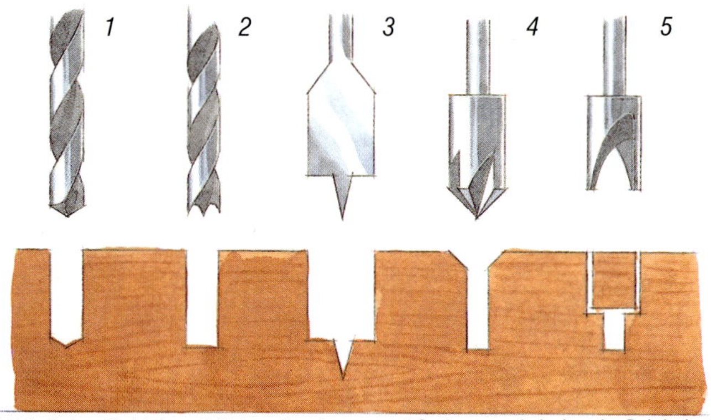

1 Spiralbohrer für Löcher mit kleinem Durchmesser, auch für das Ausspänen und für Schraubenbohrungen. 2 Dübellochbohrer; bohrt die für Dübel gewünschten Löcher mit ebenem Grund. 3 Flachbohrer; arbeitet schabend, erzeugt sehr rasch große Bohrungen. 4 Senker; zum Aufweiten des Bohrlochanfangs, Schrauben können so tief eingeschraubt werden, daß sie in einer Ebene mit der Holzoberfläche liegen. 5 Der Kernbohrer arbeitet den Bohrlochkern als Ganzes heraus, so daß er später wieder eingesetzt werden kann.

Halten der Elektrobohrmaschine mit der Hand

1 Der Bohrer wird in das Futter eingesteckt, dann ist das Futter an allen drei Löchern anzuziehen.

2 Für das Anreißen von Bohrungen ist ein Kreuz in Bohrlochmitte üblich. Für das Bohren ins Hirnholz eignet sich ein Bohrer mit deutlich ausgeprägter Spitze am besten.

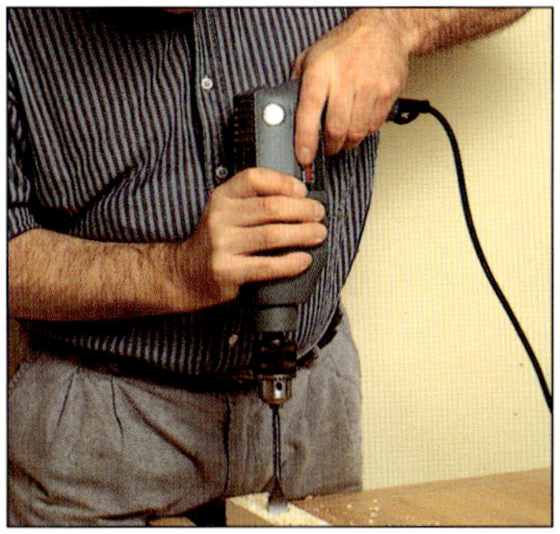

3 Mit den Händen in bequemer Haltung die Bohrmaschine umfassen, den Bohrer aus einer Stellung über dem Werkstück ansetzen und mit dem Bohren beginnen. Dabei den Bohrer hin und wieder zurückziehen, um die Späne aus der Bohrung zu befördern; sie verklemmen sich leicht und werden dann sehr heiß.

4 Beim Bohren von Durchgangslöchern muß die Bohrmaschine sofort angehalten werden, wenn die Spitze des Flachbohrers zu sehen ist. Dann ist das Werkstück zu wenden und von der anderen Seite zu bohren. Das ist wichtig, um ein Aussplittern zu vermeiden.

Verwendung eines Bohrständers

1 Die Bohrmaschine wird im Bohrständer befestigt und ihr fester Sitz geprüft. Dann ist der gewünschte Bohrer ins Futter einzustecken und mit dem Futterschlüssel festzuklemmen.

2 Für Durchgangslöcher ein Stück Abfallholz unter das Werkstück legen. Für Sacklöcher (Bohrungen, die nicht durch das Werkstück hindurchgehen) wird der Anschlag am Bohrständer eingestellt. Das Werkstück muß mit der einen Hand gut festgehalten werden. Es wird insbesondere von großen Flachbohrern leicht mitgerissen. Mit der anderen Hand die Bohrmaschine einschalten und den Bohrer langsam ins Holz eindrücken.

3 Für Senkungen (zum Einschrauben von Schraubenköpfen bis auf die Ebene der Holzoberfläche oder tiefer) ist der Tiefenanschlag nützlich.

BREITEN-VERBINDUNGEN

Wenn breite Bretter oder Platten benötigt werden, müssen schmale Bretter an den Schmalflächen zusammengefügt werden. Bretter haben unterschiedliche Breiten je nach der Holzart, von der sie stammen. Dennoch – eine Tischplatte wird sich kaum aus einem einzigen Brett arbeiten lassen, selbst wenn es von einem mächtigen Mahagoni-Baum stammt.

Mit industriell gefertigten Platten, wie Sperrholz, Faser- oder Spanplatten, besteht dieses Problem nicht. Solche Platten sind in viel größeren Abmessungen verfügbar (2,50 m x 1,25 m ist eine gängige Größe), und infolge ihres Aufbaus verziehen sie sich nicht.

Wenn Sie sich Hirnholz anschauen, erkennen Sie je nach Holzart mehr oder weniger ausgeprägte Jahresringe. Allgemein strecken sich die Jahresringbögen, wenn das Holz trocknet, so daß Sie am Hirnholz voraussagen können, in welche Richtung sich das Brett verziehen wird. Sind die Jahresringbögen lang, so ist das Brett seitlich aus dem Stamm herausgeschnitten worden und verzieht sich stärker als ein Brett mit kurzen Bögen, das aus der Mitte geschnitten wurde.

Für das Verbinden an den Schmalflächen gibt es mehrere Verfahren. Das simpelste ist die stumpfe Fuge – die Bretter werden stumpf aneinander gefügt, verleimt und eingespannt (siehe Leimen). Eine festere und haltbarere Verbindung kann durch Verstärkung mit Dübeln, Lamellofedern oder einem langen, losen Sperrholzstreifen erreicht werden, der in Nuten beider Bretter eingelegt ist. Mit einem Spezialfräser in der Oberfräse läßt sich auch eine Nut-Feder-Verbindung oder eine gezahnte Fuge herstellen. Bei allen diesen Verfahren wird die Festigkeit der Verbindung auch dadurch erhöht, daß eine größere Fläche für den Leimauftrag entsteht.

Grundausstattung

Stahllineal und Anschlagwinkel
Gerader Bohrer, 6 mm Durchmesser
Sperrholz aus Birke, 6 mm breit
2 bis 4 Schraubzwingen
PVAC-Leim oder Kunstharzleim
Wasserschüssel und Tuch

☞

Handhobel

Dickenhobelmaschine
Lamellofedersäge
Elektrobohrmaschine, Dübellehre und Dübel oder Oberfräse

✚

Siehe Seiten 8 und 9

Wie läßt sich das Verziehen beim Verbinden an den Schmalflächen verhindern?

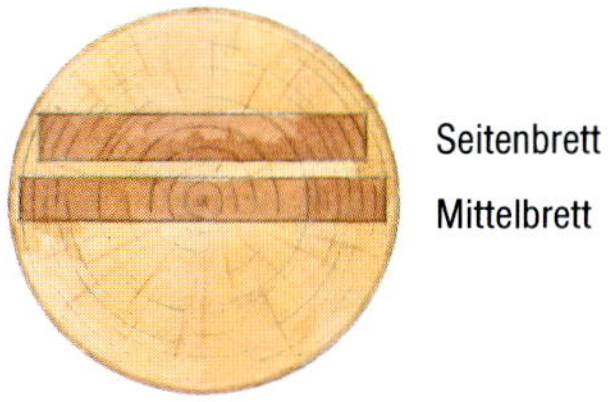

Bretter werden seitlich aus dem Stamm (Seitenbretter) oder aus der Mitte (Mittelbretter) herausgesägt.

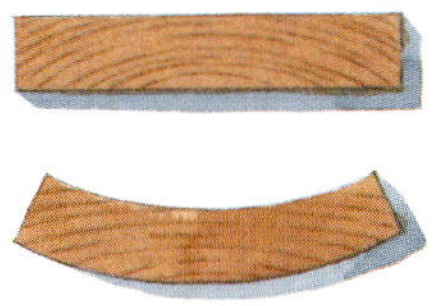

Mittelbretter verhalten sich beim Trocknen relativ stabil. Holz mit langen Jahresringen verzieht sich, wobei sich die Bögen beim Trocknen strecken.

Bretter mit langen Jahresringbögen werden so zusammengefügt, daß die Richtung der Jahresringkrümmung wechselt. Das vermindert den Verzug.

Zur Steigerung der Festigkeit kann anstelle einer stumpfen Fuge eine gezahnte Fuge verwendet werden, für die spezielle Fräser erhältlich sind.

Große Flächen können aus Brettern gebildet werden, die mit Nut und Feder verbunden sind. Die Schwindung nimmt die Verbindung auf.

Schmalflächen verbinden

1 Zunächst sind einige Bretter 100 x 18 mm auf Maß zu arbeiten (siehe Zuschneiden). Es werden nach dem Aussehen passende Stücke ausgewählt (Färbung und Maserung variieren) und mit wechselnder Jahresringkrümmung nebeneinander gelegt, um den Verzug zu vermindern. Nun sind die Bretter zu numerieren; die Nummer wird später für das Zusammensetzen benötigt.

6 Nach dem Zusammenlegen einspannen und prüfen, daß alles stimmt.

2 Die Geradheit und Rechtwinkligkeit der Kanten wird an allen Seiten überprüft. Mit der Maschine läßt sich die gewünschte Genauigkeit leichter erreichen. Es ist wichtig, daß die Bretter tadellos passen und nicht etwa beim späteren Fügen übermäßig gespannt werden muß. Wenn Sie sich Zeit lassen, ist es nicht zu schwierig, genau zu arbeiten.

3 Die Geradheit der Kanten wird mit dem Stahllineal überprüft.

4 Die Bretter können nach einer Vielzahl von Verfahren gefügt werden: mit dem einfachen Stumpfstoß, mit einer Dübelverbindung, einer Lamellofederverbindung oder mit losen Federn.

5 Die Lamellofederverbindung ist ein schnelles und wirksames Verfahren zum Verbinden von Seitenkanten. Für die Lamellofedern müssen eine Anzahl von Marken auf der Seitenkante angerissen werden.

7 Die Verbindungsflächen und die Verbinder werden beleimt, dann wird das Ganze eingespannt. Für Platten aus längeren Brettern werden drei oder vier Schraubzwingen benötigt. Beschweren Sie die Platte, damit sie sich nicht wölbt.

8 Nach der Prüfung der Bretterlage auf Bündigkeit – eventuell müssen Sie mit dem Hammer etwas nachhelfen (Abfallholz unterlegen!) – wird der überschüssige Leim mit einem feuchten Lappen abgewischt. Das erspart mühseliges Entfernen festgewordener Leimspuren.

9 Die Platte bleibt bei PVAC-Leim etwa 2 Stunden und bei Kunstharzleim etwa 8 Stunden eingespannt. Dann kann ausgespannt und die Oberfläche mit einem fein eingestellten Handhobel gesäubert werden. Arbeiten schräg zur Maserung liefert das beste Ergebnis (siehe Hobeln).

10 Anstelle des Handhobels können Sie auch einen Elektrohobel vorsichtig über die Platte führen.

KANTEN-BEHANDLUNG

Möbel wurden in den verschiedenen Perioden ihrer geschichtlichen Entwicklung meist in irgendeiner Weise verziert. So erhielten beispielsweise die Kanten von plattenartigen Teilen geformte Deckleisten, diese jedoch nicht ausschließlich als Schmuck, sondern auch zur Abrundung gefährdender Ecken und Kanten. Deck- und Zierleisten werden zur Verzierung häufig auch auf anderen Holzartikeln, wie Bilder- und Fensterrahmen, angebracht.

Heutzutage gibt es einen wichtigen Grund für die Behandlung der Kanten, denn viele Holzprodukte bestehen aus furnierten Spanplatten. Die Kanten dieser kostengünstigen Austauschmaterialien für Vollholz sind brüchig und müssen geschützt werden. Das geschieht mit Kantenleisten, die aus Vollholzstreifen hergestellt werden. Wenn die Kantenleisten vor dem Furnieren der Platte angebracht werden und aus demselben Holz wie das Furnier bestehen, kann durch geschicktes Hobeln ein unmerklicher Übergang geschaffen werden. Kantenleisten sind mindestens 6 mm breit und werden mit den verschiedensten Profilen angeboten.

Traditionelle Kantenleisten wurden mit einem speziell zugerichtetem Handhobel profiliert, bekannt sind zahlreiche Profile, wie Carvetto, Hohlkehle, Wölbung, Rundstab, Astragal. Die Hobeleisen für diese Profile sind heute begehrte Sammelstücke – Heimwerker aller Altersklassen bewahren sie vorwiegend aus Erinnerungsgründen.

Die Hobeltechnik der Vergangenheit ist heute weitgehend durch das Fräsen ersetzt. Das ist auch darin begründet, daß heute eine Vielzahl von profilierten Fräsern angeboten werden (siehe Fräsen) mit denen Kantenleisten erzeugt werden können.

Grundausstattung

Meßgeräte
Schleifpapier
Leim
Klebeband oder Schraubzwingen

☞

Schlicht- oder Putzhobel

Oberfräse und Fräser

✚

Siehe Seiten 8 und 9

Kantenarten

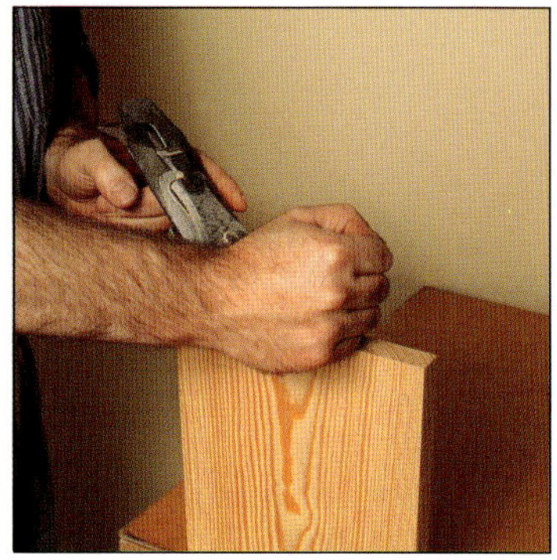

1 Die einfachste Kante ist die rechtwinklige, ebene Kante. Sie kann mit einem Handhobel oder mit der Maschine erzeugt werden (siehe Hobeln).

Eine Auswahl von Kantenleistenformen

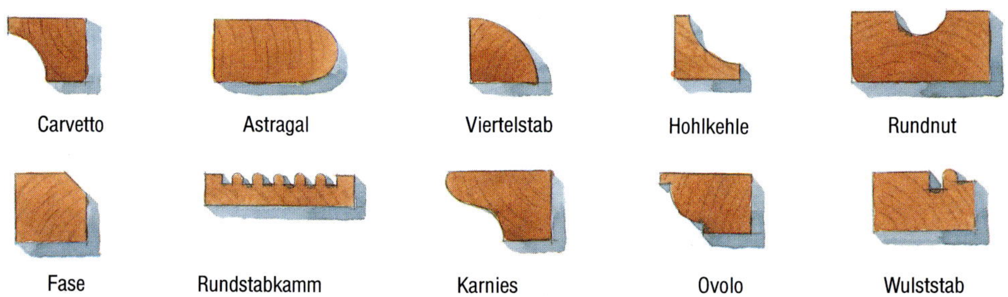

Einige dieser traditionellen Kantenleistenprofile der Möbeltischlerei können nach wie vor bei Fachhändlern erworben werden. Sie können aber mit dem Fräser auch selbst hergestellt werden.

Moderne Profile sind mit weniger Einzelheiten ausgeführt und nicht so zahlreich. Bei Fachhändlern sind sie meist erhältlich.

Für beide Profile kann derselbe Fräser verwendet werden, denn die Krümmungen sind gleich. Es kommt darauf an, wie der Fräser in bezug auf das Werkstück angestellt wird.

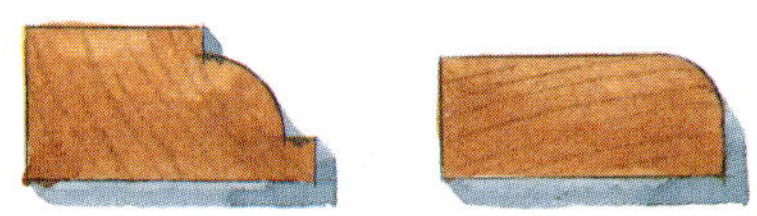

2 Wenn ein dickes Brett dünner und eleganter erscheinen soll, kann eine Fase oder eine Schrägung angehobelt werden. Zuerst wird mit dem Streichmaß angerissen und dann bis zum Riß gehobelt.

3 Alle Kanten des Möbelstücks sind mit sehr feinem Schleifpapier zu brechen. Dadurch wird ein Grat entfernt und die Schärfe der Kante gemindert, was sich optisch und in der Hand günstig auswirkt.

Profilieren von Kanten mit einer Oberfräse

1 Zahlreiche Kantenprofile können mit einer mit Spezialfräser und Führungsleiste ausgerüsteten Oberfräse erzeugt werden. Manchmal ist es schwierig, sich das fertige Profil vorzustellen, weil es das Spiegelbild der Fräserform ist. Wenn Sie im Zweifel sind, fräsen Sie das Profil an die Kante eines Stücks Abfallholz – und verwenden oder verwerfen Sie es.

2 Einige Oberfräsen haben kugelgelagerte Führungen und können deshalb konkav und konvex gekrümmten Kanten folgen. Die bearbeiteten Abschnitte müssen nach dem Fräsen mit Schleifpapier geglättet werden.

Kantenleisten auf eine furnierte Platte kleben

1 Die Kanten der Platte müssen gerade und rechtwinklig sein. Dies wird mit einem Anschlagwinkel geprüft. Achten Sie darauf, daß der Griff des Anschlagwinkels fest an der Plattenfläche anliegt.

2 Einige 6 mm breite Kantenleisten werden vorbereitet. Sie sollten ein wenig dicker als die Platte sein. Die Ecken sind auf Gehrung zu schneiden. Dann wird der Leim aufgetragen, anschließend sind die Kantenleisten mit Klebeband zu befestigen.

3 Vor dem Furnieren werden die Kantenleisten mit dem Handhobel bündig zur Platte gehobelt. Dabei stets nach innen arbeiten, damit die Fasern nicht ausreißen. Nach dem Furnieren können die Kanten wie Vollholz profiliert werden, natürlich nur wenn sie dick genug sind.

OBERFLÄCHEN-BEHANDLUNG

Holzartikel benötigen meist, abhängig von ihrem Einsatzzweck und der Umgebung, einen Oberflächenschutz. Er erhöht die Attraktivität der Oberfläche ganz erheblich, wobei die einzelnen Holzarten unterschiedliche Oberflächenbehandlungen, wie Lackieren, Ölen, Wachsen oder Beizen, verlangen.

Manchmal ist es auch günstiger, das Holz im natürlichen Zustand zu belassen. Bei einigen dänischen Möbeln wurde so verfahren; sie wurden lediglich mit Seifenlösung abgewaschen und erhielten dadurch einen natürlich wirkenden Glanz.

Eine dicke Lackschicht wirkt als eine Barriere zwischen dem natürlichen Material und der berührenden Hand. Das kann unerwünscht sein, denn Holz faßt sich eigentlich warm und angenehm an. Im allgemeinen ist es aber doch besser, die Holzoberfläche mit einer leichten Lack- oder Ölschicht zu schützen.

Einige Holzhandwerker sind der Meinung, das Holz solle stets „atmen" können, und plädieren deshalb für das zurückhaltende Auftragen einer Schicht Öl oder Lack, der sich in die Mikroporen des Holzes einlagert. Andere ziehen eine vollständige Versiegelung vor, um damit auch die Bewegungen des Holzes infolge Aufnahme und Abgabe von Feuchtigkeit zu unterbinden. Herkömmliche Lacke sind bis zu etwa 40% dicht, während Epoxidharzbeschichtungen bis 100% Dichtigkeit erreichen und darüber hinaus auch starker Erwärmung zu widerstehen vermögen.

Die Endbearbeitung ist Wissenschaft wie Kunstfertigkeit und wird oft heiß debattiert. Scheuen Sie nicht vor Experimenten zurück. Auch Sie werden mit der Zeit bestimmte Vorlieben entwickeln, und wenn es der Duft ist, den manche Oberflächenbeschichtung abgibt.

Vor der Endbearbeitung muß das Holzprodukt gefüllt werden, falls Astknoten, Vertiefungen oder andere Holzfehler vorhanden sind. Dann muß die Oberfläche von Hand oder mit dem Elektroschleifer geglättet werden (siehe Schleifen). Mit Schleifpapier sind die Markierungen zu entfernen und die Kanten schwach zu brechen oder zu runden.

Grundausstattung

Spezielle Holzspachtelmasse, feines Schleifpapier und Schleifklotz
Polierkissen und Baumwolltuch
Verschiedene weiche Pinsel
Nitrolack
Nitrolackverdünner (Aceton)
Polierwachs
Sehr feine Stahlwolle
Weiches Poliertuch
Polyurethanlack
Testbenzin und Terpentinersatz
Dänisches Öl
Leinöl
Terpentin oder Testbenzin
Wasser- oder alkohollösliche Beize
Zweikomponenten-Epoxidharz

+

Siehe Seiten 8 und 9

Vorbereiten der Oberfläche

1 Gleichgültig, in welcher Art die Oberfläche behandelt werden soll – sie muß stets gründlich vorbereitet werden. Eine Spachtelmasse kann selbst zubereitet werden, indem Sägespäne aus demselben Holz mit einem Tropfen Nitroklarlack vermischt werden. Die Färbung ist dann auf jeden Fall richtig. Mit einem dünnen Spatel wird die Spachtelmasse in Astknoten oder andere Vertiefungen eingebracht.

2 Nach dem Verspachteln unansehnlicher Holzfehler wird die Oberfläche mit einem feinen Sandpapier (Körnung 400) leicht geschliffen.

3 Staubreste durch Abblasen oder mit weichem, trockenem Pinsel entfernen. Im Bild wird Staub aus einer schmalen Nut im Deckel eines Schmuckkästchens entfernt.

Auftragen von Nitrolack mit einem Ballen

Nitrolack ist eine schnelltrocknende, leicht aufzutragende Endschicht. Er ist hochglänzend, seidenglänzend und matt erhältlich und kann mit Pinsel oder Ballen aufgetragen werden. Zweckmäßig ist ein aus Sperrholz gefertigter Deckel für das Lackgefäß, der den Pinsel hält und verhindert, daß der Lack, v.a. am Pinsel, austrocknet.

Weil der Lack am Pinsel sehr rasch unbrauchbar wird (in Sekunden), arbeitet es sich mit einem Ballen leichter. Der Ballen besteht aus einem Wattebausch, der mit einem Baumwoll- oder Leinenläppchen umwickelt wurde.

Nitrolack ist zäher als Möbelpolitur, aber weicher als Polyurethanlack. Er kann nach Verdünnen gut versprüht werden. Die Geräte werden mit Aceton gereinigt.

1 Nach der Vorbereitung der Oberfläche wird der Ballen mit Lack getränkt und der überschüssige Lack am Glasrand abgestreift.

2 Den Ballen in kreisförmigen Bewegungen über die Fläche führen. Genießen Sie, wie die Schönheit der Maserung hervorgehoben wird und welchen Glanz das Holz annimmt.

3 Dann den Ballen in Richtung der Maserung und parallel zu den Flächenkanten führen. Der Trick besteht darin, wenig Lack rasch aufzutragen und mit wenigen Minuten Abstand 2 bis 3 Schichten aufzubauen.

4 Das ganze Kästchen kann in einem Arbeitsgang endbehandelt werden. Wenn der Lack sehr dünn aufgetragen wird, trocknet er in Sekunden ab. Nach dem Auftragen von 2 Lackschichten – mit einer Pause von 20 Minuten und einer Aushärtezeit von 1 Stunde am Ende – wird die Lackfläche mit feinem Schleifpapier (Körnung 400) leicht abgerieben, um kleine Rauheiten zu entfernen. Oder es wird mit feiner Stahlwolle eine Wachspolitur aufgetragen.

Auftragen einer Wachspolitur

Wachs kann direkt auf das blanke Holz aufgetragen werden, jedoch ist es günstiger nach Versiegelung mit einem Lack. Wachsauftrag ist nicht für alle Holzarten geeignet – Hölzer mit offenen Fasern nehmen leicht Schmutz auf und sollten lackiert werden. Ein kleiner Bausch feiner Stahlwolle wird in die Wachspolitur getaucht und mit leichtem Druck über die Fasern geführt (Endstrich in Faserrichtung). Mit einem weichen, trockenen Tuch die Fläche auf Glanz polieren.

Auftragen von Möbelpolitur

Möbelpolitur ist ein schnelltrocknendes Oberflächenbehandlungsmittel, das mit vergälltem Spiritus verdünnt werden kann. Es ist weicher als Nitrolack und wird in mehreren Schichten mit je einer halben Stunde Pause aufgetragen.

Zuerst wird die Oberfläche vorbereitet. Die Möbelpolitur wird mit einem Ballen ähnlich wie beim Lakkieren mit Nitrolack aufgetragen. Immer nur wenig Politur mit schnellen, kreisenden Bewegungen auftragen.

Auftragen eines Polyurethanlacks mit dem Pinsel

Polyurethanlack ist ein dauerhafter Allzwecklack für Außen- und Innenanstriche, erhältlich hochglänzend, seidenglänzend und matt.

Allgemein sind 2 bis 3 Schichten zu empfehlen. Um ein tieferes Eindringen in das Holz zu erzielen, wird der Lack für den ersten Anstrich mit bis zu 20% Testbenzin verdünnt. Polyurethanlacke trocknen in etwa 2 Stunden; zwischen den einzelnen Anstrichen sollten Pausen von jeweils 6 Stunden gelassen werden. Für die Verarbeitung der Lacke stehen nur wenige Minuten zur Verfügung.

1 Ein neuer Pinsel muß zuerst „gebrochen“ werden, indem er auf einer sauberen Steinoberfläche hin und her bewegt wird. Dadurch wird er geschmeidig und verliert die losen Haare, die auf der Lackschicht stören würden. Dann wird der Pinsel in den Lack eingetaucht und auf der halben Länge am Gefäßrand abgestreift.

2 Der Lack muß rasch und gleichmäßig auf dem Werkstück verstrichen werden, wobei am Anfang nicht in Faserrichtung gestrichen werden sollte.

Auftragen eines Öllacks

Öllacke, wie Leinöllack und Dänisches Öl, werden mit Pinsel oder Ballen aufgetragen. Öllacke sind insbesondere für Außenanstriche geeignet, da sie wasserabweisend und hochglänzend sind. Weil Öllacke von den Holzfasern begierig aufgesaugt werden, sollte für die erste Schicht mit bis zu 20% Testbenzin verdünnt werden.

Auftragen einer Holzbeize

1 Holzbeizen sind wasser- oder alkohollöslich. Die ersteren sind leichter aufzutragen, die letzteren dringen tiefer ein. Es können auch andere Auftragstoffe gewählt werden, wie farbechte Mischungen von Künstlerölfarben, die mit einem Terpentinlack versiegelt werden. Auf die vorbereitete Oberfläche wird die Beize mit einem Ballen oder Pinsel aufgetragen. Durch Abwischen mit einem feuchten Tuch kann die Gleichmäßigkeit des Auftrags verbessert werden.

2 Auf diesem Teil aus Esche werden die offenen Oberflächenporen mit einer schwarzen Beize gefüllt. Die Beize wird rasch abgewischt, so daß die Zeichnung des Holzes durchscheint. Dadurch wirkt das Holz alt. Es empfiehlt sich jedoch, zuvor auf einem Stück Abfallholz derselben Holzart zu experimentieren.

3 Nachdem die gesamte Fläche mit Lack satt eingestrichen worden ist, wird mit flach gehaltenem Pinsel parallel zu den Seitenkanten des Stückes leicht verschlichtet, damit keine Tropfen und Nasen entstehen.

4 Das Holzteil an einer Seite ein wenig anheben (die Unterseite wird behandelt, nachdem die Oberseite getrocknet ist), und mit dem Pinsel in Faserrichtung verschlichten. Gegen das Licht sind dabei Nasen gut zu erkennen.

Pigmentierter Lack

Pigmentierte Polyurethanlacke können mit dem Pinsel in derselben Weise wie Klarlacke aufgetragen werden. Die erste Schicht kann Klarlack oder auch pigmentierter Lack sein.

Beim Auftragen von pigmentiertem Lack auf versiegeltes oder nacktes Holz sollten die letzten Pinselstriche in Faserrichtung verlaufen. In der Regel werden zwei Schichten erforderlich sein.

Auftragen von Epoxidharz

Epoxidharze, die unter Wärmeeinwirkung katalytisch aushärten, sind außerordentlich hart, dauerhaft und beständig gegen Wasser und Chemikalien. Sie werden in zwei Komponenten in getrennten Behältnissen geliefert und erst kurz vor der Verarbeitung vermischt. Bekannt sind sie auch als Zweikomponentenkleber. Sie können ferner sehr hohe Temperaturen ertragen und sind so gut wie undurchlässig.

Nach dem Vermischen des Epoxids mit dem Härter in einem Mischgefäß wird die Paste mit dem Pinsel dick aufgetragen. Vermeiden Sie Nasen an senkrechten Kanten. Das Epoxidharz muß mindestens einen Tag aushärten und zwischen den einzelnen Schichtaufträgen mit feinem Schleifpapier gründlich geschliffen werden. Um eine fleckenfreie Oberfläche zu erzielen, ist ein Mehrfachauftrag unvermeidlich.

Spritzlackieren

Das Farbspritzen oder Spritzlackieren ist eine schnelle und wirkungsvolle Methode.

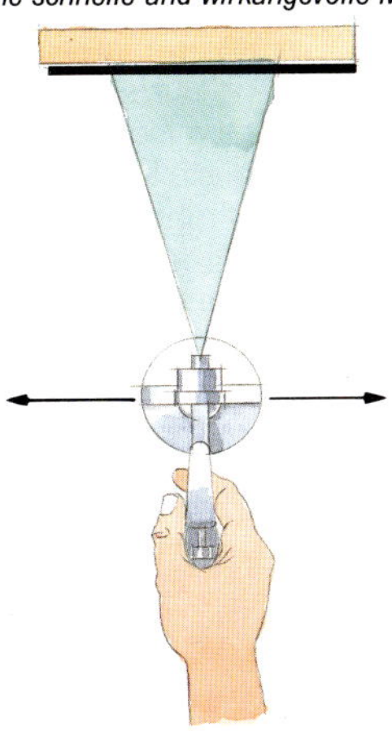

Richtig: Spritzpistole sanft und gleichmäßig hin- und herbewegen, stets parallel zur Fläche halten.

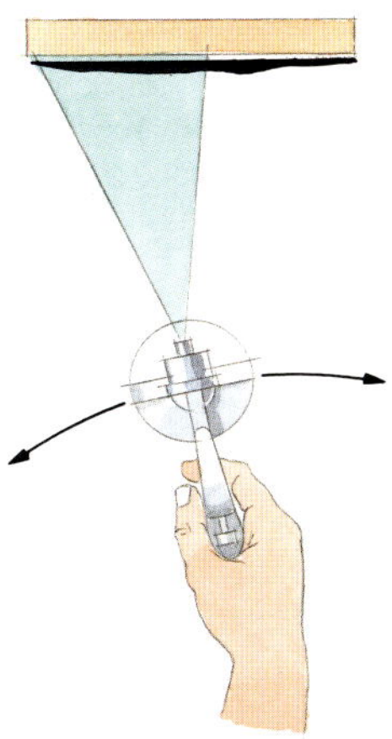

Falsch: Schwenken der Spritzpistole führt zu fleckigem Auftrag und zu Nasen, d.h. ablaufendem Lack.

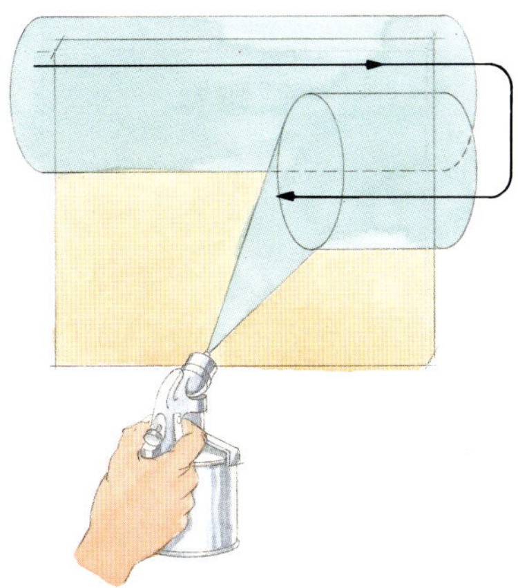

Für einen gleichmäßigen Auftrag die Auftragsbahnen um etwa 50% überlappen; über die Seitenkanten hinaus spritzen.

LAUBSÄGE-ARBEITEN

Es gibt wahrscheinlich keine bessere Einführung in die Welt der Holzbearbeitung als das Arbeiten mit der Laubsäge. Das gilt ganz besonders für junge Leute, denn es ist ein kreativer und vor allem kaum gefährlicher Zeitvertreib, der viel Freude bringt. Die Laubsägearbeit ist eine ruhige und feinfühlige Technik, bei der aus dünnem Holz bis hinunter zu einer Dicke von nur 1,5 mm die kompliziertesten Konturen ausgesägt werden, meist nach einem vorgezeichneten Muster oder nach einer Schablone. Laubgesägte Teile dienen wohl in den meisten Fällen zur Verzierung, es können aber auch Spielzeug und Puzzles angefertigt werden. Mit der Laubsäge wird übrigens auch in der Industrie gearbeitet, so werden z.B. Schablonen aus Nichteisenmetallen ausgesägt.

Heutzutage ist die Handlaubsäge durchweg durch die elektrisch betriebene Laubsäge ersetzt. Mit ihrer ruhigen Hin- und Herbewegung ist sie eine der sichersten Holzbearbeitungsmaschinen.

Im Vergleich zu den allermeisten anderen Holzsägewerkzeugen ist das Laubsägeblatt ziemlich fein gezahnt (es gibt eine Anzahl verschiedener Verzahnungen) und leicht in der Maschine zu befestigen. Mit der Laubsäge können beliebige Kurven gesägt werden bis hin zu ganz engen Krümmungen, und zwar in Holz bis zu einer Dicke von 20 oder auch 30 mm. Manche Maschinen haben einen schwenkbaren Tisch, so daß Schnitte mit einem Winkel bis 45° geführt werden können. Kennwert einer Laubsäge ist die Ausladung, das ist der Abstand zwischen dem Sägeblatt und dem Rücken der Maschine oder des Bügels. Mit einer Maschine der Ausladung 400 mm können Sie ein Werkstück von 800 mm Breite sägen, wenn Sie es in der Mitte des Schnittwegs um 180° drehen.

Grundausstattung

Dünnes Holz (Sperrholz u.ä.)

Elektrolaubsäge
Satz Laubsägeblätter

+

Siehe Seiten 8 und 9

Sägen von dünnem Holz mit der Elektrolaubsäge

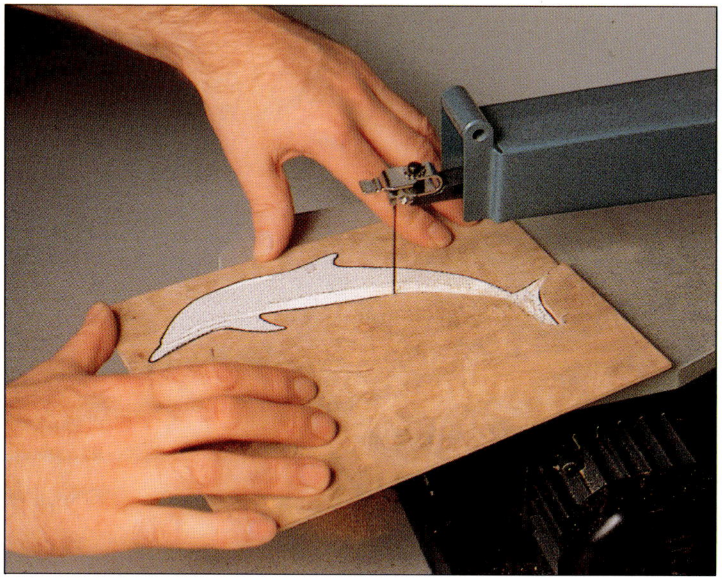

Zeichnen, pausen oder kleben Sie die gewünschte Figur auf ein Stück dünnes Sperrholz, beispielsweise 3 mm dickes, furniertes Sperrholz. Für den Anfang sollte dünnes Holz mit einem feinen Sägeblatt bearbeitet werden, mit dem auch scharfe Ecken ausgesägt werden können. Eine besonders spitzwinklige Ecke läßt sich exakt ausschneiden, wenn das Blatt aus dem Sägeschlitz herausgezogen und ein zweiter Schnitt unter einem anderen Winkel geführt wird. Ein Beispiel dafür ist die Bauchflosse des Hais im Bild. Sie erkennen sicherlich, daß es ziemlich schwierig wäre, das Holzstück auf der Stelle herumzuschwenken. Wenn Sie einen zweiten Schnitt parallel zur oberen Kante der Flosse führen, gelangen Sie bis zum Körper des Hais und können den Verschnitt leicht wegschneiden.

Das Blatt wird mit den Zähnen nach unten eingespannt. Das Holz neigt zum Hochklappen, drücken Sie es deshalb fest nach unten. Achten Sie darauf, daß Ihre Finger nicht das Blatt berühren, und blasen Sie die Sägespäne während des Sägens weg. Laubsägemaschinen sind heute oft mit einer Blasvorrichtung ausgestattet. Das ist ein dünnes Kunststoffrohr, das in der Nähe des Blattes angebracht ist und Luft aus Blasebälgen erhält, die von der Auf- und Abbewegung des Sägeblattes betätigt werden.

Sägen von dickem Holz mit der Elektrolaubsäge

1 Dickes Holz wird mit einem mittelfeinen Sägeblatt gesägt, das nicht so leicht bricht. Drücken Sie das Holz fest nach unten, und führen Sie es langsam gegen das Blatt. Den richtigen Sägevorschub können Sie aus dem entstehenden Geräusch und dem zu überwindenden Schnittdruck erkennen. Versuchen Sie nicht, den Sägefortschritt durch größeren Kraftaufwand zu beschleunigen. Im günstigeren Fall wird das Blatt überhitzt, im ungünstigeren Fall bricht es.

2 Enge Kurven müssen langsam gesägt werden, um das Blatt nicht zu überhitzen oder zu zerstören. Die Oberfläche einer Laubsägefuge ist bemerkenswert glatt. Das ist besonders für Spielzeug attraktiv, welches für empfindliche Kinderhände gedacht ist.

JOHN ANDERSON
Schachtel
Diese faszinierende Schachtel ist mit der Bandsäge aus Jelutong (Linde) gefertigt worden. Der Umriß der Schachtel wurde auf das Holz gezeichnet und eine dünne Scheibe abgesägt. Die eigentliche Schachtel, der „Rumpf" des Schiffes, wurde mit der Laubsäge ausgeschnitten. Die Holzscheibe mit dem Umriß wurde wieder aufgeklebt und das Profil ausgesägt. Für den Schiebeteil der Schachtel wurde das Verfahren wiederholt. Abschließend wurde die Schachtel mit Akryllacken behandelt, mit Schellack versiegelt und gewachst.

Aussägen von Innenkonturen

Bei Innenkonturen, die mit keiner der Außenkanten des Werkstücks verbunden sind, fragen Sie sich wahrscheinlich, wie Sie mit dem Sägen beginnen können. Zuerst muß ein Loch in das auszusägende Holzstück gebohrt werden. Dann wird das an einem Ende aus der Säge ausgespannte Sägeblatt durchgefädelt und wieder eingespannt. Wie auch sonst üblich, wird der Verschnitt vorher deutlich markiert, um nicht versehentlich ins gute Holz zu bohren, was besonders bei komplizierten Formen leicht passieren kann.

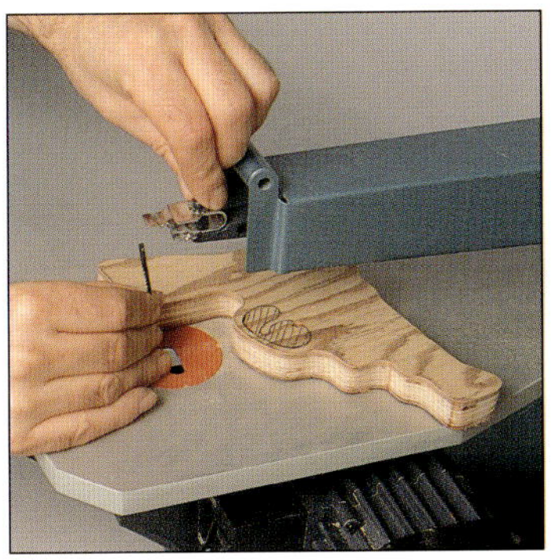

1 Für Innenkonturen muß das Blatt durch Lockern der Spannschraube aus der Säge ausgespannt werden. Dann wird das Blatt durch das zuvor ins Werkstück gebohrte Loch gefädelt und wieder eingespannt.

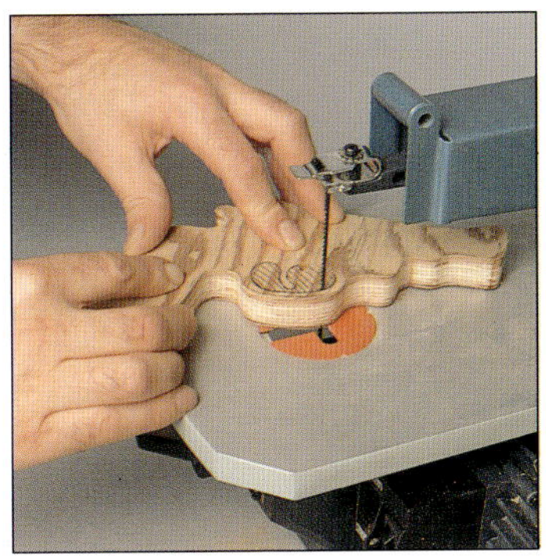

2 Das Holz wird fest nach unten gedrückt und vorsichtig entlang der vorgezeichneten Linie geschnitten. Dabei darf das Blatt nicht mit den Fingern berührt werden.

LEIMEN

LEIMEN

Die meisten Holzprodukte werden durch Leim zusammengehalten. Nur wenige Holzverbindungen halten rein mechanisch, es sei denn, sie sind speziell dafür konstruiert, wie z.B. bei Montagemöbeln oder wie einige raffinierte japanische Arten von Verbindungen. Ursprünglich war die Zapfenverbindungen eine „leimlose“ Verbindung, die durch Stifte zusammengehalten wurde. Noch bis vor kurzem zersetzten sich die Leime im Laufe der Zeit, so daß geleimte Möbel auseinanderfielen. Heute werden nicht nur Metalle geklebt anstelle geschweißt, sondern auch in der Holzbearbeitung gelten Leimverbindungen als dauerhaft. Die heutigen Leime sind fester als die an die Fuge angrenzenden Holzfasern, und wenn eine Verbindung bricht, so das Holz und nicht die Leimfuge.

Leimverbindungen können sehr unterschiedlich gestaltet sein – vom relativ einfachen Verleimen einer angeriebenen Fuge (zwei Teile werden Kante an Kante gelegt und zusammengerieben, um ein „Ansaugen“ zu erreichen) bis zum Verleimen und Spannen eines aus zahlreichen Teilen zusammengesetzten Gehäuses.

Normalerweise erfordert das Verleimen, daß über die gesamte Aushärte- (oder Abbinde-)zeit ein konstanter Preßdruck aufgebracht wird. Leimen und Spannen gehören deshalb untrennbar zusammen; sie sind für die Herstellung eines Holzartikels eine ausschlaggebende Etappe.

Um keine unheilvollen Resultate zu erhalten, ist eine sorgfältige Vorbereitung vonnöten. Im Normalfall wird das Holzprodukt sogar erst einmal ohne Leim – „trocken“ – zusammengesetzt, um die Spannwerkzeuge und anderes Zubehör zurechtlegen und einstellen zu können.

Grundausstattung

- PVAC-Leim
- Harnstoff-Formaldehyd-Leim
- Wasser
- Spatel
- Lappen
- Schraubzwingen und Türspanner
- Epoxidharzleim
- Vergällter Alkohol oder Aceton

\+

Siehe Seiten 8 und 9

Verleimen einer „angeriebenen“ Verbindung

1 Der Trick bei dieser einfachen Verbindung für dünne Brettchen besteht in der akkurat ebenen Bearbeitung der beiden Kontaktflächen (siehe Hobeln und Zuschneiden). Nach der Kontrolle wird PVAC-Leim auf eine der Flächen aufgetragen und gut verstrichen.

2 Auf einer ebenen Fläche (z.B. der mit einem Bogen Papier geschützten Bankplatte) werden die beiden Teile kräftig gegeneinander gerieben. Dadurch wird der Leim herausgepreßt und ein Ansaugen erreicht, so daß sich zusätzliches Spannen erübrigt. Die geklebte Platte muß 2 Stunden in der Wärme trocknen.

Verleimen und Spannen von Rahmen mit Türspannern

1 Um Beschädigungen durch die Spannerschenkel zu vermeiden, sollte Abfallholz dazwischengelegt werden. Damit der Rahmen rechtwinklig bleibt, müssen die Mitten der Spannerschenkel und die Mitten der Rahmenhölzer übereinanderliegen.

2 Die Winkligkeit ist mit dem Anschlagwinkel zu prüfen, bei Bedarf können die Türspanner einzeln nachgezogen werden.

Verleimen einer aus einzelnen Brettstücken bestehenden Platte

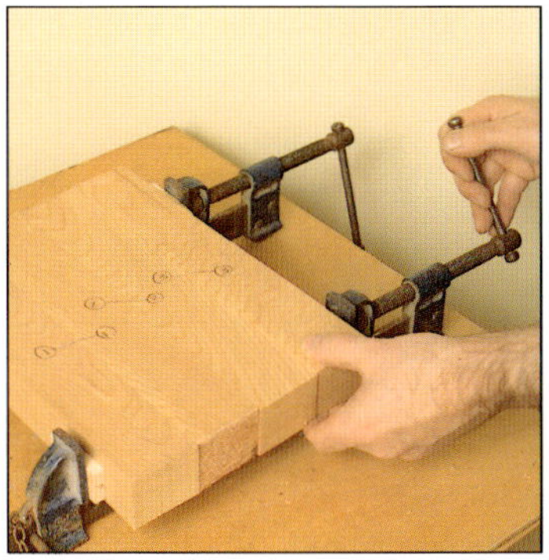

1 Nach genauer Bearbeitung der einzelnen Brettstücke auf Maß werden diese unbeleimt zwischen zwei Schraubzwingen gespannt, um die Güte der Vorbearbeitung zu prüfen. Ein solches „trockenes“ Erproben der Verbindung ist bei den meisten Leimverbindungen von Nutzen. Die Einzelteile der Platte werden numeriert.

2 Die zu beleimenden Flächen werden nach oben gewendet. Nun wird PVAC-Leim nacheinander zügig auf die Flächen aufgetragen. Jedes Stück wird an der Markierung exakt angelegt. Für größere Platten ist ein langsamer trocknender Kunstharzleim günstiger als ein PVAC-Leim, der eine Verarbeitungszeit von lediglich 2 bis 3 Minuten erlaubt.

3 Mit dem Hammer und einem Stück Abfallholz werden die einzelnen Teile angeschlagen. Dann wird die endgültige Spannung aufgebracht.

4 Unter der eingesetzten Spannkraft wandert das Holz möglicherweise ein wenig. Ist das der Fall, werden die Schraubzwingen gelokkert und die Holzteile erneut ausgerichtet. Wenn dann endgültig gespannt worden ist, wird der überschüssige Leim mit einem feuchten Lappen abgewischt.

3 Zur Prüfung eines Rahmens oder eines Gehäuses auf Rechtwinkligkeit können die beiden Diagonalen mit einem angespitzten Stab (Gänsehaken) verglichen werden. Sie müssen genau gleich sein.

Kleines Gehäuse verleimen

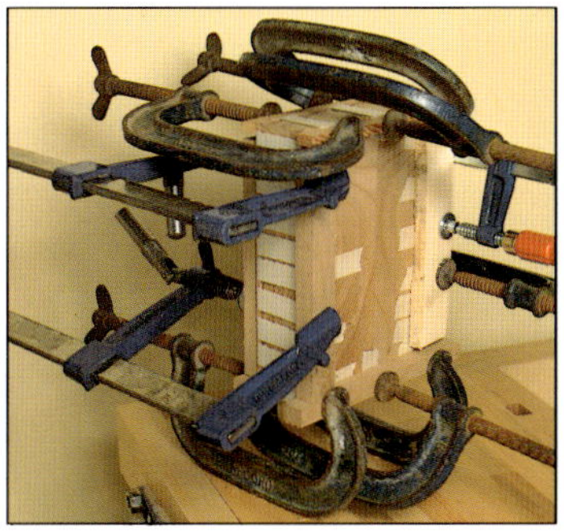

Das abgebildete Gehäuse besteht aus vier Seiten, einem Deckel und einem Boden – das ergibt eine relativ große Zahl von Spannstellen. Es kann jedoch stufenweise gespannt werden (z.B. als erstes der Körper), oder es wird für die ersten Spannstellen Klebeband verwendet. Häufig nehmen die Schraubzwingen sämtlichen verfügbaren Platz ein; daher immer gründlich vorbereiten, denn beim Leimen arbeiten Sie stets „gegen die Uhr“.

Verbinden mit Epoxidharz in einer Hohlkehle

1 Epoxidharze sind Zwei-Komponenten-Kleber (Harz und Härter), die genau nach den Vorschriften des Herstellers zu mischen sind. Sie sind außerordentlich fest. Das ermöglicht Hohlkehlenverbindungen, bei denen die dünnen zu verbindenden Teile durch das in die Hohlkehle einfließende Epoxidharz verstärkt werden. Nach dem Auftragen des Harzes wird das Bauteil ein wenig geschwenkt, damit sich das Harz in der Kehle verteilt.

2 Damit der Leim leichter aufgetragen werden kann, wird nach dem Mischen der beiden Komponenten ein Füller aus Mikrofasern oder kolloidaler Kieselsäure zugemischt. Eine etwas dickflüssigere Mischung verhindert das übermäßige Aufsaugen des Leims durch die Umgebung der Fuge. Sie kann verwendet werden, wenn das Harz Füllwirkung ausüben soll oder sich dünnes Holz beim Verstreichen der Hohlkehle unter dem Spatel wegbiegt.

Verleimen einer Zinkenverbindung

1 Eine Zinkenverbindung hat eine ziemlich ausgedehnte Leimauftragsfläche, und es ist günstiger, einen Leim mit einer längeren Offenzeit zu verwenden, wie z.B. Harnstoff-Formaldehyd-Leim. Zuerst sollte jedoch die Verbindung trokken geprüft werden.

2 Der Leim wird erst mit dem Pulver vermischt und danach Wasser zugegeben – niemals umgekehrt. 4 Teile Leim werden mit 1 Teil Wasser vermischt.

3 Um Klumpenbildung zu vermeiden, zunächst eine dickere Masse herstellen und diese nach und nach mit Wasser verdünnen.

4 Wenn der Leim wie Sirup rinnt, ist er richtig gemischt. Er soll dann ein paar Minuten stehen bleiben. Die Offenzeit von Harnstoff-Formaldehyd-Leim beträgt 10 bis 20 Minuten; dann dickt er ein und wird unbrauchbar.

5 Leim wird mit einem Holzspatel dünn auf beide Flächen aufgetragen.

6 Schlagen Sie nun die Verbindung mit Hammer und Abfallholz entlang der Brüstung ein.

7 Dann wird das Abfallholzstück zwischen den Zinken aufgelegt und die Verbindung mit vorsichtigen Hammerschlägen endgültig zusammengeschlagen.

8 Weil die Teile der Verbindung ein wenig hervorragen, wird ein entsprechend vorbereitetes Spannholz verwendet. Mit dem Anschlagwinkel wird das Werkstück auf Winkligkeit geprüft, dann sollte es mindestens 8 Stunden abbinden.

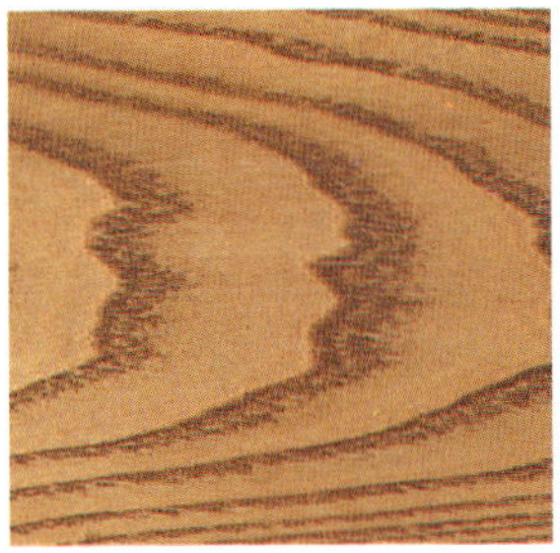

BLATT-VERBINDUNGEN

Weil die Blattverbindung Festigkeit bietet, gut aussieht und rasch herzustellen ist, wird sie oft verwendet. Sie ist eine der festesten Holzverbindungen, da von beiden Holzteilen die gleiche Menge Holz entfernt wird und weil die optimale Faserüberdeckung eine gute Kraftübertragung gewährleistet. Weil, wie gesagt, von beiden Teilen gleichviel Holz entfernt wird, kommt es nicht dazu, daß ein Teil stärker als das andere geschwächt wird, denn bei allen Blattverbindungen werden beide Teile stets auf gleiche Dicke bearbeitet. In der Verbindung ersetzen dann die Fasern des einen Teils die entfernten Fasern des anderen. Bis vor kurzem wurde die Blattverbindung zusätzlich genagelt oder geschraubt. Mit den heutigen dauerhaften Leimen können vielgestaltige Eck-, T- und Kreuzverbindungen für den Einsatz im Innen- und Außenbereich hergestellt werden, die keiner Verstärkung durch andere Elemente bedürfen.

Die Vorgehensweise ist bei allen Blattverbindungen gleich; an dieser Stelle soll die verbreitetste und festeste Ausführung, die Kreuzblattung, näher beschrieben werden.

Ausschneiden einer Kreuzblattung von Hand

1 Nach dem Schneiden der Hölzer auf Maß (siehe Zuschneiden) wird die Breite der Holzteile mit Bleistift oder Kugelschreiber wechselweise angezeichnet.

2 Mit einem Anschlagwinkel werden von den Marken aus Risse auf den Holzteilen angebracht und an den Kanten bis zur Holzmitte verlängert.

3 Nun wird mit dem Streichmaß die Mitte des Holzes exakt angerissen, indem der Streichmaßklotz an der Breitseite des Holzes entlanggeführt wird.

Grundausstattung
Bleistift oder Kugelschreiber
Streichmaß
☞
Anschlagwinkel
Feinsäge
Stechbeitel
Holzhammer
Hammer und Abfallholz
~
Auslegerkreissäge
Schraubzwinge und Klemmleiste
✚
Siehe Seiten 8 und 9

4 Das Holz wird im Schraubstock festgespannt und die Verschnittseite mit der Feinsäge vorsichtig bis auf die Mittemarkierung eingesägt (siehe Sägen).

5 Nach dem Sägen des zweiten Schnitts wird die Breite zwischen den Schnitten mit dem zweiten Holzteil überprüft. Nun wird der Verschnitt ausgestemmt (siehe Stemmen). Dazu bis in die Mitte stemmen, dann das Holz drehen und von der anderen Seite stemmen, um das Absplittern der Seitenfasern zu vermeiden. Mit einem Holzhammer läßt sich das Stemmen gut beherrschen.

6 Gestemmt wird in 2 bis 3 mm breiten Stichen. Kurz vor dem Riß sollte in noch kleineren Stichen gestemmt werden.

7 Nun wird mit der Seitenkante des Stechbeitels die Ebenheit geprüft. Dann kann das zweite Holzteil ausgestemmt werden, zuvor ist jedoch die Lage der Sägefugen zu überprüfen. Es kann auch anders vorgegangen werden: Schräg in beiden Richtungen sägen, so daß eine Erhebung stehenbleibt. Diese nach beiden Seiten wegstemmen.

8 Fasen Sie die Fügekanten leicht an. Dadurch wird das Fügen erleichtert und eine zu große Fügekraft vermieden.

9 Die Blattung wird mit dem Schraubstock zusammengepreßt. Wenn sie zu straff sitzt, besser an den Brettseiten einen Span abheben als am Sägeschnitt nachstemmen. Stemmen ist problematisch, weil nur sehr wenig Holz abgehoben werden muß, was am Hirnholz schwierig ist. Am Schluß die Flächen mit dem Putzhobel glätten.

Ausschneiden einer Eckblattung mit der Auslegerkreissäge

Wie bei der hier als Beispiel behandelten Eckblattung kann bei allen Blattverbindungen vorgegangen werden. Die Auslegerkreissäge ist für das Sägen quer zur Faser prädestiniert. Mit einer Anzahl von Sägeschnitten quer zur Faser in kleinen Abständen erübrigt es sich, den gesamten Abschnitt auszustemmen, denn die stehenbleibenden schmalen Holzblätter können leicht abgebrochen werden. Beachten Sie aber, daß ein Kreissägeblatt stärker geschränkt ist und eine breitere Sägefuge hinterläßt als eine Handsäge.

1 Nachdem Sie Schnittiefe und Schnittbreite angerissen und die Schnittiefe an der Säge eingestellt haben, prüfen Sie die Mittigkeit der Blattachse und ziehen die Säge in einer Reihe dicht nebeneinanderliegender Schnitte über das Holz.

2 Die schmalen Streifen mit ganz kurzen Fasern lassen sich leicht durch Schlagen gegen die Bankplatte entfernen. Dann wird die Fläche mit dem Kreissägeblatt exakt plan bearbeitet.

3 Eine perfekt bündige Verbindung sollte zu erreichen sein, selbst wenn die Kontaktflächen mit der Auslegerkreissäge nachgearbeitet werden mußten.

SCHARNIERE UND SCHLÖSSER

Manche fortgeschrittenen Holzenthusiasten ersinnen trickreiche Vorrichtungen, damit Schranktüren geöffnet und Deckel von Schatullen verschlossen werden können, ohne metallene Scharniere, Schlösser oder Schnapper zu verwenden. Ohne Zweifel verschandelt ein häßliches Scharnier aus der Massenproduktion oder ein nachlässig entworfener Griff einen ansonsten meisterhaft getischlerten Schrank.

Dennoch greifen die meisten Holzhandwerker, ob Anfänger oder Fortgeschrittene, auf genormte Beschläge zurück, die heute in bemerkenswert breiter Auswahl zu haben sind. Wählen Sie den passenden Beschlag! Wenn Sie beispielsweise eine Garderobentür bauen, wird ein einfach aufgeschraubtes Scharnier aus geprägtem Stahlblech, vielleicht vermessingt, genügen. Arbeiten Sie jedoch ein zierliches Schmuckkästchen, werden Sie wohl um die Ausgabe für ein Präzisionsscharnier aus Messingguß nicht herumkommen.

Aussehen, Festigkeit, Dauerhaftigkeit, Größe und spezielle Funktionsmerkmale sind die Faktoren, die bei der Auswahl eines Scharniers, Schlosses oder Hakens eine Rolle spielen.

Wenn Sie Ihre Wahl getroffen haben, wenden Sie das bestgeeignete Werkzeug und Verfahren an, um die metallenen Beschläge am Holzprodukt zu befestigen. Sie werden bald bemerken, daß die Fähigkeit, eine Tür korrekt einzuhängen oder ein Schloß leichtgängig einzubauen, nicht nur Befriedigung verschafft, sondern darüber hinaus einen erheblichen Nutzen bringen kann.

Grundausstattung

Scharnier aus Messing mit den passenden Senkschrauben
Streichmaß
Anreißmesser
Kombiwinkel
Türspanner und Füllstücke

☞

Kleiner Schraubendreher
Bohrer
Stechbeitel
Holzhammer
Fein- oder Zinkensäge
Handlaubsäge

〰

Elektrobohrmaschine, Schaftbohrer, Vorbohrer
Oberfräse und kleiner Walzenfräser

✚

Siehe Seiten 8 und 9

Einsenken eines Messingscharniers in ein Kästchen

1 Das Kästchen wird fest auf die Bankplatte gespannt. Dazu eignet sich ein Türspanner, der in der Vorderzange geklemmt ist. Um Quetschmarken zu vermeiden, werden an den Klemmstellen Füllhölzer zwischengelegt. Mit einem scharfen Anreißmesser werden die Scharniermaße auf das Kästchen übertragen. Es kommt nicht auf ihre genaue Lage an; sie sollten weiter zum Rand als zur Mitte hin angebracht werden, aber mit gleichem Abstand.

2 Mit einem Anschlagwinkel werden die Risse entsprechend der Scharnierbreite und -dicke verlängert.

3 Stellen Sie das Streichmaß mit Hilfe des Scharniers selbst ein, indem Sie die Streichmaßspitze auf die Achsmitte des Scharnierbolzens stellen. Das wird zum Anreißen der Tiefe der Einsenkung für das Scharnier wiederholt. Genauigkeit ist wichtig, damit Deckel- und Kastenseitenflächen bündig sind.

4 Breite der Einsenkung nach den anfangs angebrachten Marken anreißen. Streichmaß auf die Tiefe einstellen und diese anreißen. Die Risse eintiefen und den Verschnitt kennzeichnen.

5 Reißen Sie nun die Vertiefung für den zweiten Scharnierlappen auf dem Gegenstück durch Verlängern der Risse an, alle anderen Anreißvorgänge sind zu wiederholen.

6 Die Fasern werden durch eine Anzahl feiner, paralleler Schnitte von ca. 2 mm Abstand mit Stechbeitel und Holzhammer durchtrennt. Arbeiten Sie von der Mitte in beide Richtungen und stellen Sie das Eisen für jeden Schnitt sorgfältig an.

7 Mit dem Stechbeitel werden die gelockerten Fasern in waagerechter Richtung ausgehoben. Zuerst quer zu den Fasern (siehe Stemmen), dann in Faserrichtung bis zum Riß arbeiten.

8 Stechen Sie zum Schluß die Ränder der Vertiefung quer zur Faser rißgenau nach.

Eine Scharniervertiefung mit der Oberfräse herstellen

1 Eine Scharniervertiefung kann auch mit der Oberfräse, und zwar mit einem Walzenfräser gefräst werden (siehe Fräsen). Es kann wie beschrieben angerissen werden, oder es wird mit eingestelltem Fräser auf Tiefe gefräst. Dafür sollte zunächst unbedingt ein Probeschnitt gemacht werden. Nachteilig beim Fräsen sind die gerundeten Ecken der Vertiefung; sie müssen mit dem Stechbeitel nachgestochen werden.

2 Nach dem Fräsen müssen die Rundungen mit dem Stechbeitel beseitigt werden. Als letztes werden die Ränder quer zur Faser nachgestochen.

Den Schlitz für ein Schloß mit der Oberfräse herstellen

1 Nach demselben Verfahren wie für Scharniere wird mit der Oberfräse und dem Walzenfräser die Vertiefung für ein Schloß ausgearbeitet.

2 Der größte Teil der Vertiefung wird durch Eintauchen des Fräsers in einer Reihe überlappender Schnitte herausgearbeitet, wobei gegen einen Tiefenanschlag gefräst wird. Die Endbearbeitung erfolgt wieder mit dem Stechbeitel.

Einsetzen von Scharnieren

1 Das Scharnier wird eingelegt und das mittlere Schraubenloch mit dem Bleistift angerissen. Vorbohren, und zwar ein wenig in Richtung langer Kante der Vertiefung versetzt, damit beim Festschrauben des Scharnierlappens ein fester Sitz zustandekommt.

2 Nachdem alle vier Scharniervertiefungen geschaffen worden sind, werden die Kanten mit einem feinen Hobelstrich angefast. Dadurch kann der Deckel frei geöffnet und geschlossen werden.

3 Scharnierlappen anschrauben. Verwenden Sie stets den passenden Schraubendreher, um die Scharnieroberfläche nicht zu zerkratzen. In Hartholz wird das Gewinde zuerst mit einer Stahlschraube vorgeschnitten. Messingschrauben sind weicher und werden in Hartholz leicht abgeschert.

4 Bohren Sie die Schraubenlöcher für die restlichen Schrauben.

5 Nun sind die Schrauben einzudrehen. Es sieht besser aus, wenn die Schlitze aller Schrauben in dieselbe Richtung weisen.

6 Der Deckel muß so gut schließen, daß nur ein dünnes Blatt Papier in den Spalt eingeschoben werden kann. Damit ist ausreichend Spiel für eine Lackschicht vorhanden. Wenn die Scharniervertiefungen präzise angerissen (siehe Messen und Anreissen) und mit Sorgfalt ausgearbeitet worden sind, sollten die beiden Teile des Kästchens perfekt zueinander ausgerichtet liegen. Angemerkt sei, daß die Scharnierangeln ein wenig vorragen.

7 Eine leichte Fehlausrichtung kann an den Seitenflächen und der Front mit dem Schleifklotz beseitigt werden.

Ein Einstemmschloß befestigen

1 Die verschiedenen Vertiefungen für das Schloß müssen nacheinander angerissen und ausgearbeitet werden. Zuerst wird das Schloß auf das Holz aufgelegt und der Gesamtumriß übertragen.

2 Die Risse werden mit Kombiwinkel und Anreißmesser ähnlich wie beim Scharnier auf die Seitenflächen verlängert.

3 Nach unten werden die Risse mit Hilfe des verstellbaren Schiebers des Kombiwinkels verlängert.

4 An der Breitseite und an der Schmalfläche wird mit einer Fein- oder Zinkensäge quer zur Faser rißgenau gesägt.

5 Reißen Sie die Vertiefungen für die verschiedenen Schloßteile an.

6 Flache Vertiefungen werden mit dem waagerecht geführten Stechbeitel quer zur Faser ausgehoben.

7 In solch beschränktem Raum ist die schwierigste Prozedur das rißgenaue Stemmen in Faserrichtung. Hier wird die Schräge der Beitelschneide für den senkrechten Rand der Eintiefung benutzt.

Lage des Schlüssellochs

1 Die Lage des Schlüssellochs wird mittels Streichmaß und Anschlagwinkel vom Schloß übertragen.

2 Bohren Sie das Loch mit leichtem Übermaß. Mit der Laubsäge werden vorsichtig die senkrechten Schnitte für das Schlüsselloch ausgeführt. Mit einem schmalen Stechbeitel wird nachgeputzt.

3 Schlagen Sie das Schloß in die Vertiefung ein, und überprüfen Sie die Bündigkeit. In dem beschränkten Raum wird das Schraubenloch mit einem Nagel, dessen Spitze abgeplattet wurde, vorsichtig eingetieft.

4 Das Schloß wird mit kleinen Schrauben befestigt. Prüfen Sie, ob der Schlüssel das Schließblech korrekt zu erfassen vermag.

5 Das Schließblech muß im Deckel sehr genau eingelassen werden, damit sich der Schlüssel leicht drehen läßt. Es muß bündig im Deckel sitzen. Seine Kontur wird mit Hilfe von Streichmaß und Anschlagwinkel angerissen.

6 Vertiefung für das Schließblech einarbeiten wie zuvor für die Scharnierbänder.

7 Nach dem Vorbohren kleiner Löcher kann das Schließblech mit kleinen Schrauben befestigt werden. Alles muß perfekt bündig sein.

8 Zwecks besseren Aussehens kann die an den anderen Kanten bereits vorhandene Fase auch an der Frontseite vorsichtig gehobelt werden.

FLÄCHENWINKEL-VERBINDUNGEN

Die Flächenwinkelverbindung ist eine feste, einfache Verbindung, für die in das eine Holzteil eine Nut quer zur Faser eingesägt wird, in die das andere Holzteil eingepaßt wird. Die Verbindung findet sich beispielsweise in Schrankkorpussen für die Einlegebretter, in Küchenschränken und Bücherregalen.

In ihrer einfachsten Form besteht die Verbindung aus einer flachen Nut quer über die volle Breite des einen Holzteils, in der das rechtwinklig zugeschnittene Ende des anderen Holzteils sitzt. Eine Variante ist die nicht voll eingelassene Nut; sie hat zur Folge, daß die Verbindung an der Frontseite nicht zu sehen ist. Eine andere Variante ist eine heute meist mit der Oberfräse eingetiefte Nut mit Schwalbenschwanzquerschnitt (die sog. Gratverbindung), die maximale Belastbarkeit gewährleistet.

Flächenwinkelverbindungen in Faserrichtung und nicht quer dazu, wie z.B. bei der Schiebekastenfertigung, sind ähnlich gestaltet. Sie sind jedoch wegen des dünnen Bodenmaterials von Schiebekästen vergleichsweise schmal.

Die Flächenwinkelverbindung wird normalerweise geleimt und kann bei Teilen größerer Dicke durch Stifte oder Schrauben verstärkt werden. Weil sie in einer Nut sitzen, splittern auch dünne Querschnitte durch Stifte oder Schrauben nicht, sondern erhalten sogar eine bessere Haftung.

Flächenwinkelverbindungen können auf verschiedene Weise von Hand, mit Elektrohandwerkzeugen oder mit Maschinen gefertigt werden, beispielsweise unterstützt von Vorrichtungen (siehe Vorrichtungen), mit Säge und Stechbeitel oder durch rasche Sägeschnitte der Auslegerkreissäge (siehe Sägen). Mit Elektrowerkzeugen arbeitet es sich wie stets rascher und genauer als mit der Hand, der Erwerb von Handfertigkeit lohnt sich dennoch, weil sie Ihr Selbstbewußtsein als Handwerker fördert.

Grundausstattung

Anreißmesser oder Bleistift
Anschlagwinkel
Stahllineal
Streichmaß
2 Schraubzwingen
Richtscheit

☞

Feinsäge
Stechbeitel und/oder Oberfräse
Hobel

〰

Kleine Oberfräse
Führungsleiste
Walzenfräser
Schwalbenschwanzfräser

✚

Siehe Seiten 8 und 9

Fertigung einer Flächenwinkelverbindung von Hand

1 Holz exakt zurichten (siehe Zuschneiden). Reißen Sie die Lage der Verbindung auf dem zu nutenden Stück mit Dickenmarken des Fügeteils mit Hilfe von Anreißmesser, Bleistift oder Kugelschreiber an.

2 Die Risse auf dem Holz werden mit Hilfe eines großen Anschlagwinkels oder eines Lineals verlängert, das an einen kleinen Winkel angelegt wird (siehe Messen und Anreißen).

6 Späne mit Stechbeitel und Holzhammer entfernen. Die Fasern müßten sich ziemlich leicht herausreißen lassen, da sie durch die Sägeschnitte gelockert worden sind.

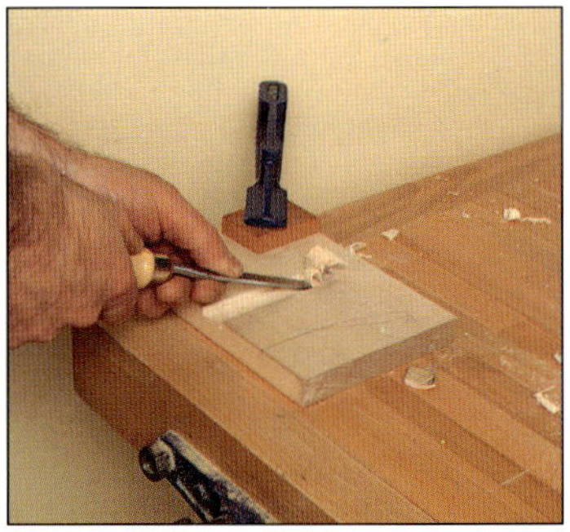

7 Mit der Schräge der Beitelschneide läßt sich auch dort arbeiten, wo der Stechbeitel nicht mehr waagerecht gehalten werden kann, weil sein Heft das Holzteil beschädigen würde. Allerdings ist etwas mehr Fertigkeit vonnöten; es liegt eine kleinere Werkzeugfläche auf dem Holz auf, was die Kontrolle über das Werkzeug erschwert.

3 Übertragen Sie die Risse an den Schmalflächen mit Hilfe des Anschlagwinkels auf etwa ein Drittel der Holzdicke, und reißen Sie mit dem Streichmaß die Tiefe an (ein Drittel der Brettdicke ist als allgemeine Regel aufzufassen). Verschnitt deutlich markieren.

4 Brett mit einer oder zwei Zwingen fest auf die Bankplatte spannen und mit der Feinsäge die beiden Wandungen der Flächenwinkelverbindungen aussägen. Probieren Sie aus, ob Sie mit einer oder mit beiden Händen sicherer arbeiten können.

5 Für einen straffen Sitz dicht neben dem Riß auf der Verschnittseite sägen (s. Verbindungen).

8 Drehen Sie das Brett herum, und stemmen Sie von der anderen Schmalfläche aus schwache Späne ab (siehe Stemmen).

9 Sie können auch einen einstellbaren Fräserhobel verwenden. Dieser wird immer um 3 mm tiefer eingestellt. Die Fasern reißen leicht.

10 Der Fräserhobel hat den Vorteil, daß die Grundfläche der Nut perfekt plan ist, weil die Unterflächen des Hobels beiderseits auf dem Brett geführt werden. Dadurch kann die Nut nie zu tief werden – vorausgesetzt, das Werkzeug ist richtig eingestellt. Vielleicht vereinen Sie beide Verfahren, indem Sie mit Hammer und Meißel die Hauptmenge rasch entfernen und dann mit dem Fräserhobel schlichten.

11 Die Kanten des Gegenstücks leicht brechen, damit es gut anschnäbelt, und die beiden Teile mit dem Hammer fügen; Abfallholz unterlegen. Prüfen Sie, ob die Schmalflächen bündig sind.

Herstellen einer Verbindung mit zweiseitigem Grat mit Hilfe der Oberfräse

1 Die Flächenwinkelverbindung mit zweiseitigem Grat wird schrittweise gefertigt. Zuerst wird mit einem zylindrischen Fräser eine geradwandige Nut gefräst und dann mit dem Schwalbenschwanzfräser nachgefräst. Das verlängert die Standzeit des Schwalbenschwanzfräsers ganz erheblich, der sonst ins Volle arbeiten müßte. Seine Form erlaubt es schließlich nicht, daß mehrere flache Schnitte ausgeführt werden. Er muß stets an der Schmalfläche angesetzt werden.

Zuerst wird eine Oberfräse mit Tauchfräseinrichtung mit einem kleinen zylindrischen Fräser bestückt. Spannen Sie auf dem Brett eine Führungsleiste locker auf. Dann ist die Oberfräse mit dem Fräser in Rißrichtung anzusetzen, auszurichten und die Führungsleiste festzuspannen. Mit einem Bleistift wird das vorgesehene Nutende markiert. Führen Sie mehrere flache Schnitte bis fast zur vollen Nuttiefe aus.

2 Den Walzenstirnfräser gegen einen Schwalbenschwanzfräser austauschen. Der Tiefenanschlag muß so eingestellt werden, daß die volle Nuttiefe mit einem Schnitt erreicht wird. Weil die größte Materialmenge bereits entfernt ist, kann der Schwalbenschwanzfräser das gewünschte Profil ohne Probleme erzeugen.

3 Die Schwalbenschwanznut wird in einem Schnitt erzeugt. Dabei ist die Oberfräse fest gegen die Führungsleiste anzudrücken. Lassen Sie sich nicht verführen, am Schnittende die Tauchfräseinrichtung zu lösen, sondern ziehen Sie den Fräser durch die gesamte gefertige Nut hindurch zurück. Bei breiteren Nuten wird für den zweiten Schnitt eine Zusatzleiste an die Führungsleiste angelegt.

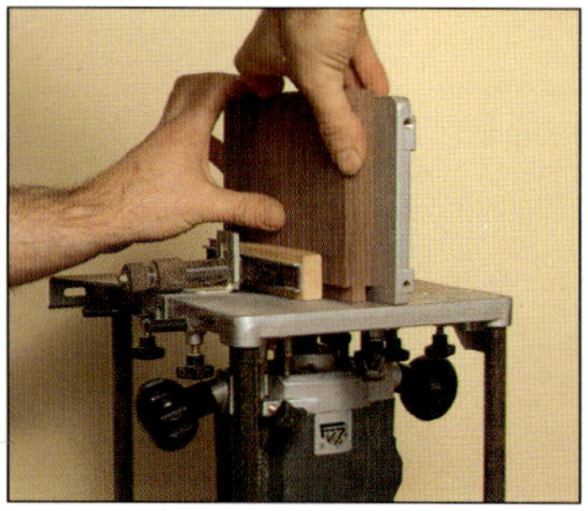

4 Sie werden feststellen, daß der schwalbenschwanzförmige Grat am anderen Teil am besten mit demselben Fräser in einer nach oben in einen Frästisch eingebauten Oberfräse zu fertigen ist. Frästische gibt es sehr preiswert zu kaufen, sie erweitern den Einsatzbereich der Oberfräse außerordentlich. Stellen Sie Tiefe und Breite des Schnittes ein. Das Brett wird erst auf der einen, dann auf der anderen Seite gefräst.

5 Überflüssiges Ende des Grates entfernen, indem mit der Fein- oder Zinkensäge zuerst mit der Faser und dann quer zur Faser gesägt wird. Das Gratende muß in diesem Beispiel entfernt werden, weil die Nut nicht über die gesamte Breite des anderen Brettes reicht. Damit Sie die Säge sicher führen können, achten Sie darauf, daß das Brett im Schraubstock fest gespannt ist, und zwar stets so, daß genau senkrecht gesägt werden kann.

6 Weil das Ende der Nut wegen der zylindrischen Form des Fräsers gerundet ist, müssen auch die Enden des Grates gerundet werden. Das wird ganz einfach mit einem scharfen Stechbeitel erledigt.

7 Die beiden Teile werden zusammengeschoben und sind jetzt fertig zum Leimen. Breite Bretter verwerfen sich leicht, so daß „trockene" Verbindungen mitunter nur schwer wieder auseinandergezogen werden können; warten Sie deshalb mit dem Verleimen nicht zu lange (siehe Leimen).

VORRICHTUNGEN UND IHR BAU

Eine Vorrichtung dient dazu, das Werkstück oder das Werkzeug während der Bearbeitung zu halten oder zu führen. Vorrichtungen werden meist dann verwendet, wenn Bearbeitungsvorgänge häufig zu wiederholen sind. Das Handwerk der Holzbearbeitung wird zur Kunst, wenn Sie beginnen, Ihre eigenen Vorrichtungen zu bauen.

Wenn Sie so weit sind, daß Sie die grundlegenden Techniken der Holzbearbeitung – Messen, Sägen, Stemmen, Hobeln und vieles mehr – beherrschen und eine Verbindung ohne Nacharbeit passend herzustellen vermögen (siehe Verbindungen), werden Sie bemerkt haben: Holzbearbeitung besteht darin, daß entweder bestimmte Arbeitsgänge immer wiederholt werden oder daß eine sehr schwierige Technik angewendet werden muß, für die sich die Standardverfahren und -geräte nicht recht eignen.

Grundlage des Bauens von Vorrichtungen ist die Fähigkeit zur Improvisation. Für den Holzhandwerker bedeutet das häufig, gewohnte Pfade zu verlassen und „seitwärts" zu denken, d.h. sich eines jeden verfügbaren Mittels zu bedienen. Vorrichtungen können sehr einfach sein, aber auch sehr komplex. Gewöhnlich sind sie das geistige Kind eines Einzelnen und stellen meist ganz einfache Lösungen für sehr spezielle Prozeduren dar. Es mag sich beispielsweise um ein zusätzliches Paar Hände handeln, das sich ein Heimwerker mit Hilfe von Stiften und Nägeln, Klebeband oder einer Heißklebepistole verschafft, um ein paar Abfallstücke Sperrholz oder Faserplatte oder um sich rasch verfestigendes Material, wie Karosseriefüller.

Einige Hand- und Elektrowerkzeuge erfordern für bestimmte Arbeiten zwingend Vorrichtungen – um die Arbeit leichter oder schneller ausführen zu können.

Grundausstattung

Faserplatte, Spanplatte, Sperrholz
Weichholz
Heißklebepistole
Schrauben, Nägel, Stifte
Klebeband

Einige Handwerkzeuge

Einige Elektrowerkzeuge

Siehe Seiten 8 und 9

Einige Basisvorrichtungen für Handwerkzeuge

1 Hier wird eine selbstgefertigte Sägelade zum Sägen der Grate für eine Flächenwinkelverbindung benutzt. Ein kräftiger Holzklotz wird zugeschnitten und genau winklig behobelt. Er wird mit einer Zwinge auf dem Werkstück aufgespannt und dient als Führung für die Säge. Vor Beginn muß der Klotz sorgfältig parallel zur Werkstückkante ausgerichtet werden.

2 Mit einem winklig bearbeiteten Klotz kann das Gegenstück der Flächenwinkelverbindung gleichmäßig und genau gestemmt werden.

3 In ähnlicher Weise kann ein rechteckiger Hartholzklotz beim Putzen der Grundfläche der Zinkenverbindung helfen. Er wird genau auf der Grundlinie gespannt; das Eisen wird fest an die senkrechte Fläche des Klotzes angedrückt.

Eine Dübelschneidevorrichtung

1 Diese Dübelschneidevorrichtung ist eine der am einfachsten zu bauenden Vorrichtungen. Sie besteht aus einem Holzklotz mit Bohrung, einem Sägeschlitz und einem teilweise eingeschlagenen Nagel.

2 Zuerst Vorrichtung in den Schraubstock spannen. Das Ende des Dübelrundstabes wird angefast und in die Bohrung der Vorrichtung eingesteckt, bis es an der anderen Seite bündig liegt. Dann wird der Dübel mit der Feinsäge im Sägeschlitz durchgesägt.

3 Mit dem Hammer wird der Rundstab weiter eingeschlagen. Dabei ritzt der Nagel eine Nut in den abgesägten Dübel, die dann beim Leimen als Kanal für die eingeschlossene Luft, aber auch für überschüssigen Leim dient.

Einfache Sägevorrichtungen

1 Die Bandsäge (siehe Sägen) ist als Elektrowerkzeug ideal für den Einsatz von Vorrichtungen geeignet. Die grundlegende Vorrichtung ist die Führungsschiene der Bandsäge, die für wiederholte parallele Schnitte quer zur Faser oder in Faserrichtung herangezogen werden kann.

2 Mit der Bandsäge können Einschnitte ausgeführt werden, wenn ein Abfallstück so auf dem Sägetisch befestigt wird, daß das Blatt halb in einen vorbereiteten Schnitt taucht. Dadurch entsteht ein Anschlag für die Sägetiefe. Mit einem Andrückstab Sägeschnitte in gleichem Abstand ausführen. Das Werkstück jeweils so weit verschieben, bis der eben geführte Schnitt mit einer Marke zur Deckung kommt.

3 Hinsichtlich des Einsatzes von Vorrichtungen ist die Oberfräse besonders anpassungsfähig (siehe Fräsen). Schon der Maschinenkörper ist eine Vorrichtung zum Führen des Werkzeugs. Im Bild wird ein einfaches Verfahren für das Putzen der überstehenden Enden einer Zinken- oder Fingerverbindung gezeigt. Ein dünnes Stück Sperrholz oder Faserplatte wird mit Klebeband oder Zwingen aufgespannt.

4 Das Stück Faserplatte wird unmittelbar hinter der Grundlinie der Verbindung befestigt. Es dient als Abstandshalter, der die Frästiefe festlegt, wenn die Sohle der Oberfräse beim Fräsen fest aufgedrückt wird.

Eine einfache Vorrichtung zur Fertigung von Radscheiben

1 Diese einfache Vorrichtung – vom Autor konstruiert – gestattet es, Radscheiben für Spielzeug oder andere Kreisquerschnitte zu erzeugen, bei denen ein Loch in der Mitte vorgesehen ist. Die Vorrichtung besteht aus einer hölzernen Platte mit einer Nut. Sie wird vor einer Schleifscheibe aufgespannt.

2 Mit der Bandsäge wird ein Radrohling mit Übermaß ausgeschnitten. Die Spindel muß in der Nut leicht gleiten können. Bei sich drehendem Radrohling wird der Druck der Spindel auf die scheibenseitige Nutwandung immer mehr erhöht.

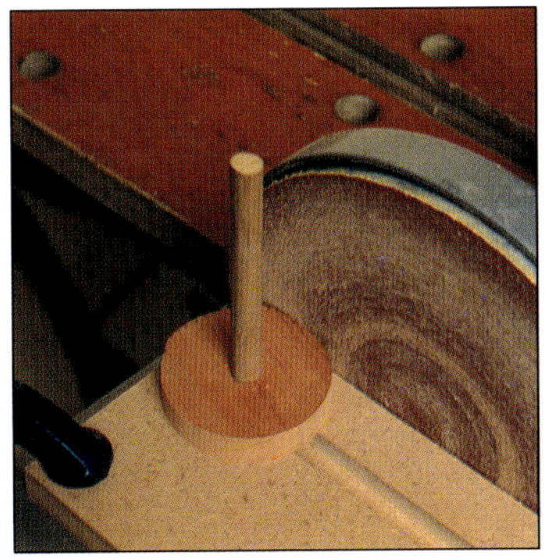

3 Zuerst ist eine ebene Fläche anzuschleifen, die bis an den angerissenen Kreis heranreicht.

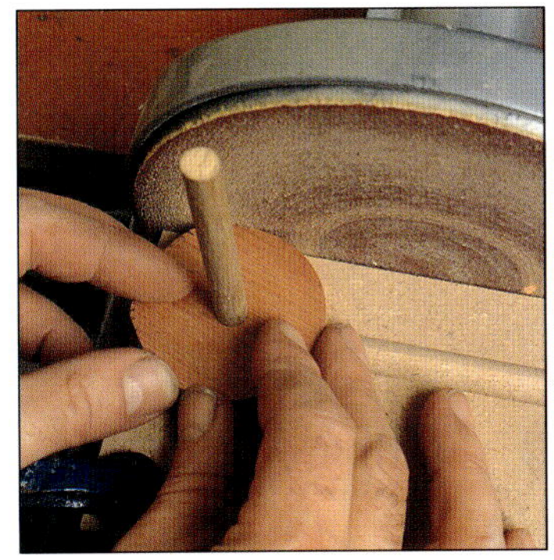

4 Legen Sie die Radscheibe mit in die Nut eintauchender Spindel auf. Zuerst liegt die Spindel an der Nutwandung an, die der Schleifscheibe abgewandt ist. Mit leichtem Fingerdruck Radscheibe drehen und gegen die Schleifscheibe drücken, bis der Riß erreicht ist. Vorsicht – mit den Fingern nicht an die Schleifscheibe geraten! Sie können beliebig viele Räder produzieren.

Ausgangsmaterial

Faserplatten, Spanplatten, eine Heißklebepistole, Nägel und Stifte sind die idealen Ausgangsmaterialien für Vorrichtungen. Ganz rasch können Sie sich die geeignete Vorrichtung bauen, die gerade so lange halten muß, wie für die Arbeitsaufgabe erforderlich ist.

Bau einer Vorrichtung für den Dickenhobler

1 Eine Nut mit Keilquerschnitt wird durch Aufkleben und Verstiften des Abfallstücks mit entsprechender Form auf der Spanplatte hergestellt. Eine unten angebrachte Führungsleiste sichert die Lage der Vorrichtung am Dickenhobeltisch.

2 Das Teil mit Keilquerschnitt wird in der Dickenhobelmaschine schrittweise gehobelt, bis der gewünschte Keil ausgeformt ist.

Die Technik des Verbindens ist der Kern aller Holzbearbeitung. Sie ist die wichtigste Bearbeitungstechnik, die es zu erlernen gilt, und sie verschafft, wenn ordentlich ausgeführt, Befriedigung in ganz besonderer Weise. Holzbearbeitung besteht sehr oft darin, Teile aus Holz für die verschiedensten Zwecke miteinander zu verbinden – sei es zur Veränderung der Form, zur Schaffung einer Struktur, zur Erhöhung der Festigkeit oder zum Ausgleich des Arbeitens des Holzes.

Verbindungen sind darüberhinaus dekorativ: Zwei miteinander verbundene Stücke Holz erregen visuelle Aufmerksamkeit – und mitunter scheinen sie ein Geheimnis in sich zu tragen.

Es gibt hunderte Arten von Verbindungen. Viele haben sich über lange Zeiträume für ganz spezielle Aufgaben entwickelt, wie die Zapfen-Schlitz-Verbindungen und die Schwalbenschwanz- oder Zinkenverbindungen für den Bau von Rahmen und Korpussen. Verbindungen verkörpern eine reiche und weit zurückreichende Kultur der Holzverwendung, die ebenso wie bestimmte Holzteile, beispielsweise Eichenbalken, Jahrhunderte überdauern und in uns starke geschichtliche Assoziationen erwecken, so auch bestimmte Holzverbindungen – ganz besonders die Zinkenverbindung.

Verbindungen und das Arbeiten des Holzes

Nicht unwichtig im Zusammenhang mit Holzverbindungen ist eine ganz spezielle Eigenschaft des Holzes, und zwar das sogenannte Arbeiten. Jeder, der Holz verarbeitet, muß darauf Rücksicht nehmen, denn die Natur setzt sich durch!

Holz nimmt wie ein Schwamm Wasser aus der umgebenden Luft auf, speichert es und gibt es wieder ab. Jede Verbindung bewegt sich daher in einem gewissen Maß, und ihre Geometrie und ihre Abmessungen sind die ausschlaggebenden Faktoren dafür, ob die Bewegungen des Holzes behindert oder berücksichtigt werden. Eine gut durchdachte Verbindung ist fest, optisch anziehend – oder auch geschickt versteckt – und vor allem dauerhaft, obwohl die Holzfasern ständig schwinden und quellen.

Als einfache Regel gilt, daß Holz eher quer zur Faser als in Faserrichtung arbeitet und daß sich die Jahresringe (am Hirnholz sichtbar) zu strecken suchen. Deshalb sollte möglichst aus der Mitte des Stammes ausgesägtes Holz verwendet werden (das kurze Jahresringe hat).

Die heutigen „dauerhaften" Leime haben der Technik des Verbindens eine gewisse Freiheit verschafft. Es ist kaum zu erwarten, daß ein dünnes Furnier, das mit einem modernen Leim aufgeklebt wurde, schwindet und aufreißt, doch arbeitet ein dickes Brett, das mit einem zweiten bei falscher Wahl der Faserverläufe verleimt ist, durchaus beachtlich. Nicht die Verleimung reißt, sondern die Fasern rings um die Leimfuge.

Verbinden von Platten

Teile aus Span- oder Faserplatte arbeiten weniger als Vollholz und werden deshalb nach anderen Verfahren miteinander verbunden. Plattenwerkstoffe haben nur geringe lokale Festigkeit und brechen deshalb an den Kanten, wenn die herkömmlichen Holzverbindungen benutzt werden.

Für diese Plattenwerkstoffe werden die heutigen maschinellen Verbindungstechniken angewendet, wie genutete Kehlen und spezielle Fingerfräser (siehe Breitenverbindungen).

Die Grundprinzipien der Holzverbindung

Nichts befriedigt so sehr, wie das Anfertigen einer straff sitzenden Verbindung, denn es ist nicht nur Verständnis für den Charakter des Werkstoffs Holz, sondern auch handwerkliche Fertigkeit im Verein mit einem sicheren Auge und ständiger Aufmerksamkeit erforderlich. Eine Grundregel lautet: Kurze Fasern vermeiden. Wenn eine Verbindung zu nahe am Ende des Holzteils geschnitten wird und die Fasern quer zur Maserung tiefer verletzt sind als längs, dann führt die Spannung innerhalb der Verbindung zusammen mit einer äußeren Belastung zum Bruch der kurzen Fasern.

Übliche Verbindungen

- **Stumpfstoß:** für einfache Korpusse; brauchbar, wenn keine Festigkeit benötigt wird.
- **Überlapptstoß:** zur Verbindung von Brettern gleicher Dicke unter einem Winkel.
- **Nut-Feder-Verbindung:** zur Verbindung von Brettern an den Schmalflächen; für die Herstellung von Platten.
- **Nut-Feder-Verbindung mit loser Feder:** ähnlich der Nut-Feder-Verbindung.
- **Zapfen-Schlitz-Verbindung:** eine der am häufigsten angewandten Rahmenverbindungen.
- **Zinken- oder Schwalbenschwanzverbindung:** in vielen Ausbildungsformen verbreitet, auch verdeckt; üblich für Korpusse und Schiebekästen; oft bewußt angewendet, um handwerkliches Können zur Schau zu stellen.
- **Überblattung:** zur Verbindung von Hölzern an der Längsseite; im Bootsbau häufig.
- **Dübelverbindung:** eine leicht anzufertigende Alternative für die Zapfen-Schlitz-Verbindung; kann verblüffend schwierig auszurichten sein; nützlich für Schrankmöbel.
- **Lamellofederverbindung:** ein modernes Verfahren, sehr verbreitet für Breitenverbindungen, aber auch anderswo brauchbar.
- **Gehrungsverbindung:** bei Bilderrahmen, Schrankteilen usw. ziemlich verbreitet, jedoch ohne eigene Festigkeit; benötigt stets irgendeine Verstärkung.

XY-Regel für Verbindungen

Wenn am Ende eines Holzteils eine Verbindung geschaffen werden soll, dann darf die Tiefe des Schnitts (der Wert X) nicht größer sein als die Länge des verbleibenden Holzes (der Wert Y). Andernfalls brechen die verbleibenden kurzen Fasern mit Sicherheit, weil innere Spannung und äußere Belastung der Verbindung die Festigkeit der kurzen Fasern über die verminderte Fläche übersteigen.

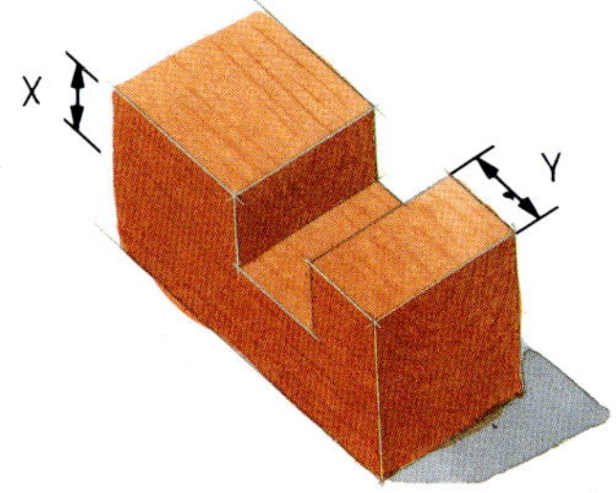

Prinzipien des Verbindens von Holz – einige Grundregeln

1 Eine Verleimung Hirn auf Hirn (siehe Leimen) ist die schwächste Verbindung überhaupt, weil sich keine Fasern überlappen und der Leim in die Fasern gesaugt wird, so daß nicht ausreichend Leim in der Fuge verbleibt.

2 Eine Verleimung Hirnholz mit Seitenkante ist aus denselben Gründen fast so schwach wie **1**, aber auch, weil das Holz quer zur Faser schwindet und die Leimfuge beansprucht.

3 Die festeste Verleimung entsteht, wenn Fasern ähnlichen Verlaufs nebeneinander liegen, wenn sich gleichsam die Maserung des Holzes fortsetzt. Die Schwindung ist dann in beiden Teilen gleich (siehe Breitenverbindungen).

4 Durch Einbringen einer Schulterfläche in die Verbindung wird diese mechanisch fester; das Prinzip fester Verbindungen beruht darin, größtmögliche Faserüberdeckung und Leimfläche zu schaffen. Die Zinken- und die Fingerverbindung sind mechanisch fest und wirken darüber hinaus als Blickfang.

Die Fügeformen

1 In Holzkonstruktionen gibt es vier grundlegende Fügeformen: Winkel-, T-, Kreuz- und Längsverbindung. Es gibt ferner schräge bzw. winklige Varianten dieser Fügeformen. Jede Fügeform kann durch eine Vielzahl von Verbindungsarten erreicht werden. So kann beispielsweise eine Winkelverbindung als Überblattung, als Gehrungsverbindung, als Scherzapfenverbindung, Dübelverbindung, Zinkung oder Zapfen-Schlitz-Verbindung ausgeführt werden. Die Familie der Verbindungen ist äußerst umfangreich.

2 Die einfachste Winkelverbindung: Ein Teil überlappt das andere, wobei die Maserungen aufeinander liegen, so daß die Klebeverbindung relativ fest ist. Eine solche Verbindung kann auch genagelt oder geschraubt werden. Fester wird die Verbindung, wenn die beiden Teile ineinander versenkt werden, indem Schultern ausgeformt werden. Das kann durch Einsägen an den Enden auf die Mitte der Brettdicke geschehen – es entsteht eine Überblattung, die festeste der verleimten Winkelverbindungen.

3 Links ist eine Winkelverbindung mit Gehrung abgebildet. Die anderen beiden Bilder zeigen, wie dieselben Teile auf andere Weise miteinander gefügt werden können – eine schräge und eine normale Blattverbindung, beides Varianten der Längsverbindung.

Kunstgriffe für dichte Verbindungen

1 Grundlage dichter Verbindungen sind Sorgfalt und Genauigkeit beim Anreißen zu Beginn der Arbeiten (siehe Messen und Anreißen). Zuallererst muß das passende Anreißwerkzeug ausgewählt werden. In der Möbeltischlerei ist das Anreißmesser das Werkzeug, welches die bestgeeigneten Risse erzeugt. Drücken Sie es mit dem Zeigefinger auf das Holz. Ziehen Sie das Blatt in leichter Schräglage und fest an Lineal oder Winkel gedrückt über das Werkstück. Drücken Sie auch den Winkel fest auf das Holz.

2 Markieren Sie den Abfall (den Verschnitt) deutlich. Am wirksamsten ist eine Schraffur, denn sie fällt ins Auge. Sie wird mit einem weichen bis mittelharten Bleistift ausgeführt.

3 Viele Holzhandwerker reißen mit dem Bleistift an. Ein harter Bleistift zieht die schärfste Linie, die aber schwer zu erkennen ist. Ein weicher Bleistift liefert kräftigere Risse, wird aber schnell stumpf, was die Genauigkeit mindert. Das ist z.B. gut zu erkennen, wenn ein Riß rings um das Holzteil gezogen wird – dort, wo sich Ende und Anfang treffen, sind die Risse deutlich unterschiedlich breit. Ein effektives „modernes" Anreißwerkzeug ist der Kugelschreiber, er liefert kräftige und gleichmäßige Risse.

4 Im allgemeinen ist ein Meßband in der Holzbearbeitung von Nutzen, es sollte jedoch bedacht werden, daß es nicht das genaueste Meßzeug ist. Oft ist der Winkel am Anfang lose, und die Teilung kann bei 1 m Meßlänge Ungenauigkeiten bis zu 3 mm aufweisen. Um die zierliche und sehr genaue Zinkung des Bildes (eine vom Autor ersonnene Variante der Zinkenverbindung) anzufertigen, würde deshalb schwerlich ein Meßband verwendet werden.

9 Der abschließende Schnitt mit dem Stechbeitel wird geführt, indem der Beitel genau auf dem Riß aufgesetzt wird und die letzten Fasern vorsichtig entfernt werden (siehe Schwalbenschwanzverbindungen). Übrigens: Erfolgreiches Bearbeiten von Holz hängt auch davon ab, wie sicher Sie stehen.

10 Die Feinsäge läßt sich viel sicherer führen, wenn sie mit beiden Händen gehalten wird. Die Haltekraft wird verdoppelt, und beide Ellbogen werden zu den Gelenkpunkten für die Sägebewegung. Das erzwingt eine präzise Ausrichtung des Körpers, insbesondere des Auges, auf den zu führenden Schnitt.

5 Ein Stahllineal bietet die optimale Genauigkeit für feine Holzarbeiten, für die auf etwa einen halben Millimeter genau gemessen werden muß. Reißen Sie besser mit einem Anreißmesser an als mit einem Bleistift, mit dem nicht ausreichend genau gearbeitet werden kann.

6 Eine straffe Verbindung beruht auf der Elastizität oder dem „Nachgeben" des Holzes. Deshalb muß eine Verbindung ein wenig zu eng geschnitten werden; um wieviel, läßt sich allerdings schwer allgemeingültig bestimmen, denn die Einflußgrößen – Abmessungen, Art und Härte der Hölzer – können sehr verschieden sein. Ein Richtwert sei angegeben: In einem mittelharten Holz sollte ein Übermaß von etwa einem halben Millimeter gewählt werden. Eine leichte Kegligkeit oder Fase hilft beim Zusammenfügen.

7 Kritisch ist die Frage: Wo in bezug auf den Riß ist der Schnitt zu führen? Hier erhält die 1/2-Millimeter-Regel ihren Sinn, denn dieser halbe Millimeter wird nicht gemessen, sondern die Säge wird unmittelbar neben dem Riß so aufgesetzt, daß dieser stehenbleibt. Das ist der Trick, mit dem straffe Verbindungen erreicht werden. Der Riß ist also Bezugslinie für den Schnitt.

8 Die Regel gilt für Schnitte längs zur Faser, wo die Elastizität des Holzes zur Wirkung kommt. Schnitte quer zur Faser, wie z.B. die Grundlinie einer Zinkung, werden genau auf dem Riß geführt. Deshalb werden solche Risse auch besser mit dem Anreißmesser gezogen.

Eine ausschließlich mechanische Verbindung

Das ist eine trickreiche japanische Verbindung, genannt „Kanawatsugi" oder schräges Hakenblatt mit Kreuzzapfen und Keilverschluß. Sie ist eine Herausforderung für jeden Holzhandwerker, denn sie erfordert präzises Anreißen und Schneiden (die Verbindung im Bild hat der Autor gefertigt). Die komplizierten Überlappungen werden durch einen schwach kegligen Keil fest ineinander gepreßt und verriegelt. Wird der Keil gezogen, fällt die Verbindungen auseinander. Leim wird nicht verwendet; die Verbindung wird vollständig auf mechanischem Wege erzielt und bietet maximale Festigkeit. Eine solche Verbindung will ihr Vorhandensein nicht verbergen und gewinnt dadurch ästhetischen Wert.

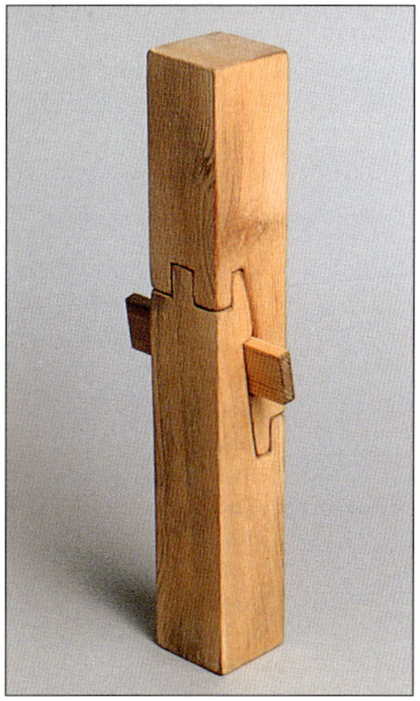

MESSEN UND ANREISSEN

Sehr selten wird mit der Bearbeitung des Holzes begonnen, ohne daß zuvor angerissen wurde. Bei einer Gemüsestiege, die mit etwa 3 mm Genauigkeit produziert wird, mag dies möglich sein. Für ein zierliches Möbelstück aber ist eine maximale Ungenauigkeit von einem halben Millimeter oder sogar noch weniger Voraussetzung. Häufig sind Fehler in den späteren Fertigungsgängen auf ungenaues Messen und Anreißen zurückzuführen.

Am einfachsten läßt sich mit einem „Maßstab" (im wörtlichen Sinne) messen – das kann jedes gerade Stück Holz sein. Markierungen werden von dem einen auf ein anderes Holzteil übertragen, so wie auch die gleiche Länge von Tischbeinen erreicht wird. Es ist in der Tat oft genauer, die Maße nachfolgender Teile einer Struktur von einem Erststück zu übertragen, das mit einem echten Meßzeug angerissen worden ist. Das Erststück wird dann zum „Maßstab".

Bei einigen Verbindungen wird zuerst das eine Teil angerissen, gesägt und gestemmt, seine Maße werden erst anschließend auf das andere Teil übertragen (siehe Schwalbenschwanzverbindungen). Bei anderen Verbindungen werden, um größtmögliche Genauigkeit zu erreichen, beide Teile unabhängig voneinander angerissen (siehe Zapfen-Schlitz-Verbindungen).

Die Wahl des Anreißwerkzeugs

Gleichgültig, ob Sie einen „Maßstab", ein Stahllineal oder andere Hilfsmittel verwenden, ausschlaggebend ist die Wahl des Anreißwerkzeugs. Ein guter Riß ist kräftig und genau, der Verschnitt ist eindeutig gekennzeichnet. Bisher verwenden Holzhandwerker Bleistift und Anreißmesser, jedoch kommt der Kugelschreiber immer mehr in Gebrauch. Ein Bleistift wird beim Ziehen der Linie stumpf, die dadurch immer breiter und weniger genau wird (falls der Stift nicht sehr hart ist, was aber auch die Sichtbarkeit des Risses beeinträchtigt). Das Anreißmesser liefert das genaueste Ergebnis, hinterläßt aber einen tatsächlichen Riß, der schwer zu beseitigen ist und vor allem dem Anfänger Korrekturen erschwert.

Die allerwichtigste Grundregel bei allem Messen und Anreißen lautet: Prüfen, prüfen und nochmals prüfen.

Grundausstattung
Bleistift, Kugelschreiber, Anreißmesser
Anschlagwinkel
Stahllineal
Meßband
Holzstäbe
Streichmaß
Kombiwinkel
Gehrungswinkel
Verstellwinkel
Zapfenmaß
Rundreißgerät
Zirkel
Zentrierwinkel
+
Siehe Seiten 8 und 9

Messen und Anreißen paralleler Risse

1 Parallele Risse können auf verschiedene Weise angerissen werden. Am einfachsten ist es, mit dem Meßband Markierungen auf beiden Enden des Holzteils anzubringen, was natürlich auch mit einem Lineal oder mit Meßstäben erledigt werden kann.

2 Mit dem Stahllineal werden dann die Marken verbunden. Drücken Sie das Lineal mit gespreizten Fingern fest auf das Holz, damit es nicht verrutscht, und ziehen Sie den Riß an der Kante des Lineals.

Messen von Längen

1 Wenn Bretter auf Länge zugeschnitten werden sollen (siehe Zuschneiden), ist es stets am günstigsten, von einer frisch geschnittenen Kante auszugehen. Dann wird mit dem Lineal etwa 6 mm von dieser Kante entfernt der erste Riß eingemessen. (Das ist der Mindestabstand, um ohne Zerstörung des Faserverbands sägen zu können. Tritt dieser Fall ein, ist die Säge nur noch schwer zu führen.)

2 Die 6-mm-Marke wird jetzt als Null gesetzt. Von hier aus werden die gewünschten Längen eingemessen. Das Lineal ist wiederum mit gespreizten Fingern fest aufzudrücken.

Risse im rechten Winkel

1 Für einen Riß im rechten Winkel zur Brettkante werden ein Anreißmesser und ein Anschlagwinkel verwendet. Das Anreißmesser ist genauer, obwohl ein Bleistift denselben Zweck erfüllt.

2 Wird ein Anschlagwinkel verwendet (genau 90°), muß der Griff mit allen Fingern einer Hand fest gegen die Holzkante gedrückt werden. Mit dem am Arm des Anschlagwinkels sicher geführten Anreißmesser kann dann der Riß gezogen werden.

3 Der Riß wird rings um das Holz geführt, indem der Anschlagwinkel an die Brettfläche oder Brettkante angedrückt wird.

Schraffieren/Duplizieren

Verschnitt wird üblicherweise mit dem Bleistift schraffiert. Sollen mehrere Stücke aus einem Brett ausgeschnitten werden, wird die Breite der Sägefuge durch einen Doppelriß berücksichtigt. Längen lassen sich leicht übertragen, z.B. mit einem Stück Sandpapier .

Anreißen einer Schwalbenschwanzreihe

1 Dem Bild ist zu entnehmen, auf welche Weise Schwalbenschwänze genau angerissen werden können; das Verfahren eignet sich für beliebige gleichmäßige Teilungen. Um Bruchzahlen zu vermeiden, wird das Meßband schräg über das Brett gelegt. Markieren Sie in den gewählten Intervallen, und reißen Sie mit dem an die Hirnkante angelegten Anschlagwinkel an.

2 Reißen Sie auf dem Brett den Basisriß entsprechend der Dicke des anderen Holzteils an. Mit Schwalbenschwanzschablone und Lineal werden die Schwalbenschwänze angerissen, nachdem zuvor Marken nach beiden Seiten im Abstand von 3 mm von den senkrechten Rissen angebracht worden sind. Verschnitt kennzeichnen.

3 Als Faustregel gilt eine Zugabe von 1 mm, um am Schluß verputzen zu können. Wenn die Grundlinie exakt die Dicke des Partnerteils markiert, muß dieses Teil unter Maß behobelt werden.

Die Verwendung anderer Winkel

1 Ein Gehrungswinkel kann wie der 90°-Anschlagwinkel verwendet werden, hat aber eine feste Schenkelstellung von 45°. Hier wurden beide Winkel benutzt, um das Werkstück abzuvieren (einen Riß rings um das Holzteil zu zeichnen).

2 Ein Kombiwinkel ist ein vielseitiges Werkzeug mit einem beweglichen Lineal. Er kann sowohl als 90°-Anschlagwinkel wie auch als Gehrungswinkel benutzt werden.

3 Die Länge des Lineals kann für die jeweilige Aufgabe eingestellt werden.

4 Hier wird der Kombiwinkel als eine Art Streichmaß für das Anreißen paralleler Risse verwendet.

Verwendung des Streichmaßes

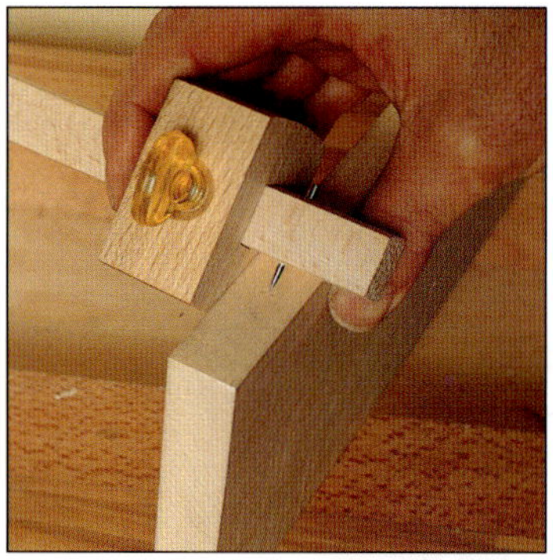

1 Für parallele Risse wird ein Streichmaß benutzt. Sein einstellbarer Stock wird im Körper mittels Schraube festgeklemmt. Ein angespitzter Sporn erzeugt den Riß. Mit einem Stahllineal wird das Streichmaß eingestellt. Beim Anreißen wird es möglichst fest gegen die Werkstückkante gepreßt.

2 Zum Anreißen mit dem Streichmaß wird das Holzteil im Schraubstock geklemmt oder an einem Bankhaken abgestützt.

3 Ein rasches Verfahren, das Streichmaß auf Holzmitte einzurichten, beginnt mit einer Schätzung der Einstellung. Dann wird von beiden Holzseiten aus ein kurzer Riß gezogen und der Sporn auf die Mitte zwischen den beiden Rissen eingestellt. Feines Nachstellen läßt sich durch leichtes Aufschlagen des geklemmten Streichmaßstocks auf die Bankplatte erreichen.

Das Doppelstreichmaß

Beim Doppelstreichmaß empfiehlt sich das Nachstellen durch leichtes Aufschlagen nicht. Das Doppelstreichmaß hat zwei verstellbare Messingspitzen, deren Abstand auf die Breite des Schlitzeisens (siehe Verbindungen) eingestellt wird. Dann wird der Stock auf die erforderliche Position am Holz eingestellt, wie beim Streichmaß beschrieben.

5 Ein Verstellwinkel kann auf jeden beliebigen Winkel eingestellt werden. Auch hier muß der Arm fest gegen die Holzkante gedrückt werden.

6 Mit dem Verstellwinkel können Außen- und Innenwinkel angerissen oder geprüft werden. Er wird mittels Schraube oder Flügelmutter geklemmt.

Anreißen von Kreisen und Kreisbögen

Kreise und Kreisbögen werden mit dem Zirkel angerissen, mit dem auch zuerst von den benachbarten Kanten des Holzteils aus der Mittelpunkt bestimmt wird.

Weitere Anreißarbeiten

1 Ein Rundreißgerät für große, aber auch kleine Kreise kann leicht selbst gebaut werden. Ein Ende erhält eine Bohrung zur Aufnahme eines Kugelschreibers. Im Abstand gleich dem gewünschten Radius wird ein Nagel als Mittelpunkt eingeschlagen.

2 Der Mittelpunkt eines kreisrund vorgearbeiteten Holzteils, wie z.B. eines gedrechselten Rohlings, kann mit einem Zentrierwinkel gefunden werden. Er wird zweimal im Abstand eines ungefähr rechten Winkels angelegt; die Kreuzung zweier Risse ist der gesuchte Mittelpunkt. Bei leicht unrundem Querschnitt muß der Zentrierwinkel mehrmals rund um den Umfang herum angelegt werden.

3 Maßverkörperungen sind für die Holzbearbeitung überaus wichtig. Im Bild wird ein Innenabstand mit einem Paar nebeneinander gelegter Holzstücke genau gemessen, die dann eine Markierung erhalten.

4 Das Anzeichnen ist nicht nur wichtig, wenn identische Holzteile immer wieder dieselbe Anordnung erhalten sollen, sondern auch, um ihre richtige Lage zueinander für den Zusammenbau und die Verleimung zu markieren (siehe Leimen).

GEHRUNGS-VERBINDUNGEN

Eine Gehrungsverbindung fügt zwei Teile, deren Enden jeweils unter 45° zugeschnitten worden sind, im rechten Winkel zusammen. Ein typisches Anwendungsbeispiel sind Bilderrahmen, die Verbindung kann aber auch für Korpusse verwendet werden.

Die Gehrungsverbindung besitzt keinerlei eigene Festigkeit, weil die Fügeflächen nicht ineinandergreifen, sondern einfach stumpf aneinanderstoßen. Deshalb wird die Verbindung üblicherweise verleimt oder verstärkt, beispielsweise durch versteckte Federn (siehe Lamellofederverbindung) oder Stifte, Dübel oder eingelegte Furnierstücke. Weil kein Hirnholz sichtbar ist, hat die Gehrungsverbindung gewisse Vorteile; sie sieht gut aus, sie gestattet das nachträgliche Einarbeiten von durchgängigen Nuten, in denen z.B. tafelförmige Teile aufgenommen werden können, und es können durchgehende Kantenprofile aufgeklebt werden.

Die Leimfläche einer Gehrungsverbindung ist weder Hirn- noch Langholz (siehe Verbindungen), verhält sich aber eher wie Hirnholz, indem sie den Leim aufsaugt, so daß keine allzu feste Verbindung entsteht.

Bei Gehrungsverbindungen großen Querschnitts neigt die Leimfuge nach einiger Zeit zum Aufspringen ungeachtet der Genauigkeit, mit der die Verbindung ursprünglich angefertigt wurde. Diese Eigenschaft ist auf Schwindungs- oder Dehnungsvorgänge zurückzuführen.

Grundausstattung

Gehrungswinkel oder Kombiwinkel
Anschlagwinkel
Stahllineal
Klebeband oder Schraubzwingen
Heißklebepistole

☞

Zapfen- oder Zinkensäge
Putzhobel

〰

Kreissäge

✚

Siehe Seiten 8 und 9

Gehrungen

Gehrungsverbindungen werden für Rahmen und Gehäuse verwendet und normalerweise verstärkt, damit sie nicht brechen.

Eine verbreitete Verstärkung der Gehrungsverbindung ist der Dübel. Eine präzise Ausrichtung ist hierbei ganz besonders wichtig.

Die Gehrung eignet sich ideal für über beide Teile durchlaufende Kanten oder Nuten.

Anfertigen einer Gehrungsverbindung von Hand

1 Das Holz auf Maß zuschneiden (siehe Zuschneiden). Mit dem Gehrungswinkel werden die 45°-Risse auf beiden Teilen gezogen.

Die senkrechten Linien sind mit dem Anschlagwinkel zu verlängern. Insbesondere bei dünnem Holz ist es nicht notwendig, rundum anzureißen.

2 Das Holz wird auf ein Anschlagbrett gelegt oder mit einer Schraubzwinge auf der Bankplatte so aufgespannt, daß das Ende übersteht. Dann kann mit der Feinsäge gesägt werden (siehe Sägen). Mit dem anderen Holzteil ist ebenso zu verfahren. Sägen Sie auf der Abfallseite des Risses, und achten Sie darauf, genau senkrecht zu sägen.

Prüfen Sie mit einem Anschlagwinkel, ob die Verbindung rechtwinklig ist, bei Bedarf ist mit dem Handhobel nachzuarbeiten. Arbeiten Sie nach dem Riß, denn er ist die einzige genaue Bezugslinie.

3 Ein Verfahren beim Verleimen der Gehrungsverbindung ist das Aufkleben von Klebeband quer zur Fuge: zuerst in der Mitte, weitere Streifen in Richtung der Ecken und schließlich nach vorsichtigem Drehen des Werkstücks auf der anderen Seite, um den Druck gleichmäßig zu verteilen. Klebeband ist zwar ein improvisiertes, aber eigentlich doch unterschätztes Hilfsmittel bei Holzarbeiten.

4 Alternativ können zwei 45°-Klötzer mit einer Heißklebepistole angeheftet werden. Sie dienen als zeitweilige Zulagen für die Zwinge und werden anschließend mit dem Stemmeisen abgeschlagen. Die Zwingenkraft muß unbedingt durch die Mitte der Leimfuge verlaufen, damit ein gleichmäßiger Druck erreicht wird.

Fertigen einer Rahmengehrung mit der Kreissäge

1 Die Kreissäge ist so einzurichten, daß das Blatt deutlich über das zu schneidende Holz herausragt. Die Gehrungsführung von Hand wird mittels eines sehr präzisen parallelen Holzstückes eingestellt, das zwischen den Sägeblattzähnen (siehe die Pfeile im Bild) und dem Gehrungswinkel angeordnet wird. Verlassen Sie sich nicht auf die Einstellmarken an der Maschine, es kann sehr leicht zu Irrtümern kommen.

2 Nach dem Zuschneiden des Holzes auf Maß wird der Blattschutz abgesenkt, das Holz so aufgelegt, daß eine vollständige Gehrungsfuge geschnitten werden kann, an die Gehrungsführung fest angedrückt und langsam geschnitten. Stets die Finger in ausreichendem Abstand zum Blatt halten! *(Im Bild wurde der Blattschutz der besseren Sichtbarkeit wegen entfernt.)*

3 Das Gegenstück wird in derselben Weise geschnitten. Die Kreissäge kann mit ihrer Parallelführung auch zum Aussägen des Schlitzes für eine lose Feder (siehe Breitenverbindungen) verwendet werden, mit der die Gehrungsverbindung verstärkt werden soll. Senken Sie das Blatt ab, und probieren Sie zuerst an einem Stück Abfallholz (siehe Sägen).

Fertigen einer furnierfederverstärkten Gehrungsverbindung

1 Ein Verfahren besonders für Holzrahmen kleinen Querschnitts: Zuerst die Gehrungsverbindung fertigstellen und verleimen. Ist der Leim erhärtet, die Verbindung im Schraubstock spannen und mit Gehrungswinkel und Bleistift einen diagonalen Riß zeichnen: die Grundlinie für die einzusetzende Furnierfeder. Dann mit dem Streichmaß zwei Linien anreißen, mit denen die Dicke gedrittelt wird.

2 An einem Stück Abfallholz wird mit einer Fein- oder Zinkensäge die Breite des auszusägenden Stücks ermittelt, die der Dicke des zuvor ausgewählten Furniers entspricht. Das Furnier muß stabil sein, z.B. Buche oder Esche. Ist die Schnittbreite bekannt, kann vorsichtig bis an die Grundlinie gesägt werden (siehe Sägen).

3 Das Furnierstück wird in die Sägefuge eingeschoben, anschließend ist rundum anzureißen und außerhalb mit Stahllineal und Anreißmesser mit leichtem Übermaß zurechtzuschneiden.

4 Die Furnierfeder wird auf beiden Seiten mit PVAC-Leim eingeleimt, in die Fuge gesteckt und soll dann mindestens 2 Stunden trocknen. Dann kann die Verbindung mit dem Putzhobel und/oder Schleifklotz geputzt werden.

ZAPFEN-SCHLITZ-VERBINDUNGEN

Die Zapfen-Schlitz-Verbindung – durch ihre Bestandteile Zapfen und Zapfenloch leicht zu identifizieren – ist wahrscheinlich die verbreiteteste Holzverbindung. Seit alters her für Türen und Rahmen verwendet, hat sie sich in der Geschichte der Holzbearbeitung fest etabliert.

Ursprünglich war die Zapfen-Schlitz-Verbindung eine „trokkene", also ungeleimte Verbindung, die häufig durch Pflöcke zusammengehalten wurde, bevor die Methode des Verleimens aufkam. Sie ist vorrangig mechanischer Natur, und selbst wenn der Leim versagt, wie oft in alten Stücken, bleibt die Verbindung intakt (siehe Verbindungen).

Grundausstattung

Anreißmesser, Bleistift oder Kugelschreiber
Stahllineal
Anschlagwinkel
Doppelstreichmaß
Feinsäge
Hammer und Abfallholzklotz
Streichmaß

Schlitzbeitel, 6 mm breit
Holzhammer
Stechbeitel, 12 mm breit
Putzhobel

Zapfenlochstemm- und -bohrmaschine
Vierkant-Hohlmeißel 12 mm
Auslegerkreissäge mit hartmetallbestücktem Blatt

Siehe Seiten 8 und 9

Die Familie der Zapfen-Schlitz-Verbindungen

Es handelt sich um eine ganze Familie von Verbindungen, die auf der Verbindung mit durchgestemmtem Zapfen aufbauen. Diese durchgehende Zapfen-Schlitz-Verbindung bietet maximale Festigkeit, weil der Zapfen bis zur vollen Tiefe in das Zapfenloch eingesteckt ist. Bei der stumpfen Zapfen-Schlitz-Verbindung reicht der Zapfen bis auf zwei Drittel der Holzdicke in das Gegenstück hinein. Auf diese beiden Formen soll hier im einzelnen eingegangen werden, obgleich es sehr viele Varianten gibt. Verbindungen mit langen oder kurzen Brüstungen nehmen Falze auf einer Seite auf; für Ecken von Rahmen mit großem Querschnitt werden abgesetzte Zapfen verwendet, um ein Werfen zu verhindern.

Zapfen ohne Brüstungen sind leichter zu fertigen, allerdings führt eine rundum laufende Brüstung zu besserem Halt und verbirgt außerdem den problematischsten Teil der Arbeit, nämlich die Einpassung des Zapfens in das Zapfenloch.

Zapfen-Schlitz-Verbindungen können mit Hand- oder Elektrowerkzeugen gefertigt werden, das gilt insbesondere für den Zapfen, der eigentlich ein doppeltgefalztes Holzende ist. Als L-Verbindung für Rahmenecken ist die abgesetzte Zapfen-Schlitz-Verbindung recht nützlich; in den Einzelheiten unterscheidet sie sich durchaus von der durchgehenden Zapfen-Schlitz-Verbindung für eine T-Verbindung.

Schneiden einer durchgehenden Zapfen-Schlitz-Verbindung

1 Das Holz wird auf Maß zugeschnitten (siehe Zuschneiden). Die Brüstung des Zapfens ist entsprechend der Holzdicke anzureißen. Für das Putzen wird 1 mm Übermaß gewählt. Dann sind zwei Linien am Schlitzteil mit der Zapfenbreite minus 1 mm (wiederum für das Nachputzen) anzureißen. Die beiden Hölzer werden mit einem „A" markiert.

2 Weil der Zapfen durch das ganze Gegenstück hindurchreicht, muß auch an der anderen Schmalfläche angerissen werden. Deshalb werden die beiden Risse mit dem Anschlagwinkel überwinkelt. Dabei wird der Winkel auf der Abfallseite der Risse angelegt.

Zwei Zapfen-Schlitz-Verbindungen

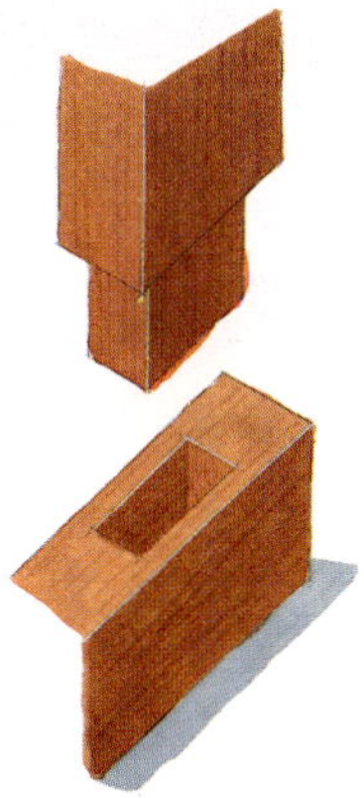

Die grundlegende Zapfen-Schlitz-Verbindung ist eine einfache Verbindung, bei der ein rechtwinkliger Zapfen stramm in einem Zapfenloch (oder Schlitz) sitzt. Diese Verbindung wird von den Möbeltischlern seit Jahrhunderten angewandt.

Die abgesetzte Zapfen-Schlitz-Verbindung ist eine Variante, bei der durch einen besonders gestalteten Holzabschnitt zusätzliche Festigkeit an den Ecken von Rahmen erreicht wird.

3 Mit dem Doppelstreichmaß wird die Breite des Zapfens und die Länge des Zapfenlochs angerissen; normalerweise wird für den Zapfen ein Drittel der Dicke des Holzes gewählt. Das Holzstück im Bild ist 18 mm dick, und es soll ein 6 mm breiter Schlitzbeitel benutzt werden. Schlitzbeitel werden in Breiten von 6, 9 und 12 mm angeboten. Die Sporne des Streichmaßes werden ein wenig breiter als die Beitelbreite eingestellt.

4 Nun wird der Stock des Streichmaßes so eingestellt, daß die beiden Risse mittig liegen, dann wird an beiden Schmalflächen angerissen.

5 Das Schlitzstück wird in den Schraubstock gespannt und mit dem unverändert gelassenen Streichmaß das Zapfenloch angerissen. Damit ist das Anreißen beendet.

6 Das Schlitzstück fest auf der Bankplatte parallel zu einer Kante aufspannen, indem es mit einer Schraubzwinge gegen ein im Schraubstock festgeklemmtes Stück Abfallholz gepreßt wird. Stellen Sie sich in einer Linie mit dem Zapfenloch auf, und stemmen Sie mit Beitel und Holzhammer etwa 3 mm dicke Späne ab, von der Mitte aus in beide Richtungen. Mit einem Anschlagwinkel die senkrechte Ausrichtung des Beitels prüfen.

7 Um die Späne aushebeln zu können, wird ein Holzrest im Zapfenloch gebraucht. Stemmen Sie deshalb nicht bis an den Riß heran. Die Stemmtiefe beträgt bei jedem Hammerschlag etwa 6 mm, je nach Härte des Holzes. Die Späne werden vorsichtig herausgehebelt. In Stufen wird immer tiefer gestemmt.

8 Im Bild ist zu erkennen, wie der Beitel beim Späneaushebeln um den Holzrest schwenkt. Wenn die Mitte des Holzteils erreicht ist, wird es gewendet und das ganze Verfahren von der anderen Seite aus wiederholt.

9 Wenn Sie das Holz erneut aufspannen, achten Sie darauf, daß auf der Bankplatte keine Späne liegen. Sie könnten sich in die fertigen Flächen eindrücken.

10 Stellen Sie sich vor die Hobelbank, stemmen Sie vorsichtig an den Enden des Zapfenlochs senkrecht nach unten. Der aufgestellte Anschlagwinkel hilft bei der Ausrichtung des Beitels. Die Lochenden müssen plan und rechtwinklig sein. Weil das Doppelstreichmaß ein wenig breiter als die Beitelbreite eingestellt war, kann mit einem breiteren Beitel nachgeputzt werden.

11 Um den Zapfen zu schneiden, markieren Sie den Verschnitt, spannen das Zapfenstück im Schraubstock senkrecht ein und sägen mit der Feinsäge die Wangen ab. Sägen Sie auf der Abfallseite der Risse; die Risse bleiben stehen (siehe Verbindungen).

Sie können auch das Holzteil angewinkelt einspannen und über Eck sägen. Dann sind zwei Risse sichtbar, was eine sicherere Führung der Säge ermöglicht.

12 Das Holzteil ist nun im Schraubstock oder gegen Bankhaken einzuspannen, und die Wangen des Zapfens sind quer zur Faser exakt auf dem Riß abzusägen. Genauigkeit ist erforderlich, denn diese Schnitte sind an der fertigen Verbindung sichtbar.

13 Die verbliebenen Risse werden mit einem sehr zart zugestellten Hobel entfernt. Deshalb sollte die Schlitzlänge 1 mm kleiner als die Zapfenbreite angerissen worden. Eine leichte Fase am Zapfenende erleichtert das Fügen.

14 Mit dem Hammer und einem Stück Abfallholz wird die Verbindung vorsichtig zusammengeschlagen. Wenn sie zu stramm sitzt, muß sie wieder auseinandergeschlagen und an den erkennbaren Druckstellen mit dem Beitel nachgeputzt werden. Sie sollten allerdings stets darum bemüht sein, daß eine Verbindung paßt, wie sie gesägt worden ist. Abschließend ist die Verbindung bündig zu hobeln.

Stumpfe Zapfen-Schlitz-Verbindung mit der Maschine fertigen

1 Nach dem Zuschneiden des Holzes ist die Schlitzlage auf dem Holzstück anzureißen. Dazu wird ein Meißel gewählt, der einem Drittel der Holzdicke entspricht. Die Schlitztiefe wird markiert – der Zapfen sollte etwa zwei Drittel der Holzbreite ins Holz reichen. Dann ist die Verbindung zu markieren.

2 Die Zapfenlage wird mit dem Stahllineal angerissen.

Sägen des Zapfens mit der Auslegerkreissäge

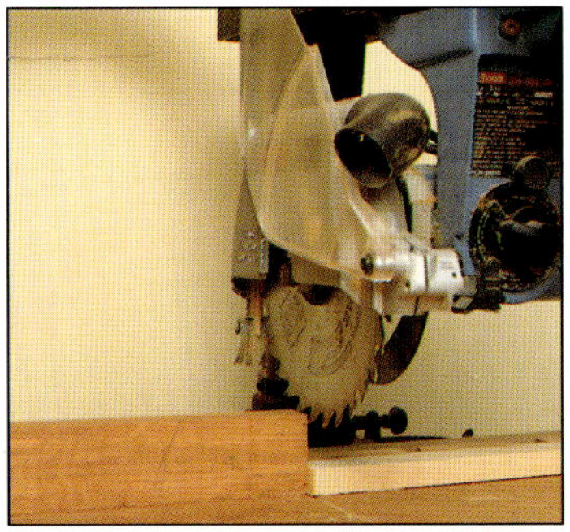

1 Der Zapfen kann mit einer Reihe von Elektrowerkzeugen gesägt werden. Hier wird die Auslegerkreissäge benutzt, mit der sich die Aufgabe leicht erledigen läßt. Die Blatthöhe wird auf die Risse eingestellt. *(Die Schutzeinrichtungen sind der besseren Sichtbarkeit wegen entfernt worden.)*

2 Als Anschlag für die Zapfenlänge wird die Leiste auf dem Sägetisch aufgespannt. Dann wird mit einer Reihe von Sägeschnitten der Verschnitt entfernt. Dabei muß das Holz fest gegen die Führungsleiste gedrückt werden. Anschließend wird das Holzstück umgedreht und die andere Seite bearbeitet.

3 Stellen Sie das Streichmaß ein, und reißen Sie von den Marken aus an. Das Streichmaß wird durch leichtes Aufklopfen des Stocks auf die Bankplatte (siehe Messen und Anreißen) und Anreißen von beiden Seiten aus eingestellt.

4 In die Zapfenlochmaschine wird der passende Meißel eingespannt und der Tiefenanschlag mit Hilfe der Risse auf dem Holzteil eingestellt. Die Anlageleiste ist so einzustellen, daß das Werkzeug genau auf die Risse ausgerichtet ist. Die Spannklaue wird so geklemmt, daß das Holzstück leicht bewegt werden kann.

5 Mit zahlreichen feinen Schnitten wird der Schlitz ausgestemmt. Dazu wird das Werkzeug mit dem Vorschubhebel nach unten und das Holzstück fest gegen den Anschlag gedrückt. Stemmen Sie in einem Arbeitsgang bis auf die volle Tiefe.

6 Dann wird das Holzstück so weit verschoben, daß der folgende Schnitt den vorhergehenden überlappt. Meist ist es notwendig, das Werkzeug zum Ausspänen vollständig aus dem Schlitz herauszuziehen.

3 Säge absenken, die Wangen abarbeiten. Mit der Leiste als Anschlag das Sägeblatt über das Holzstück führen, bis die Brüstungslinie erreicht ist. Vorsichtig arbeiten; die Brüstung muß auf einer Linie rund um das Stück verlaufen. Zapfenende leicht anfasen.

Zusammenfügen der Verbindungen

1 Die fertige Zapfen-Schlitz-Verbindung sollte eine dicht schließende Brüstung haben und rechtwinklig sein, wenn sie auf die Bankplatte aufgesetzt wird.

2 Die Verbindung wird mit dem Hammer und einem Stück Abfallholz zusammengeschlagen und mit dem Handhobel verputzt.

Kaum eine Holzarbeit kommt ohne Hobeln aus, ob nun eine ebene Fläche geschaffen, eine Verbindung geputzt oder ein Holzteil auf das gewünschte Maß gebracht werden muß. Wahrscheinlich erlernt derjenige, der sich in die Holzbearbeitungstechnik einarbeitet, das Hobeln ebenso früh wie das Sägen.

Der meisterliche Umgang mit dem uralten Werkzeug Hobel ist zutiefst befriedigend, nicht zuletzt wegen des Geräuschs und des Duftes der Hobelspäne, die aus dem Hobel hervorquellen.

Hochgenau gehobelte Flächen können mit der Dickenhobelmaschine in einem Bruchteil der Zeit erreicht werden. Das Beherrschen der Grundlagen des Hobelns von Hand verschafft Ihnen jedoch eine größere Vielseitigkeit und ein besseres Verständnis für den Charakter des Werkstoffs Holz.

Grundausstattung

Bleistift oder Kugelschreiber
Türspanner

Schlichthobel
Putzhobel

Abricht-Dickenhobelmaschine

Siehe Seiten 8 und 9

Hobel: Formen und Größen

Trotz seiner sehr einfachen Arbeitsweise muß der Handhobel tadellos in Ordnung sein, damit er richtig arbeitet. Es gibt mehrere Formen und Größen von Hobeln. Die Bedeutung der Größe (Länge und Gewicht) wird vielleicht am besten klar, wenn man sich vorstellt, wie sich ein Öltanker und im Vergleich dazu ein kleiner Schlepper bei schwerer See verhalten. Ein längerer Hobel durchschneidet – auch dank seines Gewichts – gleichmäßig die Unebenheiten eines Brettes mit welliger Oberfläche, während ein kurzer Hobel in die Wellentäler eintaucht und von den Unebenheiten der Holzoberfläche in schwer kontrollierbare Bewegungen versetzt wird.

Für den Anfänger ist ein Hobel am günstigsten, der so schwer ist, daß er nicht rattert (tritt auf, wenn das Messer infolge eines zu leichten Hobels die Holzfasern nicht voll erfaßt), andererseits aber auch nicht so lang und schwer ist, daß er sich nur mit Mühe handhaben läßt. Ein Putzhobel oder ein kleiner Schlichthobel sind deshalb für den Anfänger ideal. Es sind eine Unzahl von Hobeln auf dem Markt – von Plunder bis zu Meisterwerken; es zahlt sich aber auf jeden Fall auch für den Anfänger aus, ein Qualitätsprodukt zu kaufen.

Wirkungsweise und Aufbau eines Hobels

Das Hobelmesser ist im Prinzip ein breiter Stechbeitel, der in einer präzise eingerichteten Vorrichtung gehalten wird (dem Hobelkörper). Der Winkel des Messers im Hobelkörper ist fest eingestellt (auf 45°). Mit dem Einstellrad kann der Betrag eingestellt werden, um den das Messer durch das Hobelmaul hindurchragt. Der Seiteneinstellhebel gestattet es, das Messer parallel zur Sohle einzustellen, damit nicht durch die Ecken des Messers Kerben ins Holz gehobelt werden. Das Messer ist normalerweise mit einem Winkel von 25° angeschliffen, die Schneidkante selbst mit 35° (siehe Werkzeugpflege).

Auf das Messer ist eine Klappe aufgesetzt, deren leicht hakenförmige Kante 2 bis 3 mm Abstand zur Messerschneide hat. Dadurch wird nicht nur die Schneide verstärkt, sondern auch für den Bruch des Spans gesorgt. Bei jedem Schärfen des Messers muß die Klappe mit herausgenommen werden, und es ist sehr wichtig, sie wieder richtig einzusetzen.

Voraussetzung für erfolgreiches Hobeln ist ein gut zugerichteter Hobel mit rasiermesserscharfem Messer. Es ist lohnenswert, sich mit den Bestandteilen des Hobels vertraut zu machen und ihre Funktion zu kennen. Scheuen Sie sich nicht, einen Hobel auseinanderzunehmen und seine Teile in Augenschein zu nehmen.

Eine goldene Regel

Für das Hobeln (wie für alle Arbeiten mit scharfen Werkzeugen) gilt eine goldene Regel: Je feiner der Schnitt, desto weniger Widerstand leistet das Material und desto besser ist das Werkzeug zu beherrschen. Die Handhabung eines Handhobels ist sehr einfach. Er wird mit beiden Händen gehalten; eine Hand liefert die Kraft für die Bewegung, die andere den Druck auf das Holz, damit das Messer greift.

Arbeiten mit einem Schlicht- oder Putzhobel

1 Nachdem Sie das Messer geschärft und sorgfältig eingestellt haben (siehe Werkzeugpflege), üben Sie an einem Stück Abfallholz, das Sie in den Schraubstock gespannt haben.

2 Stellen Sie sich in Richtung des Holzstücks auf, und lehnen Sie sich ein wenig in Arbeitsrichtung vor, so etwa wie ein Boxer, der der Standsicherheit wegen einen Fuß nach vorn stellt.

3 Reißen Sie quer über das Holz 3 Linien als Anzeiger des Arbeitsfortschritts an. Schreiben Sie die Zahlen 1 bis 7 in etwa gleichen Abständen quer übers Brett. Die Aufgabe besteht darin, in einem Gang oder „Strich" alle drei Linien in der Position 1 abzuhobeln und so bis zur 7 fortzuschreiten. Die Linien zeigen, ob Sie vom Beginn des Schnitts bis zum Ende einen gleichmäßigen Druck ausüben. Richten Sie die Mitte des Hobels auf die jeweilige Zahl aus.

4 Am Anfang des Hobelstrichs drücken Sie stärker auf das Hobelhorn, um das Messer mit den Holzfasern in Kontakt zu bringen. Der Hobel liegt voll auf dem Holz auf, und der Druck beider Hände wird gleichmäßig verteilt, damit das Messer jederzeit greift.

Am Ende des Hobelstrichs wird stärker auf den Handgriff gedrückt, weil sich der vordere Teil des Hobels nicht mehr in Kontakt mit dem Werkstück befindet.

5 Um einen kontrollierten Schnitt zu erreichen, muß der Hobel immer wieder neu angesetzt werden. Wenn der Span zu dick ist, ist der Hobel schwer zu führen. Sie werden außerdem bemerken, daß das Holz mitunter gedreht werden muß, damit der Schnitt zügig bleibt, weil die Maserung selten exakt parallel zur Holzoberfläche verläuft.

Mit dem Anschlagwinkel wird die Ebenheit des Holzes in regelmäßigen Intervallen geprüft.

6 Beim Hobeln gerät man leicht in Versuchung, den Hobel schräg zu führen. In der Tat erleichtert das den Beginn des Schnitts, führt aber oft dazu, daß das Brett außer Winkel gehobelt wird, weil die Sohle des Hobels auf einer viel kleineren Fläche aufliegt. Die Genauigkeit geht immer dann verloren, wenn die Auflage über eine größere Strecke vermindert ist.

Hobeln breiter Bretter

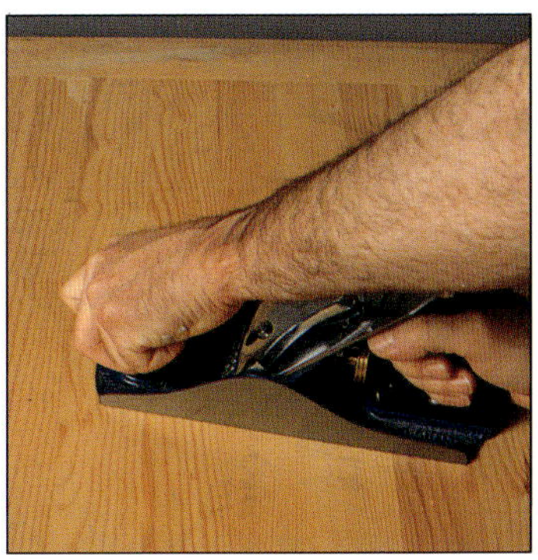

Breite Bretter können schräg oder sogar quer zur Faser gehobelt werden, um rasch viel Holz abzuheben. Der Faserverband ist in Querrichtung schwach und läßt sich leicht aufbrechen. Eine glatte Fläche wird am Ende durch Hobeln in Faserrichtung erreicht.

Eine Kante rechtwinklig hobeln

Das Hobeln von Kanten ist etwas schwieriger. Eine Schmalfläche plan zu hobeln, geht noch an, um jedoch einen rechten Winkel zu erreichen, ist Übung erforderlich.

Wenn Sie feststellen, daß Sie von der einen Seite mehr abhobeln als von der anderen, mitten Sie den Hobel mit dem Daumen auf die Holzmitte ein. Die Rechtwinkligkeit wird mit dem Anschlagwinkel geprüft (siehe Zuschneiden).

Anhobeln einer Schrägung

1 Vor dem Hobeln wird die Schrägung angerissen. Das läßt sich recht gut mit dem Daumen und den Fingern als Führung für den Bleistift erledigen (siehe Messen und Anreißen).

2 Mit entsprechend winklig gehaltenem Hobel leichte Hobelstriche führen. Idealerweise wird das Holz um den gewünschten Winkel geschwenkt, so daß der Hobel waagerecht gehalten werden kann. Dann hilft die Schwerkraft, den Hobel auf das Holz zu drücken. Bei schräg zu führendem Hobel besteht die Gefahr, daß er abrutscht, was allerdings bei etwas Übung leicht zu vermeiden ist.

Hobeln mit der Abricht-Dickenhobelmaschine

Mit der kombinierten Abricht- und Dickenhobelmaschine können die Seitenfläche und die Schmalflächen eines Brettes von oben aus bearbeitet werden, wobei sie vom Bediener der Maschine von Hand bewegt werden. Die andere Seite, aber auch eine Schmalfläche werden unterhalb des Tisches parallel und plan gehobelt. Dort ist die Maschine mit einer automatischen Zuführung ausgestattet. Es ist günstig, ein Holzteil nach dem Hobeln beider Seiten nochmals durch die Maschine zu schicken, um etwa entstandene Welligkeit durch den automatischen Vorschub zu beseitigen. Hier zeigt sich wieder einmal, um wieviel das Arbeiten mit der Maschine die Handarbeit zu übertreffen vermag.

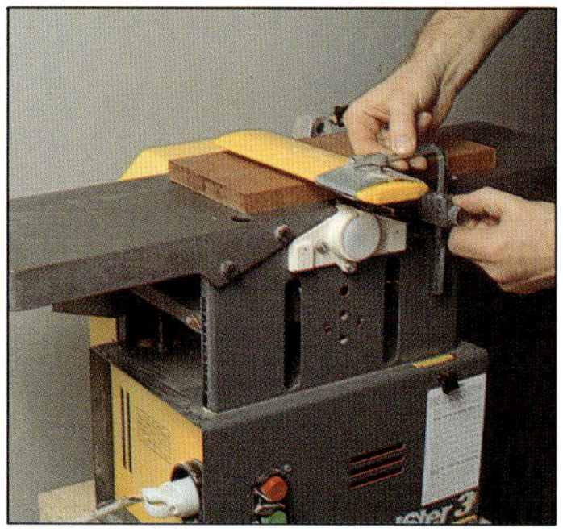

1 Stellen Sie sich vor oder neben der Maschine auf, so daß Sie den An-/Ausschalter leicht erreichen können, und stellen Sie die Tischhöhe auf einen feinen Schnitt ein. Richten Sie die Messerwellenabdeckung so ein, daß das Holz hindurchgleiten kann. Das ist eine sehr wichtige Sicherheitsmaßnahme, denn die Finger dürfen auf keinen Fall an die mit hoher Drehzahl rotierende Messerwelle geraten.

Hobeln von Hirnholz mit einem Putzhobel

1 Hirnholz splittert, wenn die Fasern am Ende des Hobelstrichs nicht gestützt werden. Am einfachsten ist Absplittern zu vermeiden, wenn eine Fase angehobelt oder gestemmt wird. Eine solche Fase ist im Bild direkt unter dem Horn zu sehen. Die Fasern am Ende werden vom Hobelmesser nicht erfaßt, stützen aber die weiter innen stehenden Fasern wirksam ab.

2 Bei breiten Brettern kann die Hirnfläche von beiden Seiten aus behobelt werden. In der Mitte muß der Hobel abgehoben werden, um das Splittern der Fasern am anderen Ende zu vermeiden. Bei diesem Verfahren werden die Fasern gegen den Holzkörper und nicht von ihm weg gedrückt. Dadurch werden sie zusammengepreßt und splittern nicht.

3 Für kurze Hirnflächen wird ein leicht konischer Klotz in den Schraubstock oder Türspanner zur Unterstützung mit eingespannt. Die Flächen von Klotz und Werkstück müssen bündig sein. Wenn der Klotz zu hoch liegt, beschädigt er das Hobelmesser; liegt er zu niedrig, stützt er die Seitenfasern nicht, die dann absplittern.

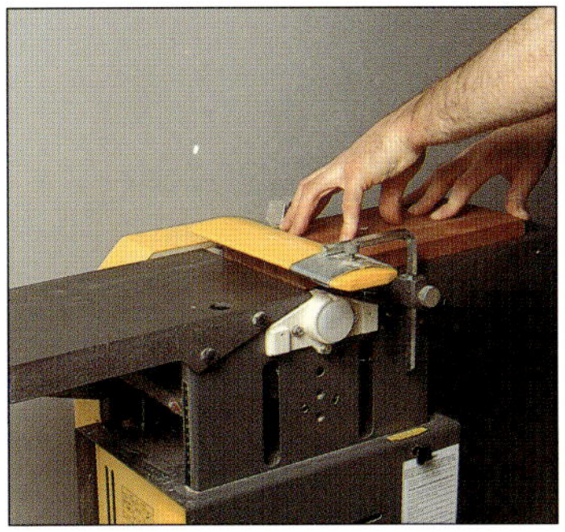

2 Die Maschine wird eingeschaltet und das Holzstück über die Messerwelle geschoben. Dabei ist an beiden Enden mit den Händen auf den Tisch zu drücken. Die Finger befinden sich stets oben auf der Holzfläche mit Ausnahme des Arbeitsendes, wo das Werkstück umfaßt werden muß, um es vollständig hindurchzuziehen.

3 Wenn das Werkstück über die Messerwelle gleitet, muß es ununterbrochen fest nach unten gedrückt werden. Lassen Sie die Finger über die Abdeckung „wandern", damit die Bewegung gleichmäßig verläuft. Manche Holzhandwerker drücken lieber mit den Handflächen, um größtmögliche Reibung zu haben. Wichtig ist allein die Sicherheit, halten Sie die Finger von der Messerwelle fern.

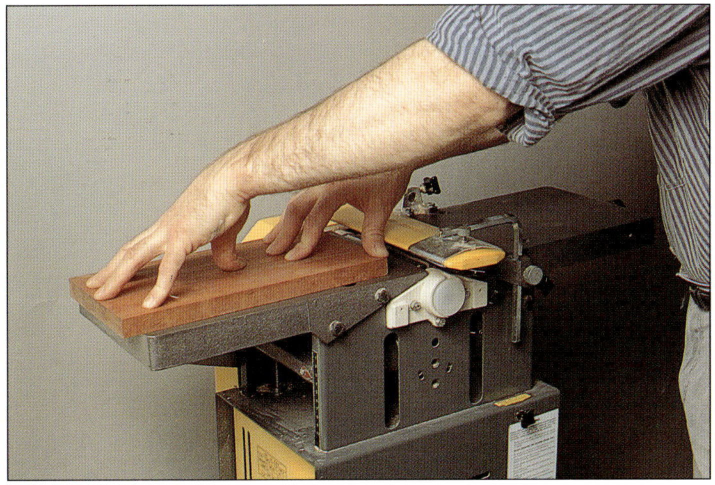

4 Das Brett ist nun bis zum Ende des Hobeltischs bewegt worden. Weil Sie neben der Maschine stehen, können Sie das Holz ebensogut zu- wie abführen, besonders bei großen Maschinen. Bei einer kleinen Maschine, wie sie die meisten Heimwerker haben werden (hier im Bild zu sehen), ist das nicht nötig. Für kleinere Bretter ist ein Schubholz erforderlich (siehe Vorrichtungen und ihr Bau).

Schmalflächenhobeln mit der Abricht-Dickenhobelmaschine

1 Führung genau senkrecht aufspannen. Die Messerwellenabdekkung wird so eingestellt, daß sie bis an das zu hobelnde Brett reicht. Beim Hobeln wird das Holzstück an die Führung gedrückt. Achten Sie auf den ungeschützten Abschnitt der Messerwelle. Heben Sie nur leichte Späne ab. Prüfen Sie mit dem Anschlagwinkel auf Rechtwinkligkeit und richten Sie gegebenenfalls die Führung nach.

2 Zum Hobeln einer abgewinkelten Schmalfläche wird die Führung mit Hilfe eines Verstellwinkels um den gewünschten Winkel schräg angestellt (siehe Messen und Anreißen). Gehen Sie vor, wie in 1 beschrieben. Dabei muß das Werkstück stets fest an die Maschinenflächen gedrückt werden.

Mit der Dickenhobelmaschine Flächen genau parallel hobeln

1 Die Dicke des Holzes wird gemessen und der Dickentisch auf die entsprechende Schnittiefe eingestellt (niemals mehr als 1,5 mm). Holz einführen; die Einzugswalzen ergreifen es und führen es unter der Messerwelle hindurch. Bei Tischen aus Aluminiumguß ist die Reibung zwischen Metall und Holz höher, so daß etwas Talkum oder ein ähnliches Schmiermittel aufgestreut werden sollte.

2 Schrittweise wird auf das gewünschte Maß gehobelt, indem das Handrad je Durchgang ein paar Grad zugestellt wird. Sie wissen bald, um wieviel Grad Sie das Rad jedesmal weiterdrehen müssen. Für den letzten Durchgang wird das Rad nur ganz wenig zugestellt.

Arbeiten mit einer Vorrichtung

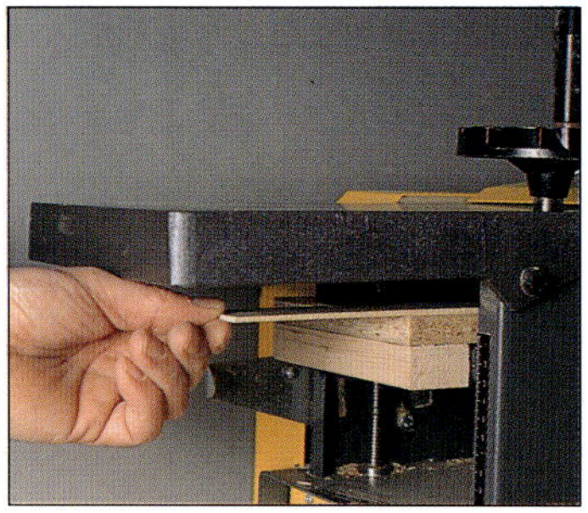

Auf eine Faserplatte oder eine melaminbeschichtete Platte kann leicht eine Leiste als Anschlag aufgeschraubt werden. Auf der damit entstandenen Tischauflage können Sie auch dünne Brettchen durch die Maschine schicken. Theoretisch kann bis auf die Tischauflage hinunter gehobelt werden, also nicht zu viel zustellen. Selbst mit exakt ausgewuchteter Messerwelle und scharfen Messern empfiehlt es sich nicht, Holz mit weniger als 3 mm Dicke zu bearbeiten. Bei ungleichmäßiger Maserung können die Fasern reißen, wenn die Messer gegen die Faserrichtung einhaken.

Abgeschrägte und keglige Teile mit der Dickenhobelmaschine bearbeiten

1 Die Tischauflage kann für das Hobeln von Dreikantleisten vorgerichtet werden, indem in Längsrichtung passende Stützleisten befestigt werden. Das Holzteil wird entweder zuvor zurechtgesägt, oder es wird in einer Anzahl von Durchläufen nach und nach auf die gewünschte Form herabgehobelt. Das Prinzip besteht darin, daß die Messerwelle immer nur parallel zum Hobeltisch schneiden kann und das Holz deshalb die daraus resultierende Form annehmen muß.

2 An der Abführungsseite der Dickenhobelmaschine wird das Holz herausgehoben. Achten Sie darauf, daß Sie das Holzstück dabei nicht nach unten drücken, weil das Holzende sonst beim Durchlauf durch das letzte Vorschubwalzenpaar in die Messerwalze zurückgezogen werden könnte. Es wird dann mehr als gewünscht abgehobelt. An dieser Stelle sollte einmal darauf hingewiesen werden, daß auch beim Einsatz von Elektrowerkzeugen ein gewisses Geschick vonnöten ist.

Arbeiten mit einem elektrischen Handhobel

Der elektrische Handhobel oder Elektrohobel ist eine vielseitige Maschine, mit der rasch eine Menge Holz abgehoben, aber auch eine fertige Oberfläche erzeugt werden kann. Er ist insbesondere auch für besonders lange und schwere Bretter und Platten verwendbar, die schwerlich durch eine Abricht- und Dickenhobelmaschine geschickt werden könnten. Er wird auf dem festliegenden Werkstück von Hand bewegt. Halten Sie den Elektrohobel gut fest, denn wenn die Messerwelle eingeschaltet wird und in die Holzoberfläche eingreift, reißt sie den Hobel recht heftig nach vorn.

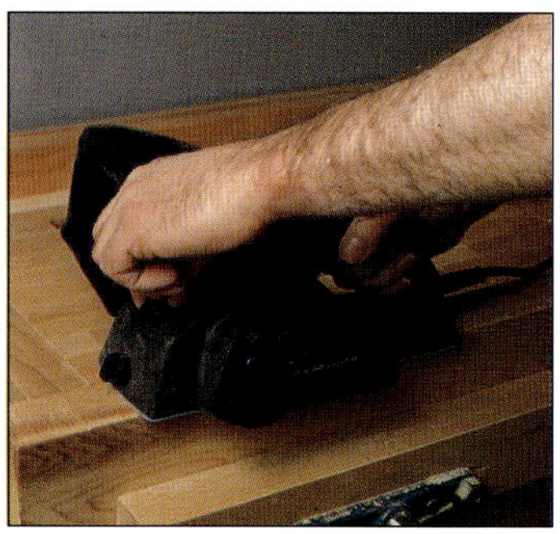

1 Am besten wird der Elektrohobel mit beiden Händen gehalten und in kreuzenden Bewegungen über die Holzfläche geführt, um Ebenheit zu erreichen. Die Schnittiefe wird an einem Drehknopf eingestellt, mit dem das Vorderteil der Sohle angehoben oder abgesenkt wird.

2 Der Elektrohobel ist besonders nützlich für das Abheben eines Spans quer zur Faser. In dieser Richtung ist der Faserverband schwach und reißt leicht auf. Die letzte Glätte geben Sie dem Holzteil durch einen Hobelstrich in Faserrichtung.

3 Der Elektrohobel kann auch umgedreht und auf einem speziellen, für wenig Geld erhältlichen Tisch befestigt werden, so daß eine Mini-Abrichte entsteht. Wenn eine Führungsleiste angebracht ist, läßt sich Holz damit leicht zurichten.

FRÄSEN

Die elektrische Oberfräse ist als zeitgemäßes Holzbearbeitungsgerät kaum zu übertreffen. Sie ist sicherlich das am kreativsten einsetzbare Werkzeug in Ihrer Werkstatt.

Die Oberfräse ist eigentlich nichts anderes als ein Elektromotor mit einem rotierenden Schneidwerkzeug am Motorwellenende. Die Grundfunktion besteht darin, eine Bohrung in eine Nut umzuwandeln, indem der Fräser in das Holz „eingetaucht“ und die Maschine anschließend, ähnlich wie ein Streichmaß, an der Führungsleiste entlang über das Holz gezogen wird. Werden nun in den Werkzeugbestand auch profilierte Fräser in verschiedenen Variationen und Größen eingereiht und wird der einfache Parallelanschlag durch spezielle Führungseinrichtungen ergänzt, dann vermag die Oberfräse weit mehr, als lediglich Nuten und Falze zu fräsen.

Sie kann Kanten profilieren, das Holz in jeder beliebigen Form trennen, Verbindungen schneiden, Holz auf Ebenheit bearbeiten, Gewinde schneiden und vieles mehr.

Maschinengrößen

Es gibt im wesentlichen drei Maschinengrößen, die durch den Futterdurchmesser (den Durchmesser des Fräserschafts) und die Maschinenleistung bestimmt werden: kleine Oberfräsen mit einem Futterdurchmesser von 6 mm und einer Leistung zwischen 400 und 750 W, Maschinen mit 9 mm Futterdurchmesser und 750 bis 1300 W Leistung und Maschinen mit 12-mm-Futter und bis 2000 W Leistung.

Fräsergrößen

Fräser sind mit Schaftdurchmessern von 6, 9 und 12 mm erhältlich. Zwischenbuchsen ermöglichen die Aufnahme von Fräsern mit kleinerem Schaftdurchmesser in größeren Futtern.

Für die größeren Schaftdurchmesser ist das Angebot an Fräsern breiter. Es wäre aber irrig, die schöpferische Vielfalt beim Fräsen allein aus der Vielfalt der vorhandenen Fräser ableiten zu wollen; bereits mit einigen wenigen Grundprofilen lassen sich zahlreiche Fräsarbeiten ausführen.

Fräser bestehen entweder aus Schnellarbeitsstahl (kurz: Schnellstahl) oder sind hartmetallbestückt. Die letzteren sind teurer, haben jedoch wesentlich längere Standzeiten.

Grundausstattung

Kleine, mittlere oder große Oberfräse mit zugehörigen Futterbuchsen
Parallelanschlag
Rollenführung
Führungsbuchse(n)
Leisten und Schraubzwingen
Faserplatte für Schablonen
Doppelseitiges Klebeband
Eine Auswahl Fräser (gerade, gerundete, gekehlte Fräser, Fräser für V-Nuten, Schwalbenschwanzfräser)
Frästisch
Bohrständer, Spannhalsdurchmesser 43 mm

✚

Siehe Seiten 8 und 9

Vorrichtungen

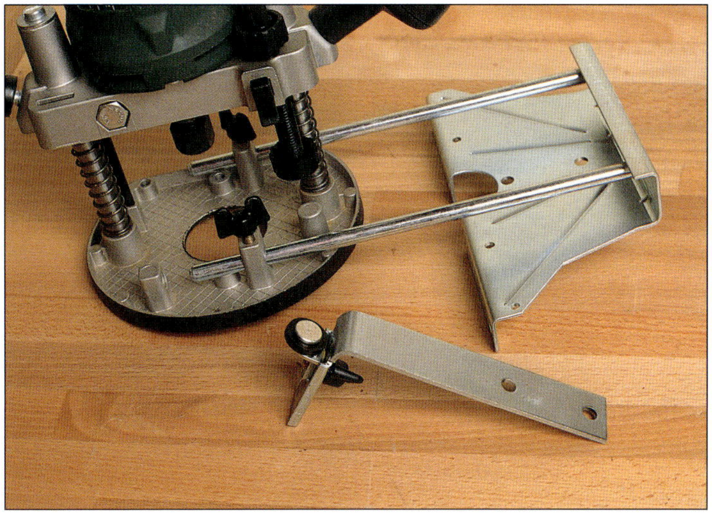

Die Grundvorrichtung ist ein einstellbarer Parallelanschlag, der an der Oberfräse befestigt ist. Er wird für gerade Nuten und Falze parallel zur Schmalseite des Holzes verwendet. Er kann auch zum Schneiden von Zapfen-Schlitz-Verbindungen benutzt werden. Weitere Vorrichtungen sind die Rollenführung, mit der Schnitte parallel zu einer ein- oder auswärts gekrümmten Kante geführt werden können, und verschiedene Führungsbuchsen zum Gebrauch mit Formschablonen.

Frästypen und Führungsbuchsenanwendung

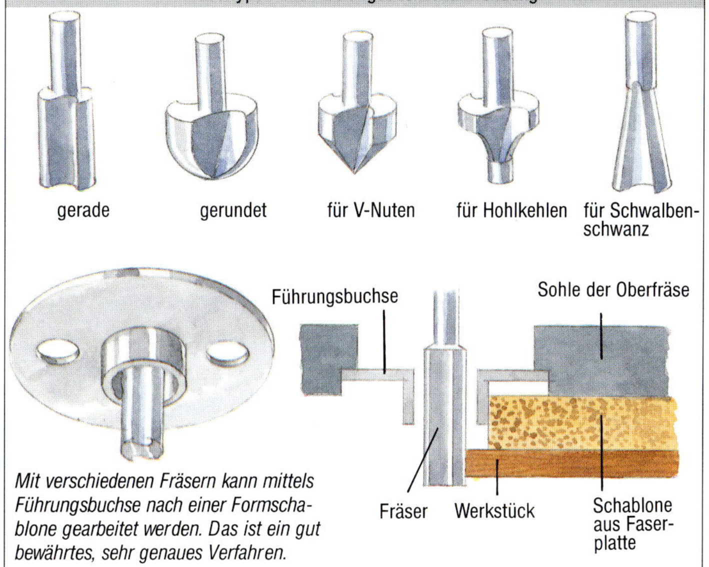

Mit verschiedenen Fräsern kann mittels Führungsbuchse nach einer Formschablone gearbeitet werden. Das ist ein gut bewährtes, sehr genaues Verfahren.

Einstellen

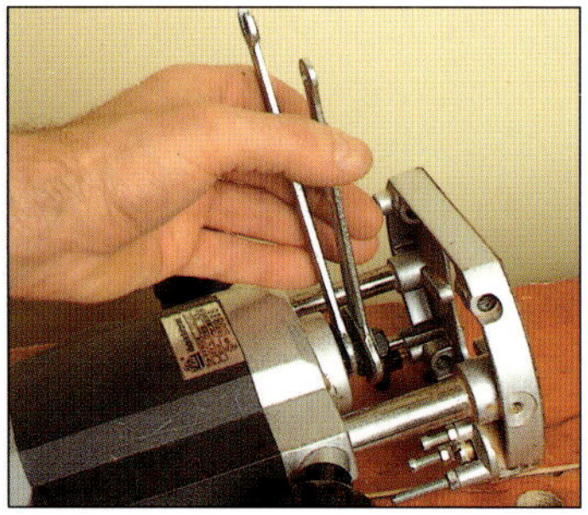

1 Fräser sind empfindlich und teuer. Meist ist ein neu erworbener Fräser in eine geölte Plastikhülle eingeschrumpft, die zuerst entfernt werden muß. Normalerweise werden zwei Maulschlüssel benötigt, um den Fräser im Futter festzuspannen. Heute haben die Oberfräsen jedoch zunehmend eine feststellbare Spindel, und es ist nur noch ein Schlüssel erforderlich.

2 Schließen Sie beim Spannen und Lösen des Futters mit zwei Maulschlüsseln die Hand um die beiden Schlüssel, und drücken Sie fest zu. Wenn Sie die Schlüssel einzeln halten, können Sie leicht abrutschen und sich die Knöchel verletzen.

Die ersten Schritte des Freihandfräsens

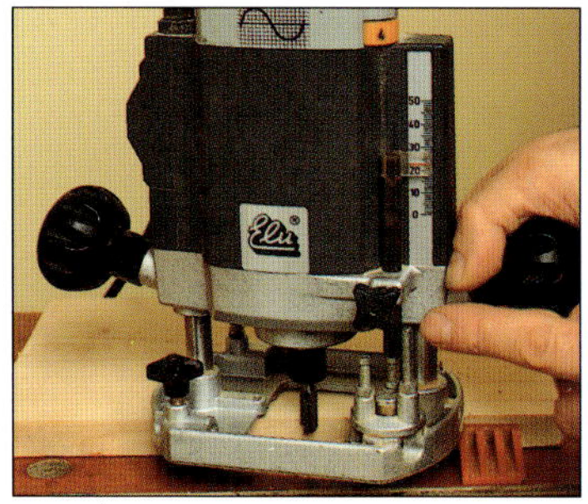

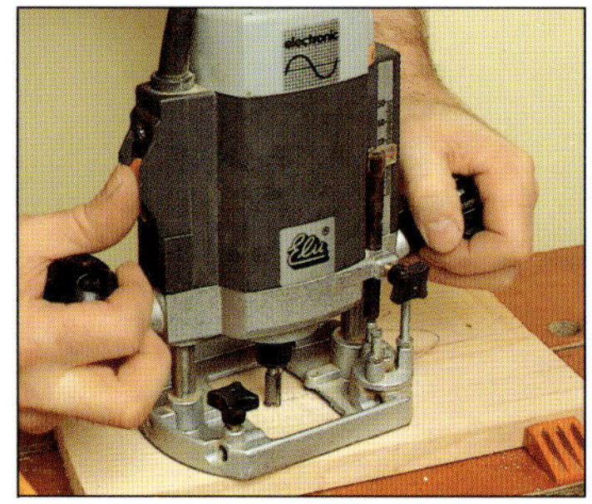

1 Um ein Gefühl für die Oberfräse zu bekommen, beginnen Sie damit, flache Nuten freihand zu fräsen; ein simples Namensschild ist eine gute Übung für den Anfang. Zuerst ist der Fräser mittels Anschlag auf Tiefe einzustellen. Als goldene Regel gilt: In einem Durchgang nie tiefer fräsen, als der halbe Fräserdurchmesser beträgt.

2 Wichtig ist, daß der Ein-/Ausschalter stets sofort erreichbar ist. Bei ausgeschalteter Oberfräse ist der Fräser dort anzusetzen, wo zuerst in die Tiefe gefräst werden soll. Einschalten und mit Kraft, aber langsam bis zum Tiefenanschlag in die Tiefe fräsen. Dann die horizontale Bewegung beginnen: Freihand entlang der angezeichneten Linie fräsen. Der Fräser muß stets rotieren.

Schablonenfräsen unter Verwendung einer Führungsbuchse

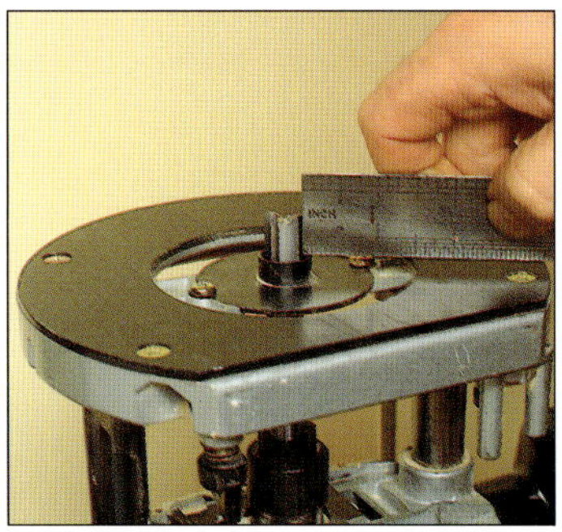

1 Gestalterisch vielseitiges Fräsen bei Nuten und Kanten kann erreicht werden, indem eine Führungsbuchse als Abstandshalter zwischen dem Fräser und einer Schablone eingesetzt wird. Die Führungsbuchse ist eine Scheibe mit einem Ansatz, die an die Unterfläche der Oberfräse angeschraubt wird. Entsprechend den Fräserdurchmessern gibt es verschiedene Ansatzdurchmesser. Zwischen Fräserschneide und Ansatz sollten etwa 2 bis 3 mm Spiel sein.

2 Die Schablone mit doppelseitigem Klebeband auf dem mit geringem Übermaß gefertigten Werkstück befestigen. Schraubzwingen können verwendet werden, müssen aber weitergerückt werden, damit die Oberfräse überallhin gelangen kann. Hier wird mit einem langen Walzenfräser eine sägerauhe Kante glatt und rechtwinklig gefräst. Die Führungsbuchse wird an die Schablone aus Faserplatte angedrückt und mit einigen Schnitten auf volle Tiefe gefräst.

Die Oberfräse im Bohrständer

1 Mit Oberfräsen, die einen genormten Spannhals von 43 mm Durchmesser haben, können auf einfache Weise Bohrungen oder waagerechte Nuten erzeugt werden. Die Fräse im Bild ist aus ihrer Tieffräsaufnahme herausgenommen worden. Sie wird in die passende Aufnahme (Durchmesser 43 mm) des Bohrständers eingesetzt und gespannt.

2 Mit der Oberfräse können viel sauberere Löcher als mit einem normalen Spiral- oder Flachbohrer erzeugt werden. Damit das Holz nicht versengt wird, müssen die Späne ungehindert aus dem Bohrloch austreten können.

Der Bohrständer im Bild hat einen schwenkbaren Kopf. Dadurch wird die Fräse noch vielseitiger, denn es können beispielsweise Dübellöcher auf abgewinkelten Flächen gebohrt werden (siehe Dübelverbindungen).

3 Am Ende wird der Schnittiefenfeststeller gelöst (entweder Handgriff drehen oder Hebel betätigen); der Fräser springt nach oben. Sie werden sehen, daß es bei dieser einfachen Übung nicht besonders schwierig ist, auf der Linie zu bleiben und daß Sie bald die Maschine im Griff haben. Versuchen Sie es, und vermeiden Sie Brandmarken.

Fräsen mit dem Parallelanschlag

Der Parallelanschlag wird mit der Oberfräse als Standardausrüstung mitgeliefert. Er kann zum Fräsen von Nuten, Falzen und Kantenprofilen, wie z.B. Schrägungen (mit dem V-Nuten-Fräser), auf Breite eingestellt werden. Am Anschlag muß eine Blendleiste angebracht werden, weil für diese und andere Arbeiten eine Verkürzung des Abstands erforderlich ist. Holzhandwerker pflegen für die Oberfräse und andere Maschinen, wie die Kreissäge, ihre eigenen Führungsleisten zu entwerfen.

Um eine einfache Fase zu fräsen, wird die Fräse auf Tiefe eingestellt, die Taucheinrichtung verriegelt und die Fräse über das Holz gezogen, wobei der Anschlag stets in Kontakt mit der Holzkante gehalten wird, etwa so wie das Streichmaß (siehe Messen und Anreißen).

Zum Fräsen von Nuten wird der Anschlag mit den zwei Schrauben arretiert. Die gezeigte, nicht bis zum Rand durchgehende Nut wird zuerst angerissen und dann stufenweise ausgefräst. Die drei Stufen sind im Bild zu erkennen. Das Werkzeug und die kleine Maschine werden nicht überlastet. Es ist überhaupt stets sinnvoller, mehrere leichte Schnitte als einen schweren zu führen.

Fräsen an der Anschlagleiste

Indem mit Schraubzwingen ein Lineal auf dem Werkstück festgeklemmt wird, kann eine recht nützliche Vorrichtung aufgebaut werden. Wenn Sie errechnen wollen, wo die Leiste in bezug auf den zu führenden Schnitt aufgespannt werden muß, ist der Abstand zwischen der Außenkante der Oberfräse und dem Werkzeug von Bedeutung. Drücken Sie die Maschine fest gegen das Lineal.

Fräsen auf dem Frästisch

1 Die meisten Oberfräsen passen in einen speziellen Tisch, der aus dem Elektrowerkzeug eine Fräsmaschine mit Minispindel macht. Lage und Höhe des Fräsers sind fest, das Holz wird an der Führung entlang über die Tischfläche gezogen. Im Bild werden ein gerader Fräser und ein gerades Lineal benutzt, um einen Falz zu fräsen. Drücken Sie das Holzstück fest in den Winkel aus Tischfläche und Führung, und achten Sie darauf, daß Ihre Finger nicht an das Werkzeug geraten.

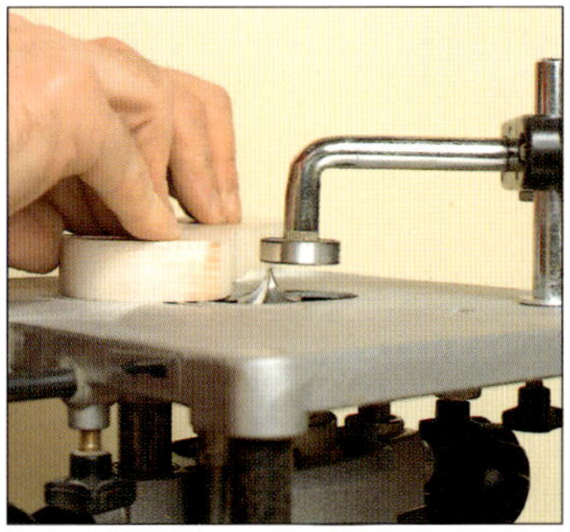

2 Der Frästisch ist mit einer Rollenführung für konvexes oder konkaves Bearbeiten ausgestattet. Im Bild soll eine gerundete Kante gefräst werden. Den Endzustand erhält die Fläche mit Schleifpapier (siehe Schleifen).

Einen Zapfen mit der Oberfräse schneiden

1 Verwendet werden der Parallelanschlag und ein gerader Fräser. Auf dem Holz werden zwei Marken angerissen, um den Anschlag und die Frästiefe einstellen zu können.

Zum Einstellen des Anschlags wird der Fräser bis ganz dicht über die Holzoberfläche abgesenkt. Der Tiefenanschlag wird an der senkrechten Marke eingestellt.

2 Führen Sie die Fräse an der Holzkante entlang, und zwar zunächst mit der halben Schnittiefe. Fräsen Sie bis zur Zapfenbrüstung (d.h. bis der Anschlag auftrifft).

Der Tiefenanschlag wird nun auf volle Tiefe eingestellt und nochmals gefräst. Die Maschinensohle muß stets gut am Holz anliegen; die Maschine darf nicht aufkippen, damit der Fräser nicht über den Riß hinaus schneidet. Wenden Sie das Holzstück, und bearbeiten Sie die andere Wange des Zapfens.

Vermutlich stellen auch Sie fest, daß das Sägen die allererste Aufgabe bei der Holzbearbeitung ist; denn bevor ein Stück Holz geformt oder zugerichtet werden kann, muß es aus dem Brett herausgeschnitten werden. Aber auch im Verlauf der weiteren Bearbeitung ist das Sägen stets ein wichtiger Arbeitsgang – sei es zusammen mit dem Stemmen beim Herstellen von Verbindungen oder zum Vorarbeiten von konischen Flächen oder Krümmungen, die später fertigbearbeitet und geglättet werden (siehe Schleifen, Hobeln).

Die Säge ist eines der ältesten Werkzeuge und arbeitet nach einem sehr einfachen Prinzip. Eine Reihe von Zähnen entlang der Kante eines langen Stahlbandes ist abwechselnd nach rechts und links abgewinkelt und unter einem ganz bestimmten Winkel abgeschrägt. Dieser Winkel ist von der auszuführenden Sägeoperation abhängig und deshalb vom Sägenhersteller entsprechend gewählt. Die Säge schneidet einen Spalt in das Holz, indem sie die Fasern wie eine Reihe von Miniaturstechbeiteln trennt. Damit sich ein Spiel für die Bewegung des Sägeblattes ergibt, ist der gesägte Spalt ein wenig breiter, als das Blatt dick ist. Dieser Spalt heißt „Sägefuge". Weil sich Holz in Faserrichtung anders als quer zur Faser verhält, gibt es Sägen für Arbeiten längs und quer zur Faser. Sie unterscheiden sich hinsichtlich der Anzahl und des Winkels der Zähne. Es gibt eine Familie von Sägen mit feineren Zähnen und dünnerem Blatt, die am Blattrücken eine Verstärkung tragen; sie heißen „Rükkensägen", die bekannteste ist die Zapfensäge. Die richtige Sägetechnik ist am besten durch Übung zu erlernen. Wie beim Handhobeln hängt der Erfolg von der Güte und der Zurichtung des Werkzeugs ab. Die meisten Holzhandwerker lassen heute ihre Sägen von „Sägendoktoren" einstellen und schärfen, weil das nicht zu teuer ist und viel Zeit spart. Aber mit etwas Beharrlichkeit ist das Selbermachen nicht zu schwierig. Der Kauf einer wirklich guten Säge ist allerdings Grundbedingung.

Sägen für gekrümmte Schnitte sind die Stich- oder Lochsäge, die Bügelsäge und die Laubsäge – heute größtenteils durch Elektrosägen ersetzt, wie die elektrischen Stich-, Laub- und Bandsägen.

Elektrosägen

Jedem ist das Kreischen der Kreissäge vertraut, das aus der Werkstatt des Holzhandwerkers dringt. Die Verknüpfung des Elektroantriebs mit modernen Blattkonfigurationen, insbesondere die Hartmetallschneide, hat zu einer äußerst präzise und sauber arbeitenden Maschine geführt. Ein hartmetallbestücktes Blatt ist sehr viel teurer als ein einfaches Stahlblatt, beweist seinen Wert aber durch Schneidleistung und Standzeit rasch.

Die Ausleger- oder auch Radialkreissäge ist eine vielseitig einsetzbare, oben angebrachte Säge mit einem Kopf, der beliebig schräg gestellt werden kann. Es werden die üblichen Kreissägeblätter verwendet, für breitere Fugen, wie bei Verbindungen, auch Satzwerkzeuge.

Die leistungsfähigste und gleichzeitig am wenigsten lärmende Säge ist die Bandsäge, bei der ein dünnes Sägeblatt über zwei oder drei Rollen läuft, von denen eine elektrisch angetrieben wird. Die Flexibilität des Bandes gestattet es, auch gekrümmte Schnitte auszuführen. Die Bandsäge ist auch für dickes Holz geeignet.

Bedienfreundliche kleinere Ausführungen sind die elektrische Handkreissäge und die Stichsäge, die beide auch mit Akkus betrieben werden können.

Verwendung des Fuchsschwanzes

Der Fuchsschwanz eignet sich für das Sägen mäßig dicker Bretter in Faserrichtung oder quer zur Faser. Mitunter werden Sägen für Schnitte längs zur Faser Spaltsägen, die für Schnitte quer zur Faser Ablängsägen genannt. Auf jeden Fall sind sie in gewissem Maße gegeneinander austauschbar. Die Spaltsäge hat einen etwas weiteren "Schrank", weil die Späne aus der Sägefuge längs zur Faser schwerer zu entfernen sind. Sägen quer zur Faser lockert den Faserverband und ist deshalb weniger problematisch. Um den Sägeschnitt zu erleichtern, kann das Holzstück auf der Hobelbank aufgespannt, in einen Sägebock gelegt oder auf eine beliebige andere feste Unterlage aufgelegt werden.

Zuerst wird ein Riß quer über das Holz gezogen und eventuell auch umgewinkelt. Dadurch kann leichter beurteilt werden, ob der Schnitt richtig läuft. Ziehen Sie die Säge mit leichtem Druck auf sich zu, um den Schnitt zu beginnen, und führen Sie dabei das Blatt mit dem aufgerichteten Daumen.

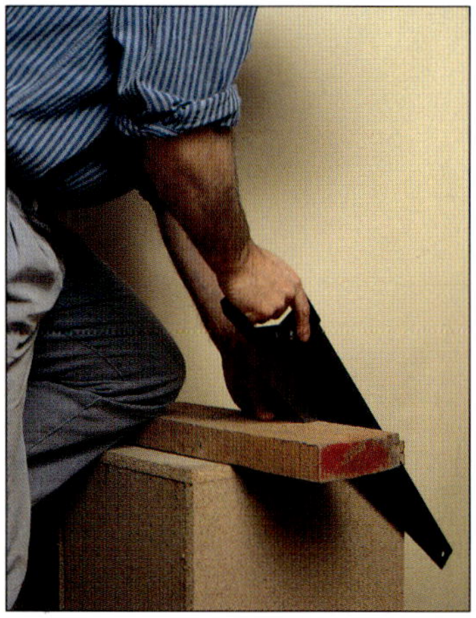

Fassen Sie die Säge fest am Handgriff mit vorgestrecktem Zeigefinger, das erleichtert die Führung der Säge. Sobald der erste und schwierigste Schnitt geschafft ist, führen Sie die Säge in ausgeglichenen Bewegungen hin und her. Das Drängen des Blattes in der Sägefuge kann vermieden werden, wenn Ihr Blick genau auf die Linie des Sägeschnittes gerichtet ist.

Sägeblattangaben

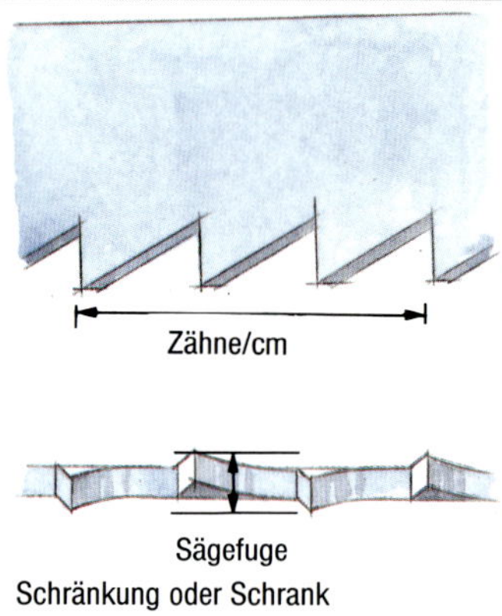

Ein Sägeblatt wird durch die Anzahl der Zähne je Zentimeter definiert. Die Zähne haben eine Schränkung oder einen Schrank.

Verwendung einer Rückensäge

1 Die Rückensägen haben eine größere Anzahl feinerer Zähne als der Fuchsschwanz. Deshalb liefern sie einen saubereren und genaueren Schnitt. Sichern Sie das Holzstück in einer Anschlagplatte, die im Schraubstock festgespannt ist, und legen Sie den Riß bündig zur Kante der Anschlagplatte. Für den Anschnitt wird die Säge gefühlvoll über das Ende des Holzstücks bewegt, das im Haken der Platte ruht.

2 Nachdem Sie auf der Verschnittseite des Risses angeschnitten haben, arbeiten Sie die Sägefuge langsam rückwärts über die gesamte Stückbreite hinweg. Dann richten Sie Ihr Augenmerk darauf, im rechten Winkel zur Senkrechten zu sägen, wobei Sie dies alle 2 bis 3 mm Schnittiefe prüfen. Ihr Auge sollte unmittelbar über dem Sägeriß liegen.

3 Wenn Sie mit der Rückensäge arbeiten, besteht das schwierigste Problem darin, einen rechtwinkligen Schnitt zu führen, der nicht auswandert. Bei den ersten Schnitten müssen Sie dies in ziemlich kurzen Abständen überprüfen. Nach einer gewissen Tiefe – etwa 6 mm – führt sich die Säge in der Fuge allein; ist der Anfang fehlerhaft, dann läuft Ihnen die Säge auch in größerer Tiefe weg.

4 Die Rückensäge kann für Schnitte längs und quer zur Faser benutzt werden; das Holz wird in den Schraubstock gespannt. Dadurch wird die zweite Hand zur zusätzlichen Führung frei. Wenn Sie beide Hände verwenden, werden Ihre Ellbogen zu einem Gelenksystem, Sie können mehr Kraft und damit eine bessere Kontrolle ausüben; Ihr Blick richtet sich von ganz allein auf die Schnittlinie, was das senkrechte Führen der Säge erleichtert.

Verwendung einer Bügelsäge

1 Im Gegensatz zur Feinsäge ist die Bügelsäge auch für gekrümmte Schnitte einsetzbar. Sie wird mit beiden Händen gehalten. Im allgemeinen schneiden die Zähne beim Zug, doch arbeitet die Säge auch in der anderen Richtung. Das Blatt kann durch Drehen des Handgriffs gedreht werden, so daß in beliebiger Richtung gesägt werden kann.

2 Die Bügelsäge kann auch für Innenkonturen verwendet werden. Zuerst wird in der Nähe des Risses ein Loch für das Sägeblatt gebohrt. Dann wird das Blatt eingesetzt, indem Sie den Bügel gegen Ihre Hüfte zusammendrücken. Lockern Sie den Handgriff durch Abschrauben, und führen Sie das Blatt in die beiden Sitze ein. Der Handgriff wird festgeschraubt. Dabei müssen die Haltestifte des Blattes in dieselbe Richtung zeigen (das Blatt darf nicht verwunden sein).

Elektro-Stichsäge

Die Elektro-Stichsäge hat ein kurzes, hin- und hergehendes Blatt, dessen Zähne nach oben zeigen. Sie sägt gerade und gekrümmte Schnitte, normalerweise auf Riß. Die Säge muß gleichmäßig auf die Holzoberfläche gegen die aufwärtsgerichtete Wirkung der Zähne gedrückt werden. Mit der Stichsäge kann auch an beengten Stellen, wie Krümmungen und schmalen Schlitzen, gesägt werden (ähnlich wie die Bandsäge).

Elektro-Handkreissäge

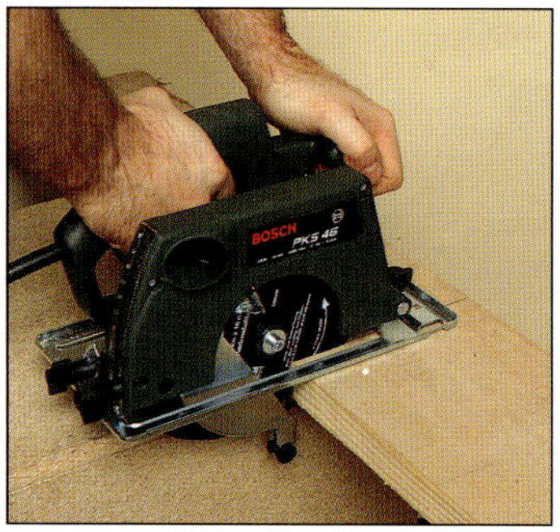

1 Elektro-Handkreissägen werden für gerade Schnitte quer oder längs zur Faser verwendet. Ihre Schnitttiefe kann durch Senken oder Heben des Blattes eingestellt werden. Das Blatt kann auch schräg gestellt werden. Sie können mit der Handkreissäge freihand entlang einer markierten Linie schneiden. Ergreifen Sie zur Führung der Säge die Handgriffe mit beiden Händen, und schalten Sie den Motor ein, bevor das Blatt das Holz berührt.

2 Mit dem standardmäßigen Parallelanschlag können ähnlich wie bei der Oberfräse parallele Schnitte geführt werden (siehe Fräsen).

3 Eine aufgespannte Leiste kann als Führung dienen, um gerade Schnitte an beliebiger Stelle und unter beliebigem Winkel zu führen.

Verwendung der Bandsäge

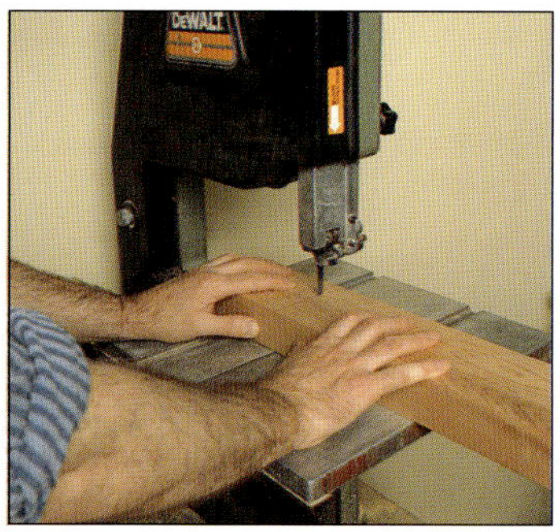

1 Die Bandsäge ist eine leise, leistungsfähige Maschine für gerade und gekrümmte Schnitte. Das endlose Blatt läuft über zwei Rollen mit großem Durchmesser. Der „Durchlaß" einer Bandsäge ist der Abstand des Blattes zum nächstgelegenen Punkt der Maschine, gemessen über den Tisch hinweg. Er bestimmt die Breite eines quer zur Faser zu sägenden Holzstücks.

2 Die Bandsäge kann Kreisbögen oder andere Kurven auf Riß schneiden. Achten Sie darauf, daß Ihre Finger nicht an das Blatt geraten, wenn Sie das Holz andrücken und führen. Um den Riß auf dem Holzstück zu zeigen, ist im Bild die obere Blattführung weiter nach oben verstellt worden als üblich (normalerweise etwa 25 mm über dem Holz).

3 Mit der Bandsäge können auch dicke Hölzer geschnitten werden, jedoch langsam, weil das Blatt leicht reißt und die Abführung der Sägespäne aus der Sägefuge Zeit braucht. Klemmende Späne führen zu Überhitzung. Die Geradführung der Bandsäge kann für wiederholte gerade Schnitte oder für das Schneiden rechtwinkliger Holzteile benutzt werden.

Auslegerkreissäge

1 Die Auslegerkreissäge ist eine oben angeordnete Kreissäge. Das Holz liegt auf dem Tisch fest, und der Sägekopf wird darübergezogen. Vorrangig für Schnitte quer zur Faser eingesetzt, kann sie auch längs und schräg sägen. Für das Sägen von Nuten und Falzen kann der Sägekopf abgesenkt oder angehoben werden. Das Holz wird an die Führung angelegt.

Verwendung der Tischkreissäge

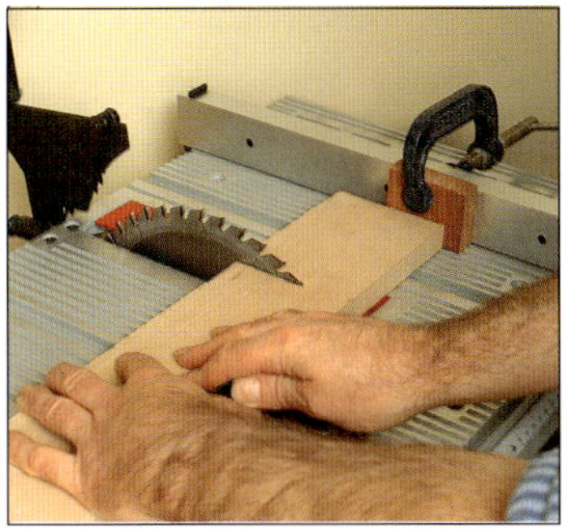

1 Die Tischkreissäge wird für gerade Schnitte quer und längs zur Faser verwendet. Das Blatt kann angehoben, abgesenkt und schräg gestellt werden.

Das mitlaufende Gehrungslineal wurde auf 90° gestellt, um quer zur Faser schneiden zu können. Das Holz sollte mit beiden Händen gehalten und gegen das Lineal gedrückt werden. *(Im Bild sind die Schutzeinrichtungen der besseren Sichtbarkeit wegen entfernt worden.)*

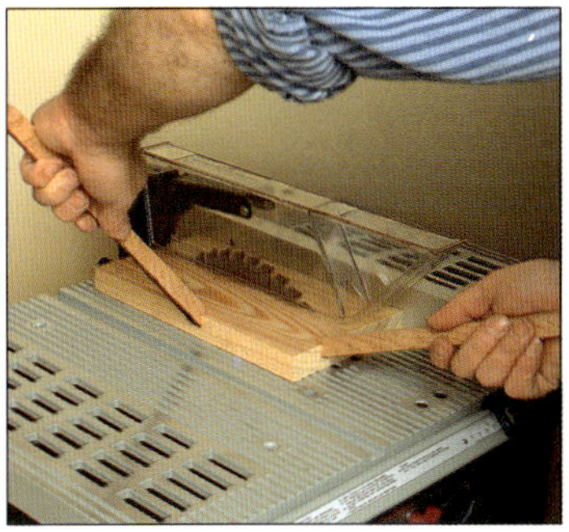

2 Die Tischkreissäge wird für ein- oder mehrfache Schnitte längs zur Faser benutzt. Zuerst wird die Führungsleiste eingestellt und festgeklemmt, bevor der Motor eingeschaltet wird. Der Spaltkeil hinter dem Blatt verhindert, daß sich das getrennte Holz verklemmt.

Verwenden Sie Stoßhölzer, die Sie leicht auf der Bandsäge ausschneiden können, um das Holz an die Führungsleiste anzudrücken und vorzuschieben.

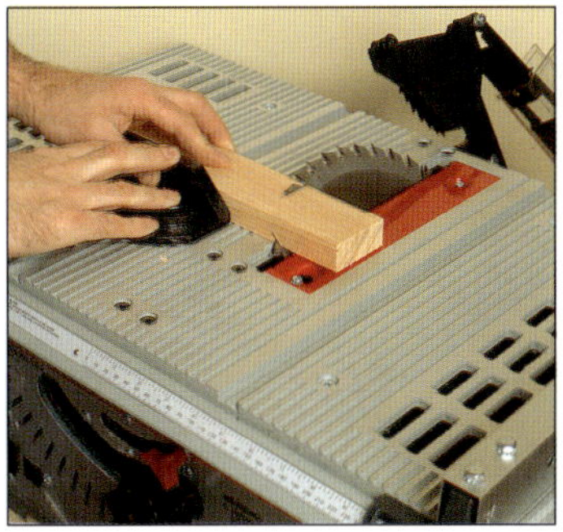

3 Das Blatt kann schräg gestellt werden, so daß Schnitte unter einem beliebigen Winkel bis 45° möglich sind. Die mitlaufende Gehrungsführung erleichtert, wenn ebenfalls auf 45° gestellt, das Ausführen kombinierter Gehrungsschnitte.

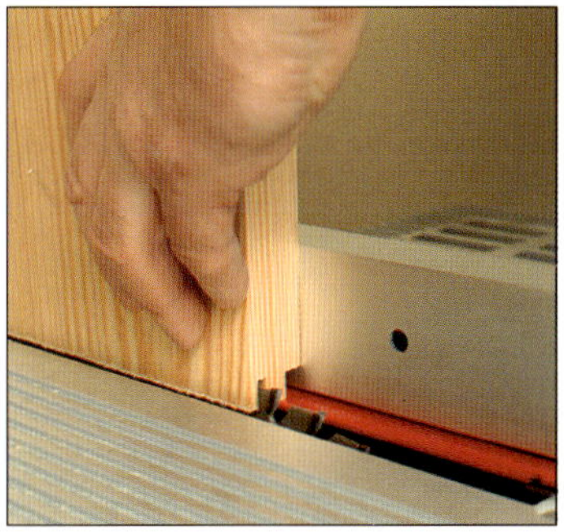

4 Das Sägeblatt kann für das Schneiden von Nuten abgesenkt werden. Als Führung dient die Führungsleiste der Maschine. Um Nuten breiter als eine Sägefuge schneiden zu können, wird sie nach jedem Schnitt um Fugenbreite versetzt. Das ist besonders günstig für das Beschneiden von Zapfenwangen. Genutete oder gefälzte Schnitte können mit dem Gehrungslineal erzielt werden, wenn das Holz anders aufgelegt wird.

2 Für schräge Schnitte kann der Sägekopf mit Hilfe einfacher Drehknöpfe unter beliebigem Winkel angestellt werden.

3 Die senkrechte Einstellbarkeit der Auslegerkreissäge eröffnet einige bemerkenswerte gestalterische Möglichkeiten über das Schneiden einfacher Nuten und Falze hinaus. Hier wird mit einer einfachen V-Sägevorrichtung (siehe Vorrichtungen und ihr Bau) der Rohling einer Holzschale (siehe Drechseln) gesichert, während die Oberfläche mit der Auslegerkreissäge exakt eben bearbeitet wird.

4 Die Auslegerkreissäge kann für das Spalten von Brettern – das Längssägen – verwendet werden. Den Kopf um 90° schwenken und an den Ausleger klemmen. Dann den Ausleger bei rotierendem Blatt langsam so weit absenken, daß das Blatt knapp unter die Tischoberfläche reicht. Der Sägetisch aus Span- oder Faserplatte erleichtert das Einstellen, v.a. wenn es sich um eine dünne Faserplatte handelt.

5 Beim Spalten ist es wichtig, daß das Holz gegen die Drehrichtung des Blattes vorgeschoben und daß zuerst die Vorrichtung angestellt wird, die ein Aufklappen des Holzteils verhindert. *(Im Bild sind die Schutzeinrichtungen der besseren Sichtbarkeit wegen entfernt worden.)*

SCHABEN

SCHABEN

Die Verwendung der Schab- oder Ziehklinge geht mindestens in die Zeit des Neandertalers zurück. Schaben ist ein primitives Verfahren der Formgebung, insbesondere bei Holz. Die Wirkungsweise einer Ziehklinge ist ähnlich der des Stechbeitels, und es entsteht ein extrem feiner, watteartiger Span. Die Ziehklinge kann deshalb sehr präzise gesteuert werden, ganz besonders, wenn die Maserung sehr unregelmäßig ist und unter dem Hobel splittern würde.

Die Güte der mit der Ziehklinge erzeugten Oberfläche ist einer mit Schleifpapier erreichbaren überlegen, weil das Schleifpapier die Maserung besonders bei sehr feiner Körnung leicht verschmieren kann. Jedes scharfkantige, plattige Material kann als Ziehklinge dienen, selbst eine Glasscherbe. Tischlerziehklingen bestehen aus Qualitätsstahl und haben eine gerade oder gekrümmte Kante.

Die Ziehklinge wird insbesondere für die Endbearbeitung von furnierten Stücken verwendet und, weil in einem Strich extrem dünne Schichten abgehoben werden können, zur Entfernung von Leimresten. Als Endbearbeitungswerkzeug arbeitet die Ziehklinge langsam.

Die Verwendung der Ziehklinge

1 Ziehklinge mit beiden Händen erfassen. Die Zeigefinger mit leichtem Druck über die obere Kante abwinkeln und mit den Daumen gegendrücken, um die Klinge auszubiegen.

2 Der Betrag der Ausbiegung und der Berührungswinkel an der Holzfläche bestimmen das Verhalten der Ziehklinge. Experimentieren Sie am besten ein wenig.

3 Soll auf einer kleinen Fläche geschabt werden, beispielsweise um die Einlegestreifen dieser furnierten Platte bündig zu machen, wird die Klinge stärker ausgebogen.

4 Arbeiten Sie in Maserungsrichtung oder schräg zur Maserung, und vermeiden Sie kurze, abgehackte Striche quer zur Maserung, mit denen Fasern ausgerissen werden könnten.

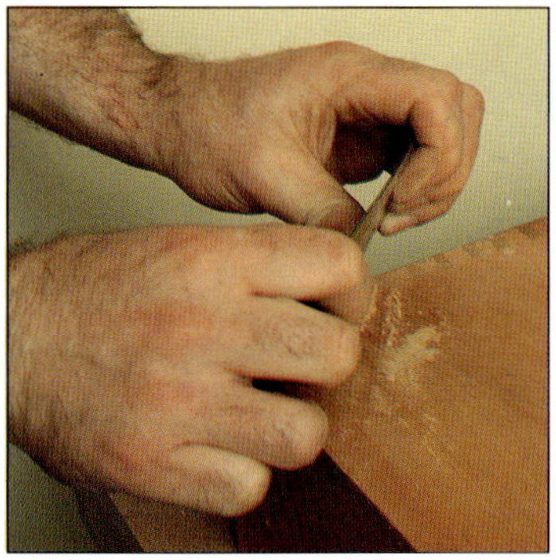

5 Die Arbeit mit der Ziehklinge ist ein bewährtes Endbearbeitungsverfahren für Vollholz. Schärfen Sie das Werkzeug häufig nach, um gute Ergebnisse zu erreichen (siehe Werkzeugpflege).

FORMEN

FORMEN

Häufig ist ein Baum in natürlicher Weise gekrümmt, und dennoch sind die gesägten und gehobelten Bretter gerade. Daß der Mensch der Natur seinen Willen in dieser Weise aufzwingt, bedeutet zugegebenermaßen eine Vergewaltigung der Natur des Baumes, aus wirtschaftlichen Gründen ist jedoch der gerade Schnitt von Vorteil.

Andererseits bestehen heutzutage viele Möbel aus ebenen, aus verdichteten Holzspänen hergestellten Platten, die irgendwie Krümmungen erhalten, um den wertvollen Rohstoff möglichst verschnittarm zu nutzen.

Zeit benötigt nicht nur der Baum, um seine natürlichen Krümmungen auszubilden – Zeit wird auch bei der Bearbeitung des Holzes benötigt, um gekrümmte Formen zu erzielen. Gekrümmte Linien und Flächen erhöhen den Reiz eines Möbelstücks ganz erheblich, und die Geschichte der Möbelfertigung kennt zahlreiche Beispiele extravaganter und kunstreicher Formung des Holzes. Der Stil dieser Formung variiert zwischen den einzelnen Möbelgestaltern weit, als Beispiel sollen hier Grinling Gibbons, ein Holzschnitzer des 18. Jahrhunderts, und ein Designer der Gegenwart, John Makepeace, genannt sein.

Gekrümmte und geformte Holzarbeiten sind charakteristisch für bestimmte traditionelle Handwerke, wie den Bootsbau und den Musikinstrumentenbau. Ganze Kulturkreise bringen das Gekrümmtsein des natürlich gewachsenen Baumes in den Traditionen ihrer Möbelfertigung zum Ausdruck, wie beispielsweise die Skandinavier mit dem gebogenen Schichtholz und dem Verfahren des Dampfbiegens (siehe Biegen).

Holz kann auch durch Binden von Holzteilen (wie in der Böttcherei), Zusammensetzen aus einzelnen Klötzern, Ankerben mit der Säge oder einfaches Ausschneiden aus Vollholz seine Form erhalten. Auch heute tragen wir noch die uralte Praxis des Suchens nach dem richtig geformten Stück Holz in uns, das die von uns erstrebte Form auf natürliche Weise besitzt, obgleich sich die Holzformung sehr weit entwickelt hat, insbesondere die Verfahren, bei denen die gewünschte Krümmung ohne Rücksicht auf den Faserverlauf erzeugt wird.

Grundausstattung

Schleifklotz
Schraubzwingen
Zirkel
Stahllineal
Verstellwinkel
Papier
Schere
Leim

☞

Schabhobel
Schnitzmesser
Stechbeitel
Putzhobel

~

Laub-, Stich- oder Bandsäge

✚

Siehe Seiten 8 und 9

Erzeugen einer Form „gegen“ die Maserung

Meist werden Krümmungen an Holzteilen ohne Rücksicht auf den Faserverlauf erzeugt, anstelle dem Faserverlauf zu folgen. Trotzdem darf dieser nicht unbeachtet bleiben, wenn ausreichende Festigkeit erzielt werden soll. Das Stück im Bild ist oben ziemlich schwach, weil dort die Fasern sehr kurz sind.

An diesem Reifen mit senkrecht verlaufenden Fasern zeigen die Häkchen ausreichende Festigkeit an, die Kreuze mangelnde Festigkeit infolge von Kurzfasern. Wenn Sie Krümmungen an Holzteilen haben möchten, vermeiden Sie kurze Fasern, da das Holz dort am ehesten bricht.

Eine einfache und rentable Weise, am Ende eines geraden Holzstücks eine Krümmung zu erzeugen, ist das Aufkleben eines anderen Stücks mit derselben Faserrichtung. Im Bild zeigen die schraffierten Flächen den Verschnitt.

Formen mit dem Schabhobel

1 Gekrümmte Formen können leicht angerissen und mit den verschiedensten Sägen ausgeschnitten werden. Die Endbearbeitung kann mit einem Schabhobel mit gerader Schneide erfolgen, wobei in Richtung der Pfeile gearbeitet wird, um mit der Faser zu schaben. Den Schabhobel zwischen dem Daumen und den anderen Fingern halten. Drehen Sie das Werkstück im Schraubstock weiter, damit Sie stets waagerecht arbeiten.

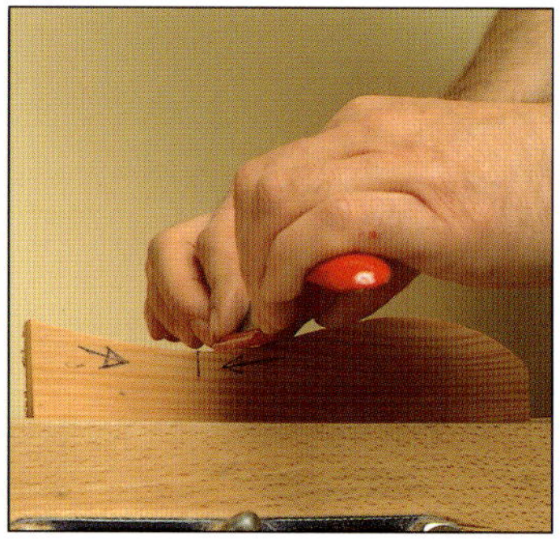

2 Ein Schabhobel mit gekrümmter Schneide kann für hohle Kurven benutzt werden. Eine glatte Oberfläche läßt sich auch durch Schleifen erreichen (siehe Schleifen). Die Pfeile zeigen an, wo die Bearbeitungsrichtung geändert werden muß, um stets mit der Faser zu schaben.

Eine dreidimensionale Form aus Vollholz herausarbeiten

1 Die Rohform dieses gekrümmten Stuhl- oder Tischbeins kann einfach nach zuvor aufgezeichneten Linien ausgesägt werden. Dafür eignet sich besonders die Bandsäge.

2 Das Holzstück wird im Schraubstock oder auf der Bankplatte festgeklemmt (siehe Klemmen und Halten) und dann mit dem Schabhobel oder einem Schnitzmesser geformt. Halten Sie das Schnitzmesser wie einen Stechbeitel (siehe Stemmen), und schneiden Sie die Fasern in Faserrichtung weg. Das Schnitzmesser muß ständig scharf sein (siehe Werkzeugpflege).

Konstruktionen aus Klötzern

1 Das Verfahren des Zusammensetzens aus einzelnen Klötzern kann für vielerlei Zwecke benutzt werden. Üblich ist es beispielsweise für gekrümmte Frontflächen von Schubkästen, die anschließend furniert werden. Dafür sind zunächst die Segmente zu entfernen und die Umrisse auf ein Holzstück zu übertragen, das dann als Schablone für alle Segmente dient.

2 Die Einzelstücke können mit der Bandsäge ausgeschnitten und dann verleimt werden, und zwar entweder durch einfaches Anreiben oder Spannen, falls dies erforderlich scheint. Je genauer Sie sägen, desto weniger Nacharbeit ist nötig.

3 Die Stapelschichtung bedeutet Verleimen gleicher Teile an den Seitenflächen. Sperrholz kann einbezogen werden, was die dekorative Wirkung erhöht.

Formen in der Art des Böttchers

1 Böttcherarbeit bedeutet das Zusammensetzen von Segmenten zu einem Kreisbogen oder einem ganzen Kreis. Zuerst werden die Segmente angerissen, indem zwei konzentrische Kreise gezeichnet und diese in die entsprechende Segmentzahl unterteilt werden. Die gekrümmten Flächen der Segmente werden dann als ebene Flächen gezeichnet. Mit Stahllineal und Verstellwinkel werden die Formen auf Holz übertragen.

2 Das Holz wird dann gehobelt (siehe Hobeln) und gesägt (siehe Sägen). Beim Anreißen und Sägen kommt es auf die Winkel an. Die Segmente werden dann verleimt (siehe Leimen). Eine angeriebene Verbindung müßte genügen; d.h. Spannen ist nicht erforderlich. Zum Trocknen legen Sie ein Blatt unter, damit der Reifen nicht an der Bankplatte anklebt.

3 Wenn die Verbindungen ausgehärtet sind, reißen Sie einen Kreis an und bearbeiten die Außenfläche. Viele Techniken sind möglich; hier wird mit dem Stechbeitel in Faserrichtung gearbeitet, es kann genausogut geschliffen werden (siehe Schleifen).

4 Es kann auch ein Hobel verwendet werden. Weil dabei auf dem Hirnholz gearbeitet wird, lassen sich die Fasern leicht lösen. Das Stück wird im Schraubstock weitergedreht, damit immer etwa horizontal gehobelt werden kann.

5 Die Innenkrümmung wird durch Schleifen oder mit einem stabilen Schnitzmesser herausgearbeitet. Sehr praktisch ist ein mit Schleifpapier umwickelter Holzstab, mit dem horizontal gearbeitet werden kann.

Verdrillen von Holz

Das Verdrillen von Holz ist ein neueres Formverfahren; versuchsweise wurden dünnes Vollholz und Sperrholz geformt. Im Bild wurden ein paar Lagen einer dünnen Sperrholzplatte eingespannt und verdrillt, um die Einfachheit des Verfahrens zu demonstrieren. Um die Zwingen in der gewünschten Lage zu halten, kann eine einfache Vorrichtung improvisiert werden; es kann z.B. im Schraubstock eine Latte eingespannt werden, welche die obere Zwinge hält. Die Verdrillung hält einer angemessenen Belastung stand, wenn synthetischer Leim benutzt wird. Derartige dekorative Verdrillarbeiten können vor oder nach dem Verdrillen furniert werden, um dem Stück den Anschein von Vollholz zu geben. Die Kantenflächen werden mit dem Schabhobel oder einem Schleifstift geglättet.

ZUSCHNEIDEN

ZUSCHNEIDEN

Der Erfolg der Holzbearbeitung beruht auf der Genauigkeit. Das bedeutet meist, daß auf Riß gearbeitet wird. Es ist deshalb ganz wesentlich, daß ein Holzstück vor der Bearbeitung präzise auf Maß vorgearbeitet wird. Dieser Vorgang heißt „Vorbereiten des Holzes“, „Rechtwinklig zuschneiden“ oder kurz „Zuschneiden“.

Wird Holz sägerauh oder gehobelt gekauft, muß es dennoch zugeschnitten werden, weil es wahrscheinlich verzogen ist, das gilt besonders für nicht ausreichend getrocknetes Weichholz.

Ein Holzstück ist dann zugeschnitten, wenn alle Flächen eben sind, benachbarte Flächen im rechten Winkel und gegenüberliegende Flächen parallel zueinander liegen. Wenn Sie z.B. einen Tisch bauen wollen, müssen Sie vier genau identische Holzteile für die Beine vorbereiten und außerdem eine Anzahl identischer Bretter, die zur Tischplatte verleimt werden (siehe die Zuschnittliste unter Zeichnen). Deshalb ist ein immer wieder anwendbares Verfahren für das Zuschneiden sinnvoll.

Zugeschnitten wird von Hand oder mit Elektrowerkzeugen, die bekanntermaßen wesentlich schneller arbeiten. Es ist von Vorteil, wenn Sie das Zuschneiden von Hand üben. Mag es auch Mühe bereiten, so wird es Ihnen das Verständnis dafür vermitteln, daß Fertigkeiten und Genauigkeit unabdingbar sind.

Grundausstattung

Stahllineal
Anreißmesser
Bleistift oder Kugelschreiber
Streichmaß
Anschlagwinkel
Fein- oder Zapfensäge
☞
Putz- oder Schlichthobel
〰
Abricht-Dickenhobelmaschine
Tischkreissäge oder
Auslegerkreissäge oder
Bandsäge oder
Stichsäge
✚
Siehe Seiten 8 und 9

Zuschneiden von Hand

1 Richten Sie die beste Seitenfläche ab, d.h. sie muß plan und glatt gehobelt werden (siehe Hobeln). Das Holzstück mit Bankhaken oder Anschlägen auf der Bankplatte fixieren und mit dem Lineal prüfen. Die Bezugsseite mit dem Winkelzeichen an der Bezugskante anzeichnen. Das ist wichtig, denn das Holzstück wird später mit der Bezugsfläche oder -kante angelegt, wenn angerissen werden soll.

2 Spannen Sie das Holz tief im Schraubstock ein, und hobeln Sie die Bezugskante rechtwinklig zur Bezugsfläche. Mit dem Anschlagwinkel und dem Stahllineal wird geprüft.

Auch an der Bezugskante ist das Winkelzeichen anzubringen, und zwar direkt neben dem Winkelzeichen der Bezugsfläche.

3 Ein Streichmaß wird auf die gewünschte Breite eingestellt. Dazu wird es senkrecht gehalten und der Sporn am Lineal eingestellt.

Das Holzstück wird schräg in den Schraubstock eingespannt und die Breite sorgfältig angerissen. Das Streichmaß wird in einem flachen Winkel gehalten und fest gegen die Bezugskante gedrückt. Den Riß abvieren, d.h. rings um das Holz zeichnen.

8 Der Verschnitt wird mit Bleistift oder Kugelschreiber schraffiert. Das Ende wird mit der Feinsäge auf der Verschnittseite des Risses abgeschnitten. Dafür wird das Holz auf einen im Schraubstock festgespannten Bankhaken aufgelegt.

9 Zum Schluß werden, falls erforderlich, die Stirnflächen mit dem Hobel geglättet. Damit die Fasern an den Seiten nicht ausbrechen, wird ein Klotz gegengespannt.

4 Verschnitt schraffieren, das Holz einspannen und auf Breite hobeln. Wenn Sie sich dem Riß nähern, den Hobel auf einen ganz feinen Schnitt einstellen.

Wenn Sie den Riß fast erreicht haben, kann auf jeder Seite ein feiner Span abgehoben werden, was anzeigt, daß nur noch einige feine Hobelstriche erforderlich sind, um den Riß zu erreichen. Theoretisch müßte die Kante rechtwinklig sein.

5 Ermitteln Sie die kleinste Dicke des Holzstücks, und stellen Sie das Streichmaß auf diesen Wert ein. Diese Dicke ist wiederum rings um das Holz anzureißen. Mit etwas Übung ist das mit frei in der Hand gehaltenem Brett zu schaffen. Dann wird auf Dicke gehobelt, wobei immer nach ein paar Strichen geprüft werden muß.

6 Die Länge rechtwinklig mit Anschlagwinkel, Stahllineal und Anreißmesser zuschneiden. Zuerst die Null des Lineals an einem Ende des Holzteils ansetzen und 6 mm nach innen anreißen. Das ist die kleinste Holzbreite, die mit der Feinsäge sicher abgesägt werden kann. Nun das Stahllineal so weit verschieben, daß die Null auf die 6-mm-Marke zu liegen kommt und die gewünschte Länge abmessen.

7 Der Anschlagwinkel wird mit dem Anschlag gegen die Bezugskante angelegt. Nun wird das Anreißmesser auf die erste Marke aufgesetzt, der Winkel herangeschoben und sorgfältig ein Riß angezeichnet. Setzen Sie nun das Anreißmesser am Rißende an, und reißen Sie mit dem Anschlagwinkel rings um das Holzstück an. Die Risse müssen sich treffen.

Zuschneiden mit der Maschine

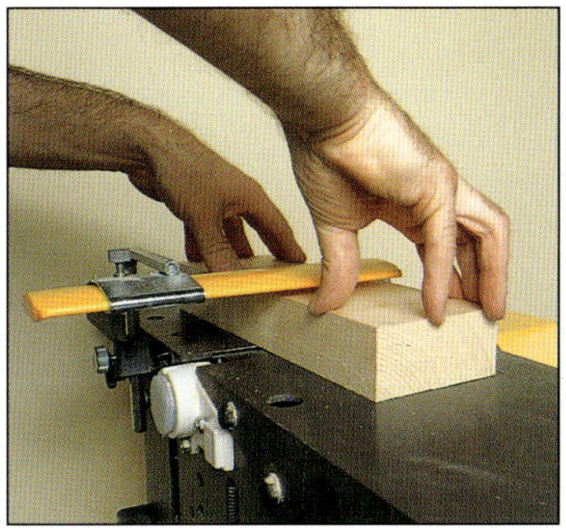

1 Zuerst wird das Holzstück mit etwas Übermaß so gerade wie möglich geschnitten (Länge + 25 mm, Breite + 6 mm, Dicke + 2 bis + 3 mm). Mit der Abricht-Dickenhobelmaschine wird die Bezugsfläche in wenigen Durchgängen plan gehobelt. Achten Sie darauf, daß der Messerwellenschutz angebracht ist, lassen Sie Ihre Hand darüber wandern, wenn Sie das Holz vorschieben. Winkelzeichen an der Gutseite anbringen.

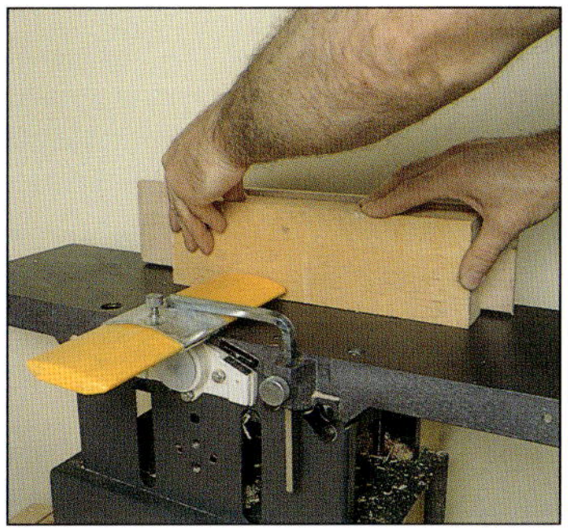

2 Die Führungsschiene wird auf 90° eingestellt und die Bezugskante rechtwinklig und plan gehobelt. Bringen Sie wiederum das Winkelzeichen an.

3 Stellen Sie den Dickentisch auf die gewünschte Breite ein, und führen Sie das Teil ein. Es werden ein paar Durchgänge erforderlich sein, wobei Sie die Schnittiefe mit der Hand einstellen.

4 Zum Schluß wird der Dickentisch auf die Holzdicke eingestellt und das Holz schrittweise abgehobelt. Ist das Brett breit, wird mit Stahllineal und Anreißmesser, Bleistift oder Kugelschreiber eine parallele Linie angerissen. Der Verschnitt wird schraffiert, dann wird bis zum Riß gehobelt. Messen Sie die Länge ab, und markieren Sie diese mit dem Bleistift. Dann kann mit der Tisch- oder Auslegerkreissäge entsprechend abgesägt werden.

WERKZEUG-PFLEGE

Alle Holzbearbeitungswerkzeuge brauchen Pflege, und wenn es ein Hauch Öl ist, der das Rosten eines Sägeblattes verhindert. Viele Holzbearbeitungswerkzeuge haben scharfe Schneiden, und diese Schneiden müssen – abgesehen von Feilen und hartmetallbestückten Sägen, die weggeworfen werden, wenn sie stumpf sind – nachgerichtet, eingestellt, in manchen Fällen auch geschliffen werden, um sie für die Bearbeitung optimal geeignet zu halten.

Auf die Bedeutung einer rasiermesserscharfen Schneide für ein Anreißmesser, ein Hobeleisen oder einen Stechbeitel läßt sich vielleicht am besten dadurch hinweisen, daß die Auswirkungen einer abgestumpften Schneide geschildert werden.

Stumpfe Werkzeuge sind praktisch wertlos und führen zu kaum korrigierbaren Fehlern: ein stumpfes Anreißmesser zerreißt die Fasern, anstelle eine Kerbe zu erzeugen; ein stumpfer Stechbeitel schneidet nicht. Der Anfänger wird außerdem nicht beachten, daß abgesehen von der Schärfe der Schneide der Schneidenwinkel des Stechbeitels sein Leistungsvermögen ganz erheblich beeinflußt.

Die Bedeutung regelmäßiger Pflege

Immer mehr Hand- und Elektrosägen haben hartmetallbestückte Blätter, die eine um viele Male längere Standzeit als nachschärfbare Blätter bieten und ausgemustert werden, wenn sie stumpf geworden sind. Nicht immer ist offensichtlich, daß die Schneide abgestumpft ist, erst der Vergleich mit einem neuen Blatt macht dies erkennbar.

Um die Werkzeuge voll ausnutzen zu können, müssen sie regelmäßig gepflegt werden. Jedesmal, wenn der Stechbeitel in das Holz einschneidet, stumpft die Schneide ein wenig ab. Es dauert nur Sekunden, sie auf einem Ölstein abzuziehen. Viele neue Werkzeuge werden stumpf oder nur grob vorgeschärft geliefert. Die Prozedur des Schleifens und Abziehens sollte deshalb sofort beginnen, wenn das Werkzeug aus der Verpackung genommen wird.

Fräswerkzeuge (siehe Fräsen) müssen mit Sorgfalt behandelt werden, denn sie sind teuer, schlag- und stoßempfindlich und setzen sich leicht mit dem Harz des Holzes zu, was zu Wärmestau und schnellem Abstumpfen führt. Holzbearbeitung bedeutet Sorgfalt, Aufmerksamkeit und Hinwendung – alles das sollte bei Ihrem Werkzeug beginnen.

Grundausstattung

Ölstein
Abziehstein
Dünnflüssiges Öl
Diamantstein
Glättwerkzeug
Flachfeile
Kleine Dreikantfeile
Hobelbank, Schraubstock und Sägeleisten
+
Siehe Seiten 8 und 9

Ausbauen und Schleifen eines Hobeleisens

Heutige Putz- und Schlichthobel sind Präzisionswerkzeuge und müssen nach jedem Schärfen des Eisens ordnungsgemäß eingestellt werden. Das sollte recht oft erfolgen, denn ein Hobeleisen kann nie scharf genug sein und stumpft schließlich jedesmal ab, wenn es mit Holz in Kontakt kommt. Auch wenn der Hobel auf die Bankplatte aufgelegt oder gar fallengelassen wird, kann sich das Eisen verschieben. Ein Handhobel benötigt ständige Aufmerksamkeit, er muß immer wieder eingerichtet und vor allem rasiermesserscharf gehalten werden. Zum Auseinandernehmen wird der Hebel gelockert und das Eisen mit der Klappe herausgenommen.

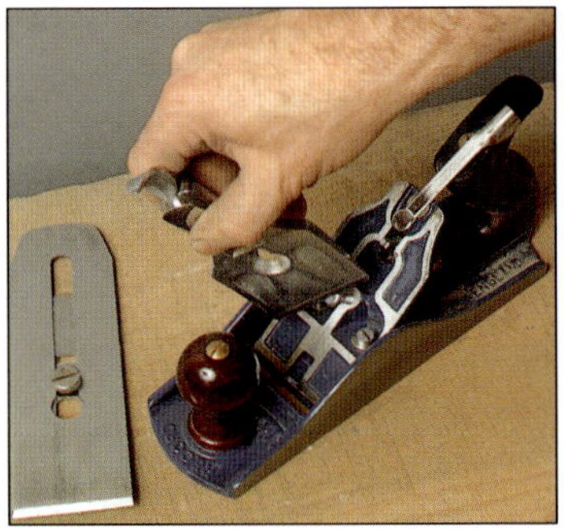

1 Die Klappe kann als Schraubendreher für das Anziehen der Schraube zur Befestigung des Hobelmessers verwendet werden, um den richtigen Druck des Klappenhebels einzustellen. Mit der Klappe kann die Schraube herausgedreht und dann das Eisen zum Schleifen oder Schärfen entnommen werden.

Schneidenwinkel

Stechbeitel sind bereits vom Hersteller in einem Winkel von 25° angeschliffen worden. Mit dem Ölstein erhalten sie eine Fase von 30 bis 35°.

Einfach die schräge Fläche der Schneide auf den Ölstein halten, das Heft leicht anheben, um den zusätzlichen Winkel zu erzeugen, und das Eisen vor und zurück bewegen, bis eine feine neue Schneide entstanden ist. In derselben Weise wird auch ein Hobeleisen geschärft.

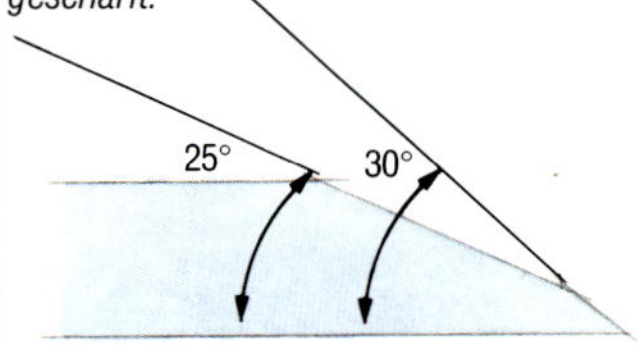

5 Nun wird das Eisen umgedreht, um den durch das Schärfen entstandenen Grat zu entfernen. Wiederholen Sie das Schärfen und Entgraten. Am Ende wird der feine Grat mit einem ledernen Streichriemen oder durch einfaches Einschneiden in ein Stück Holz entfernt.

2 Das Hobeleisen wird am Schleifbock geschliffen. Das Eisen erhält einen Winkel von etwa 35°. Es wird an der Schleifscheibe seitwärts bewegt und mit den Fingern angepreßt.

3 Um das Hobeleisen ordnungsgemäß anzuschleifen, ist etwas Erfahrung nötig. Am wichtigsten ist ein gleichbleibender Winkel. Als Unterstützung kann auf dem Eisen dort, wo es aufgelegt wird, eine Linie gezogen werden. Schleifen Sie keine Schrägen oder Krümmungen an. Das Eisen muß eine exakt gerade Schneide bekommen.

4 Es darf nur eine Seite des Eisens geschärft werden, die andere (die Spiegelseite) muß genau plan bleiben. Halten Sie das Eisen mit beiden Händen. Die Bewegung und Verteilung der Finger sowie die feste Stellung des Handgelenks unterstützen das Erreichen des gewünschten Winkels von etwa 25°. Das Eisen wird mit einer Anzahl von kontrollierten Vorwärts-Rückwärts-Bewegungen auf dem Öl- oder Diamantstein geschärft.

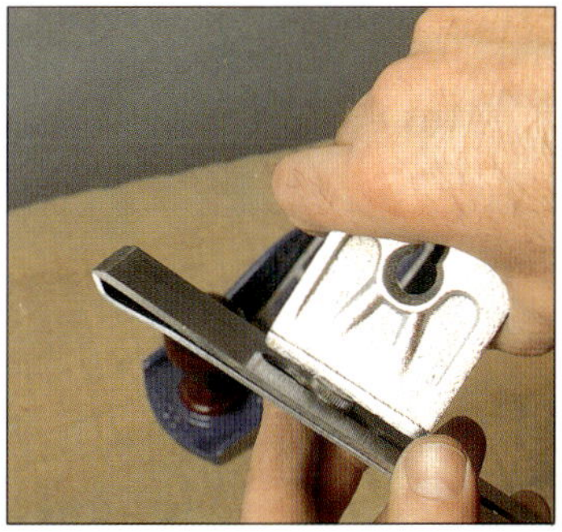

6 Die Klappe wird wieder auf das Eisen aufgeschraubt, wobei am unteren Ende ein Abstand von 2 mm bleibt. Diese freie Fläche der Schneide ist wichtig für die Formung des Spans. Die Klappe muß unbedingt dicht auf dem Eisen aufliegen, damit keine Späne zwischen den Teilen eingeklemmt werden.

7 Wenn Eisen und Klappe wieder in den Hobelkasten eingesetzt sind, wird mit der Einstellschraube und dem Seiteneinstellhebel ausgerichtet. Dazu wird der Hobel umgedreht und mit dem Blick entlang der Sohle an Schraube und Hebel eingestellt. Das Eisen muß einen exakt parallelen Schattenstreifen werfen.

Schärfen eines Stechbeitels

1 Stechbeitel müssen ebenso wie Hobeleisen häufig geschärft (abgezogen) werden. Der Beitel wird mit beiden Händen erfaßt und wie das Hobeleisen vor- und rückwärts bewegt. Indem die Handgelenke starr gehalten werden, wird ein gekrümmter Schliff der Schneide verhindert.

2 Ein Abziehen des Stechbeitels mit einem etwas spitzeren Winkel erhöht seine Schneidfähigkeit, allerdings wird die Schneide zumindest theoretisch etwas anfälliger gegen Ausbrechen.

Schärfen einer Ziehklinge

1 Jedes längliche Stück Qualitätsstahl kann als Ziehklinge benutzt werden. Die Schneidwirkung beruht auf einem Grat, der entsteht, indem eine Kante eben gefeilt wird. Halten Sie die Feile mit beiden Händen, und bewegen Sie sie auf der Kante hin und her. Die Klinge wird dazu im Schraubstock tief eingespannt.

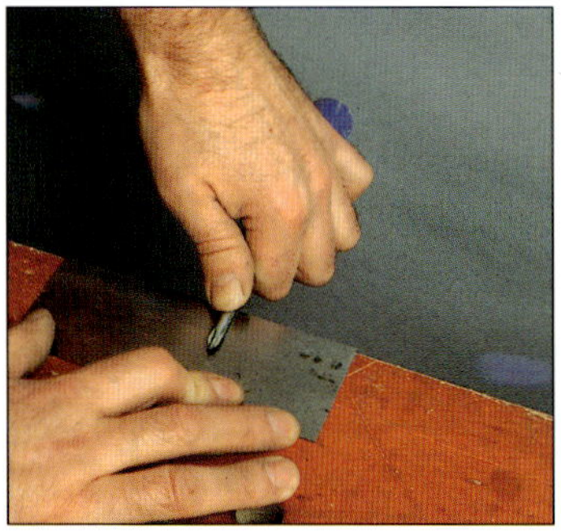

2 Nun wird die Klingenschneide beidseitig mit Öl- oder Diamantstein geglättet. Ein Grat wird erzeugt, indem die Klinge mehrmals über ein Poliereisen (ein Ziehklingeneisen) gezogen wird. Dann wird der Grat abgebogen („angestoßen"), indem mit dem Ziehklingeneisen zwei- bis dreimal in einem Winkel von 70 bis 80° an der Kante entlanggestrichen wird.

Schleifen und Schärfen eines Anreißmessers

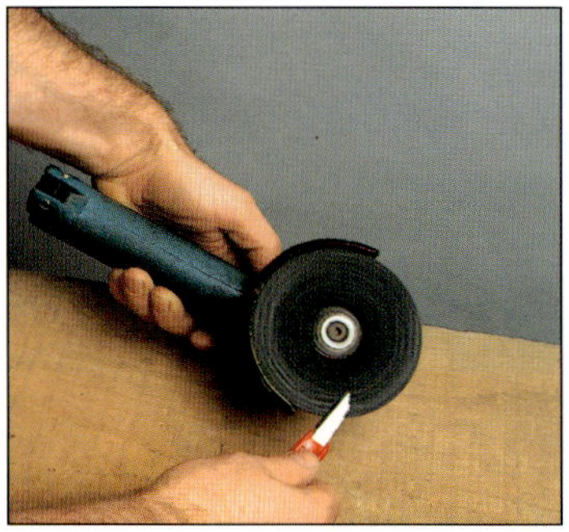

1 Ein Akkuschleifer erweist sich in der ganzen Werkstatt als überaus nützlich für das Schleifen von Werkzeugen, wie beispielsweise ein Anreißmesser. Hier werden beide Kanten an die Scheibe gehalten, und zwar stets gegen die Drehrichtung der Scheibe, so daß der Grat entfernt wird.

2 Das Anreißmesser sollte mit dem Ölstein ständig scharf gehalten werden, wobei ein dünnflüssiges Öl als Schmiermittel verwendet wird.

Pflege von Messerwellen

Die Messerwellen der Abrichte sind entweder hartmetallbestückte Wegwerfwerkzeuge oder bestehen aus Schnellarbeitsstahl und können nachgeschliffen werden. Es ist jedoch nicht empfehlenswert, sie selbst nachzuschleifen – das sollte einer Fachwerkstatt überlassen werden. Um die Standzeit zu verlängern, können sie um einen geringen Betrag abgezogen werden. Messerwellen sind bekanntlich ausgewuchtet, was bedeutet, daß alle Messer identisch sein müssen.

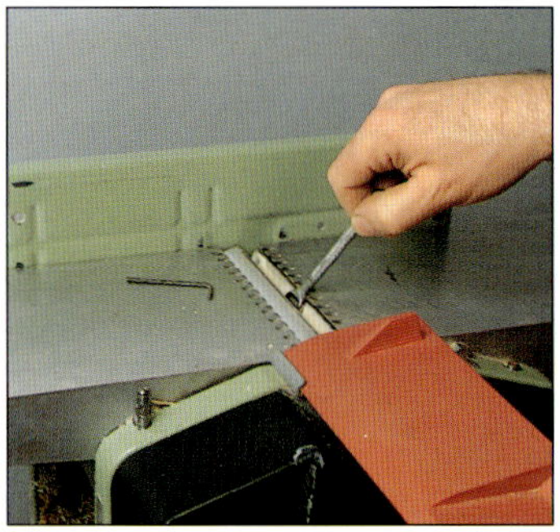

1 Um die Messer auszubauen oder nachzustellen, werden sie zuerst mit Hilfe eines Maulschlüssels aus ihrer Klemmung herausgenommen.

2 Beide Messer müssen genau gleich eingebaut und eingestellt sein. Das kann mit zwei Leisten geprüft werden, die Marken tragen, an denen sie ausgerichtet werden können. Die Messer müssen beide Leisten gerade berühren. Die Messer können an den federbelasteten Stiftschrauben nachgestellt werden.

Maschinentisch schmieren

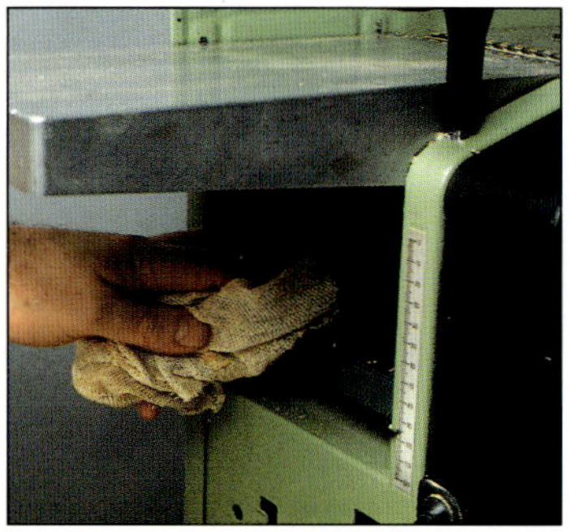

Die meisten Werkstatt-Dickenhobelmaschinen haben Aluminiumgestelle, so daß sie mitunter zum Kleben neigen. Deshalb muß von Zeit zu Zeit ein Schmiermittel, wie z.B. Babypuder (Talkum), auf die bewegten Tischflächen aufgebracht werden.

Pflege der Oberfräse und der Fräser

1 Fräser und Fräsereinsätze sind teuer und empfindlich. Abgesehen davon, daß sie stets in einem Kästchen aufbewahrt werden sollten, benötigen sie regelmäßige Pflege, und zwar müssen die Harzreste ständig von den Schneiden entfernt werden.

Die inneren Schneidkanten der Hartmetallfräser werden mit einem Diamantstein vorsichtig abgezogen. An den Außenkanten wird nicht abgezogen, damit der Rundlauf des Fräsers nicht verlorengeht.

2 Die Oberfräse erzeugt Staub, der die Leistung der Maschine verringern kann. Schmieren Sie die Tiefenvorschubeinrichtung mit einem dünnflüssigen Öl.

Schleifen von Flachbohrern

Mit gewisser Vorsicht können Flachbohrer mit der Schleifmaschine „aufgearbeitet" werden, übermäßiges Schleifen beseitigt jedoch den Rundlauf der identischen Messer.

Schnitzmesser schleifen

Schnitzmesser für das Drechseln und Schnitzen sind leicht anzuschleifen, indem sie unter einem konstanten Winkel auf der Auflage abgestützt und langsam gedreht werden. Die Finger dienen als „Lagerung" für die Drehung.

Pflege von Sägen

Heute sind viele Sägen Wegwerfwerkzeug – sie haben hartmetallbestückte Blätter, die nicht nachgeschliffen werden können. Es ist trotzdem von Vorteil, seine Sägen selbst instandzuhalten und die Zähne stets scharf halten zu können.

1 Das Sägeblatt wird zuerst zwischen zwei geraden Holzleisten im Schraubstock eingespannt und die Zahnspitzen mit der Feile auf gleiche Höhe gebracht. Das geht auch ohne Vorrichtung, wenn Sie die Feile zwischen Daumen und Zeigefinger beider Hände halten und die anderen Finger als Führung gegen die Blattseiten benutzen.

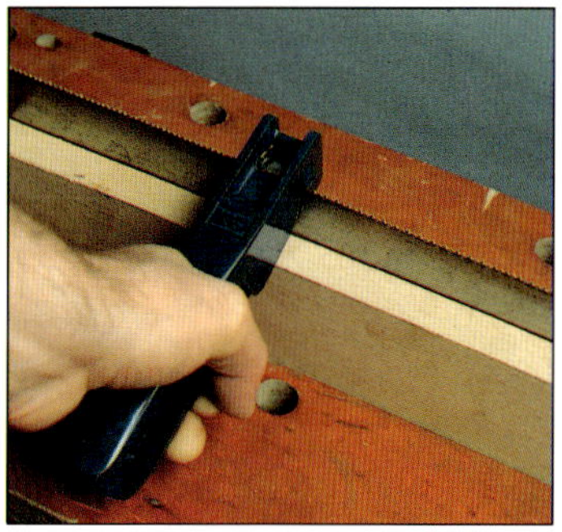

2 Das Sägeblatt wird mit einem Spezialwerkzeug geschränkt, das jeden zweiten Zahn unter einem ganz bestimmten Winkel abbiegt (eingestellt entsprechend der Zähnezahl des Blattes).

3 Als letzter Schritt werden die einzelnen Zähne mit einer Dreikantfeile scharf gefeilt, und zwar jeder zweite Zahn zuerst von der einen Seite in der einen Richtung, dann von der anderen Seite in der Gegenrichtung. Ein wenig Stearin (Kerze!) auf das Blatt gestrichen, erleichtert das Feilen.

DRECHSELN

DRECHSELN

Das Drehen von Holz oder Drechseln ist eine der einfachsten Techniken der Holzbearbeitung und übt dennoch einen enormen Reiz aus. Die Leute sind stets fasziniert, wenn sie zuschauen können, wie Holz auf der Drechselbank gestaltet wird, weil das Ergebnis sofort zu sehen ist und die Formen sich rasch wandeln. Die Technik ist sicherlich nicht sehr schwierig zu erlernen, Erfahrung ist trotzdem durch nichts wettzumachen.

Ein jeder vermag zu erlernen, wie eine Holzdrehmaschine bedient wird, die eine geräuscharme und relativ kostengünstige Maschine ist, nicht viel Raum einnimmt und zu ihrer Aufstellung lediglich eine Hobelbank benötigt.

Auf der Drechselbank können Gebrauchsartikel, wie Schüsseln, Platten, Stielbecher und dekorative Stücke, erzeugt werden, aber auch Teile für Möbel, wie Tisch- und Stuhlbeine.

Das Prinzip des Drechselns ist einfach: Ein Holzstück wird, eingespannt in ein Futter, in Rotation versetzt. Futter gibt es in den verschiedensten, an die Arbeitsaufgabe angepaßten Ausführungen.

Unterschiedlich geformte Schabmesser oder Hohlbeitel werden vorsichtig in das rotierende Holz vorgeschoben, abgestützt auf einer Auflage, die als fester Hebeldrehpunkt dient. Die Werkzeuge werden mit der Hand gehalten und vom Bediener so bewegt, daß die gewünschte Form entsteht. Die endgültige Oberfläche kann ebenfalls auf der Drechselbank erzeugt werden, und zwar entweder direkt mit dem Drechselwerkzeug, durch Schleifen, durch Polieren mit Holzspänen oder durch Auftragen von Wachs auf das rotierende Holz. Diese Verfahren werden im folgenden vorgeführt. Weil Drechseln Staub und Späne produziert, die sich überallhin ausbreiten, sollten Sie die Augen und Atmungsorgane mit einer passenden Maske oder einem Visier schützen.

Die meisten Hölzer eignen sich für das Drechseln, einige aber ganz besonders, wie z.B. Kiefer, Eibe und Ulme; Ulme wird oft „naß“ gedrechselt, d.h. als nicht getrocknetes Holz, das noch viel Saft enthält.

Beim Drechseln können Verschnittstücke genutzt werden, die für andere Techniken zu klein sind. Das Drechseln ist faszinierend und bietet, einmal begonnen, endlose Stunden zufriedenstellender Betätigung.

Grundausstattung
Drechselbank oder Drechseleinrichtung
Elektrobohrmaschine
Satz Schabmesser
Satz Hohlbeitel
Schleifpapier
Tastzirkel
Feinsäge
Heißklebepistole
Schrauben
Bohrer und Schraubendreher
✚
Siehe Seiten 8 und 9

Querholz- oder Plandrehen: Drechseln einer Schale

1 Schneiden Sie den Rohling achteckig oder kreisrund zu (siehe Sägen), und befestigen Sie ihn mit Schrauben in vorher gebohrten Löchern an der Planscheibe.

2 Drehen Sie die Planscheibe auf das Gewinde an der Spindelnase, und drehen Sie sie von Hand durch. Dabei richten Sie die Werkzeugauflage aus, damit sie nicht vom Werkstück erfaßt wird. Das Holzteil muß frei rotieren können, ohne ein Maschinenteil zu berühren. Die Werkzeugauflage wird dann in der Höhe eingestellt, und zwar auf eine Höhe mit der Achse des Werkstücks.

Plandrehen mit Schabmesser

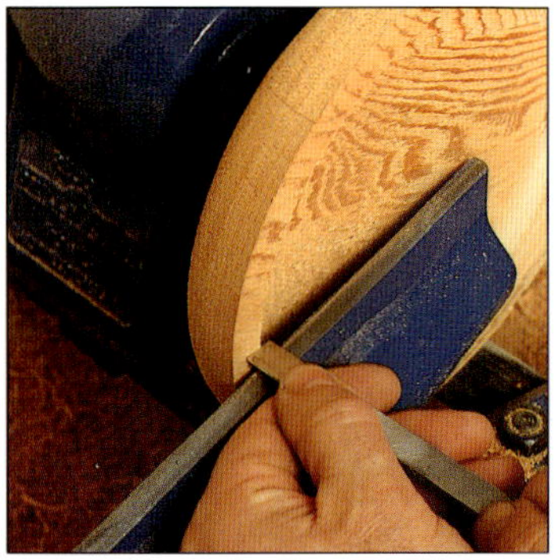

Obwohl Profis eher mit einem Hohlbeitel arbeiten, ist auch ein Schabmesser einsetzbar. Leichter zu halten ist es auf jeden Fall, obwohl es weniger leistungsfähig als ein schneidendes Werkzeug ist. Es gibt viele Schabmesserprofile. Hier ist die Werkzeugauflage ein wenig abgesenkt worden, so daß die obere Werkzeugfläche in einer Höhe mit der Holzteilmitte liegt.

Prüfen der Tiefe einer Schale

Mit einem Stahllineal kann in Verbindung mit dem Werkzeug die Tiefe des gedrechselten Teils sehr einfach geprüft und damit vermieden werden, bis auf die Schrauben hinunterzudrehen, die das Teil halten. Beim Plan- oder Querholzdrehen werden kurze Schrauben verwendet, davon aber eine Menge, um das Teil sicher zu halten.

Querholzdrehen mit dem Hohlbeitel

1 Für das Drehen von Holz ist der Hohlbeitel das effektivste Werkzeug. Halten Sie den Beitel mit beiden Händen gut fest, und schwenken Sie ihn leicht nach unten, so daß er in das Holz einschneidet. Schalten Sie die Maschine ein, und schieben Sie den Beitel langsam ins Holz vor; dabei zuerst den Schneidkeil ansetzen und dann durch Anheben des Hefts die ganze Schneide.

2 Das Profil der Außenkante der Schale kann mit dem Hohlbeitel geschnitten werden. Wenn die Schale nach und nach immer runder wird und damit wuchtfrei läuft, kann die Drehzahl der Maschine von langsam auf mittel erhöht werden. Sorgen Sie durch häufiges Nachschleifen dafür, daß der Beitel ständig scharf ist (siehe Werkzeugpflege).

3 Die Werkzeugauflage wird geschwenkt, um die Innenfläche der Schale zu drehen. Ihre Höhe muß so eingestellt werden, daß die Spitze des angekippten Werkzeugs in der Höhe der Werkstückmitte liegt. Sie drehen die Innenfläche aus, indem Sie die waagerechte Beitelschneide vorwärts bewegen.

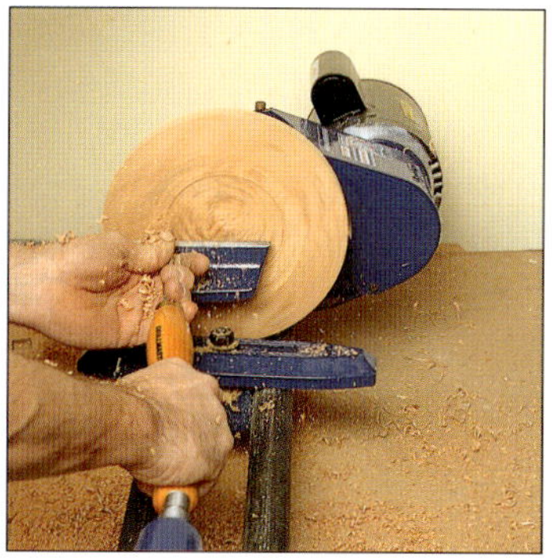

4 Gewöhnlich wird im Zentrum begonnen und nach außen gearbeitet. Nachdem die Kontur grob ausgedreht worden ist, kann eine feinere Oberfläche erreicht werden. Mit dem Abdrehen von Holz können Sie die Auflage näher an das Werkstück heranrücken, aber stets nur bei ausgeschalteter Maschine; eine Drechselbank kann sehr gefährlich sein.

Endbearbeitung

1 Schleifen Sie mit Schleifpapier immer feinerer Körnung, indem Sie es zwischen den Fingern halten und gegen die Drehung des Werkstücks knapp unter der Mitte andrücken. Wenn die Schale groß ist, enthalten Sie sich der höchsten Spindeldrehzahl; diese ist Langdreharbeiten vorbehalten, bei denen größere Sicherheit besteht.

2 Es können beide Hände verwendet werden. Sie werden schnell bemerken, ob Sie zu fest andrükken, denn das Schleifpapier wird dann heiß. Bewegen Sie das Schleifpapier, um das Einschleifen von Riefen zu vermeiden. Beim Schleifen empfiehlt sich eine Staubabsaugung, denn der Staub kann gefährlich werden, wenn er eingeatmet wird.

3 Eine Handvoll Späne kann gegen die rotierende Schale gepreßt werden. Einige Hölzer sind reicher an Harz als andere und erzeugen einen feinen Glanz auf dem Holzteil.

4 Auch eine Wachsschicht kann auf das schnell rotierende Teil aufgetragen werden. Lacke und Öle werden aber besser auf das von Hand durchgedrehte Holzteil aufgetragen. Sie sind viel dünnflüssiger als Wachs und würden weggeschleudert. Im Bild wird auf die gedrechselte Schale Olivenöl aufgetragen, welches die Maserung hervorhebt.

Drechseln zwischen Spitzen: Langdrehen

1 Zwischen Spitzen können sehr kleine Teile gedrechselt werden, wie z.B. Spulen für die Textilverarbeitung.

Zuerst wird das Holz achteckig oder quadratisch zugerichtet. Suchen Sie dann an beiden Stirnflächen die Mitte, indem Sie zwei Kerben als Diagonalen ziehen, und schlagen Sie die Zentrierspitze (den Dreizack oder Vierzack) ein.

2 Spannen Sie das Holzstück in die Drechselbank; stecken Sie das konische Ende der Zentrierspitze in den hohlen Dorn der Spindel. Diese Spitze wird treibende Spitze genannt.

3 Schieben Sie den Reitstock heran und klemmen Sie ihn. Dann wiederum Werkstückmitte suchen. Eine mitlaufende Zentrierspitze rotiert mit dem Holzstück, eine ruhende Zentrierspitze nicht. Eine ruhende Spitze erzeugt Reibung und muß oft nachgestellt werden, weil sie verschleißt. Mit Stearin kann verhindert werden, daß die Zentrierung im Holz verbrennt.

4 Jetzt wird die Werkzeugauflage auf Höhe und Parallelität eingerichtet. Das Holzstück wird von Hand durchgedreht, um festzustellen, daß es nirgends anstößt.

Vertiefungen ausschaben

Vertiefungen werden mit einem entsprechend profilierten Schabmesser geschaffen.

Drücken Sie das Schabmesser vorsichtig an. Häufiges Schärfen erhält die Schneidfähigkeit des Werkzeugs (siehe Werkzeugpflege).

Konvexe Konturen schaben

Konvexe Konturen werden mit einem geraden Schabmesser oder Beitel erzeugt, indem das Werkzeug auf der Werkzeugauflage in einem waagerechten Bogen geführt wird.

Einstechen von Nuten und Abstechen

Ein Abstechstahl oder ein schmaler Beitel wird in das Holz hineingedrückt, um dekorative Nuten zu erzeugen oder um ein Stück abschließend abtrennen zu können.

Langdrehen mit dem Beitel

Der Beitel wird nach oben angekippt. Halten Sie das Heft fest mit der Hand, und lassen Sie den Beitel zwischen den Fingern und dem Daumen der Führungshand gleiten. Mit zunehmender Übung kann rasch viel Holz abgedreht werden, indem der Beitel am Stück entlang geführt wird.

Langdrehen mit dem Schabmesser

1 Nachdem die Werkzeugauflage so eingestellt worden ist, daß das waagerecht gehaltene Schabmesser mit seiner oberen Fläche auf der Werkstückmitte liegt, wird es vorsichtig in das rotierende Holzteil gedrückt. Wenn das Holz kreisrunde Form annimmt, kann die Drehzahl erhöht werden.

2 Als Schabmesser kann ein breiter Beitel benutzt werden. Bei langen, geraden Schnitten führt er sich selbst.

Der Tastzirkel

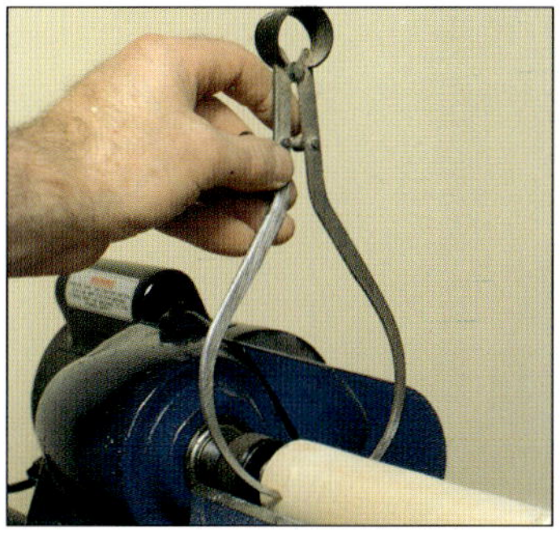

Der Durchmesser des gedrechselten Teils wird mit dem Tastzirkel geprüft. Er wird zuvor am Stahllineal eingestellt. Das Holzteil muß beim Prüfen mit dem Tastzirkel stillstehen.

Befestigen mit der Heißklebepistole

Dieses neue Verfahren, welches vom Autor angewendet wird, erlaubt das rasche und problemlose Drechseln kleiner Teile, wie Stiel- und Eierbecher, auf einer holzverkleideten Planscheibe. In der Nähe der Klebung muß vorsichtig gedrechselt werden, um den Kleber nicht zu stark zu erwärmen.

Als erstes werden mehrere konzentrische Kreise auf die Planscheibe gezeichnet, um das Werkstück mittig aufkleben zu können.

1 Mit der Heißklebepistole wird das Holzstück auf die Planscheibe geklebt. Das Holz muß an der Klebeseite völlig trocken und plan sein. Am Beginn der Drechselarbeit kann als zusätzliche Stütze der Reitstock benutzt werden. Vorteile dieses Verfahrens sind die Möglichkeit, die Stirnfläche drechseln zu können, und der gute Werkzeugzugang. Es gibt auch Futter, mit denen dasselbe erreichbar ist.

2 Sobald die Stirnseite geformt ist, können die Seitenflächen abgedreht werden. Ganz am Ende, nach dem Schleifen des Teils, wird zum Lösen des Teils eingestochen.

3 Bei abgeschalteter Drechselbank wird das gedrechselte Teil mit der Feinsäge abgesägt. Wenn Sie geübt sind, können Sie das Drechselteil vollständig mit dem Beitel abstechen; es fällt Ihnen einfach in die Hand, wenn es abgetrennt ist.

Das Furnieren ist eine der ältesten Holzbearbeitungstechniken, die bis in Zeiten vor dem alten Ägypten zurückreicht. Das Furnieren ist auch heute ganz besonders wichtig, weil es einen außerordentlich wirtschaftlichen Umgang mit dem Rohstoff Holz ermöglicht. Ein Furnier ist ein sehr dünnes Stück Holz; heute können Furniere mit Dikken bis hinab zu 0,6 mm hergestellt werden. Das entspricht einem stärkeren Papier.

Furnier wird auf einen Grundwerkstoff, wie Span- oder Faserplatte, aufgeklebt. Wenn Sie an eine Tischplatte von 30 mm Dicke aus Vollholz denken, können Sie sich leicht vorstellen, wieviele furnierte Tischplatten aus demselben Stück Holz hergestellt werden könnten, Verschnitt eingerechnet.

Furniertes Holz wird oft mit Billigmöbeln in Verbindung gebracht. In der Tat sind viele in Massenproduktion hergestellte furnierte Möbel wenig dauerhaft, das gilt jedoch für Vollholzmöbel aus Massenproduktion genauso.

Einige ganz vorzügliche Beispiele handwerklicher Kunst in der Möbelgeschichte sind jedoch gerade Furnierarbeiten. Furniere sind oftmals benutzt worden, um die natürliche Schönheit von Holz zu präsentieren. Andererseits wurden mit Hilfe von Furnieren Pfusch verdeckt und anspruchslose Strukturen optisch aufgewertet.

Ein Vorteil des Furniers besteht darin, daß der Möbeltischler aus einer sehr viel größeren Palette von Hölzern auswählen kann. Auch dadurch, daß aus einigen seltenen Holzarten ausschließlich Furnier hergestellt wurde, konnten diese bewahrt oder wenigstens länger erhalten werden.

Bei heutigen Furnierarbeiten sind die Probleme des Arbeitens des Holzes größtenteils überwunden, was bei den früheren schwachen Leimen häufig zum Absplittern und großflächigen Abspringen des Furniers führte. Span- und Faserplatten sind wegen ihrer Stabilität ausgezeichnete Grundwerkstoffe für Furnier. Das hat zusammen mit vorzüglichen Leimen, wie dem PVAC-Leim, dazu geführt, daß die Technik des Furnierens sowohl hinsichtlich der Haltbarkeit als auch der Zuverlässigkeit und der Kosten ein angemessenes Holzbearbeitungsverfahren ist.

Grundausstattung

Kugelschreiber
Stahllineal
Handwerkermesser
Schraubzwingen
Hammer
Ziehklinge

Oberfräse

+

Siehe Seiten 8 und 9

Furnieren einer Platte

1 Wählen Sie ein Stück Furnier aus, das ein wenig größer als die zu furnierende Platte ist (siehe Kantenbehandlung). Mit Furnierband werden etwa vorhandene Risse im Furnier auf der Außenseite gebunden. Auf das Furnier wird eine Platte aufgelegt, wobei das Furnier auf einer stützenden Unterlage liegen soll. Nun kann der Umriß angerissen werden.

2 Trennen Sie das Furnier mit einem scharfen Anreißmesser und Stahllineal etwa 3 mm außerhalb der angerissenen Umfangslinie ab. Es ist wichtig, zuerst quer zur Faser zu schneiden, da hier die Gefahr des Splitterns am größten ist.

Das Anreißmesser wird ziemlich flach gehalten, mit dem Zeigefinger fest aufgedrückt und langsam gezogen, insbesondere an den Enden der Schnitte, wo die Fasern leicht splittern. Hier muß das Messer fast waagerecht gehalten werden.

Furnieren einer gekrümmten Fläche mit Kontaktkleber

Auf gekrümmte Flächen, insbesondere größere, wird Furnier mit PVAC-Leim aufgeklebt; gespannt wird mit geformten Preßblechen. Bei kleineren Flächen läßt sich jedoch mit einem rasch aushärtenden Kontaktkleber schnell und bequem arbeiten. Zu bedenken ist aber, daß er mit der Zeit schrumpft.

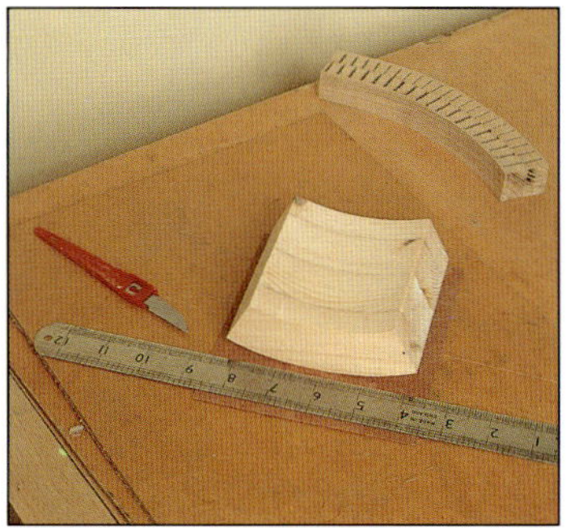

1 Das Furnierstück für die gekrümmte Fläche wird ausgesucht und mit leichtem Übermaß mit Anreißmesser und Stahllineal zugeschnitten.

3 Bereiten Sie nun ein Preßblech vor: einige Schraubzwingen bereithalten und Papier unter die Grundplatte legen; PVAC-Leim mit dem Spatel auftragen. Es ist bei den heutigen Leimen nicht notwendig, die Platte mit dem Zahnhobel oder einem Sägeblatt aufzurauhen. Der Spatel im Bild ist gezahnt, damit der Leim leichter gleichmäßig verteilt werden kann.

4 Lassen Sie den PVAC-Leim ein paar Minuten antrocknen, damit das Wasser verdunstet, bevor das Furnier aufgelegt wird. Dadurch wird verhindert, daß Leimflecken durch das Furnier hindurchdrücken und sich das Furnier übermäßig wölbt, was sogar unter dem Preßblech noch auftreten kann.

5 Die furnierte Platte wird auf ein oder zwei Preßbleche gelegt und gleichmäßig festgespannt. Der Leim sollte über Nacht, wenigstens aber 2 Stunden, unter Spannung bei etwa 16 °C abbinden.

6 Wenn die furnierte Platte ausgehärtet ist, wird der Furnierüberstand vorsichtig mit dem Anreißmesser auf der Unterlage abgetrennt. Heben Sie die Platte durch Unterlegen einer Leiste leicht an, damit die Kante für den Schnitt fest angedrückt wird.

Nun kann die furnierte Platte geschliffen (siehe Schleifen) oder mit der Ziehklinge bearbeitet werden (siehe Schaben).

2 Zum Trennen von Furnier wird zunächst auf halbe Dicke eingekerbt. Dann können durch Anheben des Furniers gegen das fest aufgedrückte Lineal die Fasern gebrochen werden. Das ergibt einen sauberen Schnitt.

3 Mit dem Spatel wird der Kontaktkleber dünn auf beide Flächen aufgetragen, dann muß er ein paar Minuten trocknen. Um die Gebrauchsdauer des Klebers zu verlängern, ist der Verschluß des Kleberbehälters sofort wieder aufzuschrauben.

4 Sobald die beiden Flächen miteinander in Kontakt gebracht worden sind, entsteht eine feste Verbindung. Bei größeren Flächen kann durch ein dazwischengelegtes Blatt Papier ein leichtes Ausrichten des Furniers ermöglicht werden. Pressen Sie das Werkstück fest gegen eine ebene Fläche.

5 Mit einem Preßklotz kann der Kontakt zwischen Furnier und Grund verbessert werden; er wird von Hand angedrückt oder mit dem Hammer angeschlagen.

Furnieren der aneinanderstoßenden Flächen eines gekrümmten Holzteils

1 Die konvexe Fläche des zu furnierenden Holzstücks mit dem Anreißmesser bestoßen. Fasern an der Schnittstelle stets gut abstützen. An der konkaven Fläche ist das Bestoßen schwieriger. Den Überstand mit dem Messer abschneiden; dabei darauf achten, daß die Fasern nicht splittern.

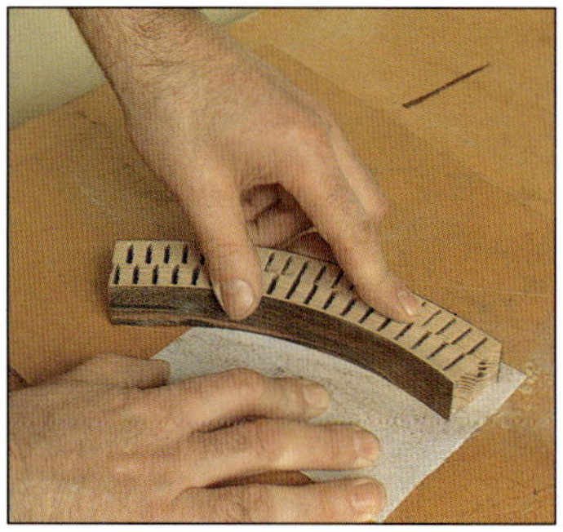

2 Die Seitenflächen werden vor dem Furnieren auf Schleifpapier geglättet.

3 Das Furnier wird mit Kontaktkleber, wie zuvor beschrieben, aufgeklebt und anschließend mit dem Anreißmesser auf einer festen Unterlage bestoßen.

4 Mit einem Hammer und einem Abfallklotz kann die Bindung zwischen Furnier und Basis verbessert werden.

Mit dem Schleifklotz wird endbearbeitet, dabei werden auch die Kanten ganz leicht abgerundet, damit die Furnierdicke nicht erkennbar ist.

Anbringen eines Kantenstreifens an einer gekrümmten Fläche

1 Das Folgende gilt auch für gerade Kanten. Es kann sein, daß die Kante zwischen zwei aneinanderstoßenden Holzflächen mit einem schmalen Vollholzstreifen verstärkt werden muß, der außerdem, wenn eine andere Holzart gewählt wird, die optische Wirkung erhöht. Mit der Oberfräse mit geradem Fräser und Führung einen Falz an der gekrümmten Kante für den Streifen fräsen.

2 Wenn die Krümmung nicht allzu stark ist, kann der Streifen beim Einkleben mit Klebeband gehalten werden. Bei stärkerer Krümmung muß der Streifen vorgebogen werden, z.B. in der Mikrowelle (siehe Biegen).

Wenn der Leim abgebunden hat, wird das Klebeband entfernt. Die Kantenstreifen werden bündig mit dem Furnier geschliffen oder geschabt. Dann ist das Teil fertig für die Endbehandlung.

Aufbringen von Furnieren, Motiven und Randbändern auf eine ebene Platte

1 Mit Furnieren können interessante Wirkungen erzielt werden. Hier wird ein kleines Brett im Viertel furniert, und es wird eine Umrandung hinzugefügt. Das Furnier wird mit einem Anreißmesser auf einer festen Unterlage geschnitten. Mit dem ersten Furnierstück werden die anderen angerissen.

2 Bestoßen, verbinden und bestoßen Sie ein zweites Mal die vier Stücke. Verwenden Sie Furnierklebeband, auch zum Festkleben von Absplitterungen und gelockerten Abschnitten. Furnierklebeband wird angefeuchtet, und nach dem Verleimen des Furniers durch Anfeuchten wieder entfernt.

3 Schmuckelemente können in vielfältigster Ausführung käuflich erworben werden. Dieses ovale Motiv wird im Zentrum der Furnierviertel mit der Rückseite nach oben aufgelegt.

4 Schneiden Sie das Furnier vorsichtig mit dem Anreißmesser auf einer festen Unterlage. Das Motiv wird in die Öffnung eingepaßt, mit Klebeband angeheftet und mittels Papierzwischenlage, Preßblech und Zwingen auf die Platte aufgeleimt. Für die Umrandung wird in die Platte eingeschnitten.

5 Als Umrandung wird ein Streifen geschnitten, bei dem die Fasern als dekorativer Effekt quer verlaufen.

Schneiden Sie die Furnierstreifen. Falls wegen der Länge erforderlich, können einzelne Streifen mit Klebeband verbunden werden. Die Kanten der furnierten Platte werden bestoßen, damit sie parallel liegen. Die Gehrungen der Streifen können geschnitten werden, indem beide übereinandergelegte Streifen zusammen durchtrennt werden. Die Streifen einzeln mit Klebeband und Preßblechen anleimen.

6 Schmale Streifen mit verschiedenen Kurzfasermustern können eine furnierte Platte sehr beleben.

Nach dem Anleimen und Trocknen der Randstreifen können die Schmuckstreifen eingeklebt werden. Mit der Oberfräse und ihrem Parallelanschlag läßt sich die feine Nut rings um die Plattenfläche fräsen (siehe Fräsen). Seien sie mit den kleinen Fräsern vorsichtig, sie brechen leicht. Die Nuttiefe beträgt etwas weniger als 2 mm.

7 Die runden Innenecken der Nut werden mit einem Stechbeitel gerade gestochen (siehe Stemmen). Der Schmuckstreifen wird nach dem Anreißen der Gehrungen mit dem Stechbeitel auf fester Unterlage geschnitten.

Mit dem Spatel wird ein wenig PVAC-Leim in die Nut eingebracht, dann können die Streifen eingelegt werden. Mit einem kleinen Hammer können sie vorsichtig eingetrieben werden.

8 Nach dem Verleimen ist die Platte bereit für das Putzen. Dies geschieht am besten mit einer Ziehklinge (siehe Schaben). Zuerst wird das Furnierband mit einem feuchten Tuch angefeuchtet und weggeschabt, worauf sich die Schönheit des Furniers zeigt. Mit der Ziehklinge kann in allen Richtungen gearbeitet werden, eine glatte Fläche entsteht aber nur, wenn mit der Faser oder schräg zur Faser geschabt wird. Nun kann die Platte oberflächenbehandelt werden.

Yellow Hue
(Nickel Titanate)
Outremer Jaune
Zitronengelb
Giallo d'Oltremare
Amarillo Limon
WATER COLOUR
Bleu de Cobalt
Kobaltblau
Azul de Cobalto
Blu di Cobalto
0102 178 SI. Series 4 AA

GESTALTUNGSBEISPIELE

Gegenstände aus Holz sind nicht nur von ästhetischem Reiz, sondern haben sehr oft auch einen Gebrauchswert – außerdem kann es ein wichtiger Aspekt ihrer Funktion sein, daß ihre Herstellung des schöpferischen Einsatzes von Kunstfertigkeit bedarf. Die meisten Stücke demonstrieren eine ganze Anzahl von Techniken – gleichgültig, ob ein Stück ein optischer Hochgenuß sein soll oder Form und Material feinsinnig im Hintergrund bleiben sollen – die Rolle der Arbeitstechnik kann nicht genug betont werden.

Nichts inspiriert mehr, als sich die Arbeiten der Meister anzuschauen. Die im folgenden Teil vorgeführten Stücke – Tische, Schränke, Truhen, Sitzmöbel und Schmuckgegenstände – wurden ausgewählt, weil sie einige der Arbeitstechniken des ersten Buchteils demonstrieren und weil sie einige der unbegrenzten Möglichkeiten aufzeigen, die in der schöpferischen Anwendung dieser Arbeitstechniken liegen.

GESTALTUNGSBEISPIELE

SCHRÄNKE UND TRUHEN

Ein Schrank oder eine Truhe ist gewöhnlich ein Kasten mit vier Seiten, einer Rückwand und irgendeinem Deckel. Schränke stehen mitunter auf Beinen, damit sie bequemer zu benutzen sind.

Die allergewöhnlichste Form eines Korpus ist ein vierseitiger Vollholzkasten, der mit Schwalbenschwanzverbindungen gefügt ist. Ein Schrank kann genauso maschinell gefügt und aus furnierten Spanplatten gefertigt werden. Aus der einfachen Kastenstruktur kann auf die verschiedenste Weise ein interessanter Schrank gemacht werden. Die Ecken können mit verschiedenen sichtbaren oder verdeckten Verbindungen gefügt werden. Die Türen können in vielerlei Weise angehängt oder so gestaltet werden, daß sie sich in völlig neuer Weise öffnen, schließen und verriegeln lassen. Im Inneren des Schrankes kann sich handwerkliche Bemühung verbergen, die sich erst beim Öffnen offenbart. Einige Schränke sind reich verziert, wie die des Jugendstils; andere sind zurückhaltend gestaltet und überraschen erst mit irgendeinem Detail. Es gibt Schränke, bei denen die Zusammenstellung der Hölzer den Reiz ausmacht oder deren Schubkästen ein würziger Holzduft entströmt.

Die Anfertigung von Schubkästen ist die hohe Schule der Schrankfertigung und die wahre Prüfung für den Handwerker. Es gibt zwar viele unterschiedliche Stühle, Tische und andere Möbelstücke, aber merkwürdigerweise werden für Schubkästen die traditionellen Techniken bevorzugt. Ein Schubkasten muß mit Präzision gefertigt werden, damit er leicht gleitet und wie ein Kolben die Luft im Korpus komprimiert. Herkömmliche Schubkästen brauchen viel Zeit, und die Meister der Vollkommenheit sind oft zugleich Meister der Schnelligkeit.

Der Schrank nutzt die Potenzen vieler Bearbeitungstechniken und der zugehörigen Werkzeuge – ebene, unter rechtem Winkel verbundene Platten, parallele Flächen, die miteinander gefügt werden, und winklige Schmalflächen, die mit Winkelinstrumenten geprüft werden; aus diesen Gründen ist die Anfertigung von Schränken das Herz der Holzbearbeitung, und in der Tat bereitet ein Schrank Freude – ihn zu besitzen und ihn zu bauen.

PAUL GOWER
Haushalttruhe
Eine ungewöhnliche, zugleich aber vollständig funktionale Truhe, die eine Frau verkörpert, die ihren Rock ein wenig hebt, um ein Stück Bein zu zeigen. Die „Füße“ bestehen aus patiniertem Kupfer, der Korpus aus sandgestrahlter Douglasie mit dadurch interessant hervortretender Maserung. Der Deckel hängt an Scharnieren und läßt in ein Inneres blicken, das den Krümmungen der Grundplatte folgt.

ALAN PETERS
Kommode
Diese Kommode wurde aus Eschenvollholz gefertigt; die Fronten der Schubkästen bestehen aus gebrannter und naturbelassener Akazie. Das Stück in seiner Gesamtheit entspricht mit seiner einfachen, maßvollen Formgebung nicht nur den funktionalen Erfordernissen, sondern hebt die Qualitäten der verwendeten Hölzer hervor. Beachtenswert, wie die nach innen abgekrümmt gearbeiteten Querhölzer sowohl die Möglichkeit offerieren, die Kästen zu erfassen, als auch zum optischen Reiz des Stücks beitragen. Ein Genuß ist es, die Kästen herauszuziehen – sie sind mit bewundernswerter Präzision eingepaßt.

JOHN MAKEPEACE
Schrank
◀ Macassar-Ebenholz und Steineiche sind für diesen auffälligen Schrank verwendet worden, der die Arbeitstechniken des Biegens, der Verwendung von Vollholz und der Hochglanzlackierung vereint. Die rotlackierte Platte ist aus Faserplatte gefertigt, der Rahmen gesperrt. Die natürliche Maserung kontrastiert atemberaubend mit der leuchtenden Farbe, während die strenge geometrische Form, lediglich gelockert durch die Wellenform des Türstoßes, das Vertrautsein mit Technik und Formgestaltung offenbart.

JOHN COLEMAN
Kommode
▶ Die klaren Linien und einfachen geometrischen Formen dieser Kommode lassen den Einfluß der Architektur auf die Arbeit des Gestalters erkennen. Jeder Bestandteil ist von gleicher Wichtigkeit. Sorgfältige Auswahl des Materials wie auch Planung und Ausführung des Stückes werden an der perfekt stimmigen Maserung der Schubkästenfronten sichtbar. Das Möbel ist mit gekalkter Eiche furniert und hat Ebenholzgriffe und lackierte Füße. Die am Korpus sichtbaren Gehrungsverbindungen sind furniert, der Korpus ist mit Lamellofederverbindungen montiert.

ANDREW VARAH
Anrichte
▶ Die klassisch fließenden Linien dieser exotisch furnierten Anrichte lassen eine starke, aber feinsinnige Aufmerksamkeit für das technische und optische Detail erkennen. Weil die mit gebranntem Madrona furnierten Türfronten vermutlich geöffnet werden und offen bleiben, ist ihre Rückseite mit demselben Furnier versehen worden.

TERRIE NOLL
Schrank
▲ Dieser technisch anspruchsvolle Schrank fängt den extravaganten Geist des Jugendstils ein. Die fließenden Linien der Vollholzformen erreichen alle Ecken des Stückes, die Tür hat raffinierte Scharniere und Schlösser. Die Glasböden sind angemessen zart.

JOHN COLEMAN

Kommode

◀ Der Gestalter dieses äußerst einfach erscheinenden Möbelstücks beweist Empfindsamkeit für Material, Technik und Form. Der seidenartige Glanz des mit Masermakoré furnierten Korpus und der Schubladenfronten ist wundervoll eingesetzt, während die zierlichen Griffe und die Beine mit quadratischem Querschnitt den geometrischen Charakter verstärken. Der Erfolg des Stückes beruht nicht minder auf meisterhafter Technik.

JOHN MAKEPEACE

Schrank

▲ Dieser Schrank aus vollem Kongo-Palisander, Pergament und Elfenbein ist ein treffliches Beispiel für die unkonventionelle Gestaltung von Möbelstücken in unserer Zeit. Der Gestalter hat die Seiten der Schubladen innerhalb eines Skeletts freigestellt. Anders als übliche Schubladen, die nur hinten durchgehende Zinkenverbindungen haben, werden diese hier an der Front genutzt, um die Verbindung zu betonen.

ROBERT INGHAM
Kommode
Die optischen und taktilen Qualitäten vollen Sycamore-Holzes sind bei der Ausführung dieses ganz einfachen Konzepts mit großem technischen Geschick genutzt worden. Die Titanhandgriffe, die elegant mit dem soliden Holz kontrastieren, rufen zusätzliche Aufmerksamkeit hervor, während die ungewöhnlich geformten Ecken der Schubkästen und die dazu komplementären Ecken des Rahmens zurückhaltend zum Gesamterfolg des Stückes beitragen.

PAUL ROCHON
Hausbar
Diese raffiniert konstruierte Hausbar ist eine wahre Schatzkammer von Hölzern – Ahornblättrige Platane, Australische Walnuß, Afrikanischer Kirschbaum, Salamander-Rosenholz, Ebenholz, Steineiche, Ahorn, Padauk und Bischofsholz. Die Türen aus Platane verbergen ein ausziehbares Flaschenbehältnis, und innen angebrachte, hölzerne Mechanismen heben und verschieben die verschiedenen Schrankfächer.

JEREMY BROUN
Schrank
▶ Bei diesem pyramidenförmigen Eckschrank sind mehrere Arbeitstechniken mit Elektrowerkzeugen herangezogen worden, um furniertes und volles Holz miteinander zu kombinieren. Aus einem 50 mm dicken Eschenbrett wurden mit Bandsäge und Dickenhobler 3 mm dicke Furniere geschnitten und zueinander passend auf Sperrholzbretter aufgeleimt, die den Korpus bilden. Die Türen wurden mit der Stichsäge ausgesägt und ihre Kanten mittels Oberfräse mit verborgenen Deckleisten (siehe Kantenbehandlung) versehen. Beschläge gibt es nicht. Zugang zu den 13 Flaschen und Gläsern im Inneren ermöglicht die Klappe in der Mitte.

WALES & WALES

Schrank

▶ Dieser bemerkenswerte Schrank mit neun Schubkästen beruht auf einem verblüffend einfachen Grundprinzip. Gefertigt ist er aus gebrannter und aus naturbelassener Eiche. Der Vollholzkorpus ist auf Gehrung und Zapfen gearbeitet und mit Lamellofedern versehen; die seitlich gehängten Schubkästen sind gezinkt. Die Front besteht aus vollen Schindeln, die auf die Vollholzfronten der Schubladen aufgeleimt sind. Die Schranktüren sind furniert. Die kleinen Schubladen, die über federbetätigte Schnapper geöffnet werden, sind mit Melaminlack endbehandelt und mit Blattgold und Farbe verziert. Ein großartiges Beispiel für eine Breitenverbindung.

PHILIP KOOMEN

Schrank

▶ Dieser Schrank nimmt in drei getrennten Abteilen einen Fernseher, einen Videorecorder und Kassetten auf, die durch mit Scharnieren versehene Klappdeckel voneinander getrennt sind. Er ist in Englischer Walnuß auf Stäbchenplatte furniert und hat Vollholzzierkantenleisten aus Walnuß (siehe Kantenbehandlung). Die Türpaneele aus Eibe mit Walnußformteilen bilden ein Gitterwerk mit Gehrungen.

KAREN M. HANSEN
Regaleinheit
Esche und Buche sind die Hölzer für dieses ungewöhnliche Stück, das sowohl stabil als auch leicht demontierbar zu sein hatte. Es sollte zeigen, daß auch grünes, luftgetrocknetes Holz aus dem Unterholz des Forstes vorteilhaft verwendet werden kann. Das Gestell besteht aus Eschenhalbholz, gebrannt und poliert, das Stück wird durch Keilverbindungen in den Ecken zusammengehalten. Die Keile können ungestaltet sein oder verziert, um einem Thema Ausdruck zu verleihen.

LUCINDA LEECH
Vitrine
Eine Vitrine in Esche und Kongo-Palisander, entworfen für die Keramik- und Glasobjekte einer Galerie. Das lebendige, elegante Schaumöbel ist so vielseitig wie nützlich. Das Oberteil kann gesondert aufgestellt werden. Die Konstruktion ist licht und zurückhaltend, so daß den Ausstellungsstücken ungeminderter Vorrang eingeräumt wird. (Zur Verfügung gestellt von der Artizana Gallery.)

STÜHLE UND BÄNKE

Aristoteles saß, wenn er grübelte, glückerfüllt auf einem Felsblock – seither sucht sich der Mensch irgendeine Sitzgelegenheit.

Der Stuhl ist wahrscheinlich das in der Möbelgeschichte am häufigsten gestaltete Objekt, und er wird auch heute noch als die höchste Herausforderung des Gestalters gesehen. Die großen Architekten dieser Welt haben sich an Stühlen versucht – Le Corbusier, Alvar Aalto, Charles Eames. Es heißt, daß eines Gestalters Ruf für ein Jahrzehnt gesichert sei, wenn er oder sie einen neuen Stuhl geschaffen hat, und das erst recht, wenn dieser sogar noch bequem sein sollte.

Der hölzerne Stuhl ist eine besondere Herausforderung, weil einerseits Holz die dem Zweck entsprechenden äußerlichen Eigenschaften mitbringt, andererseits aber die Anforderungen an die mechanische Festigkeit leicht zu einer überzogenen und optisch verwirrenden Konstruktion verführen können; der Gestalter sollte sein Material genau kennen.

Einen hölzernen Stuhl zu schaffen, der den Kriterien einer angemessenen Stützung des menschlichen Körpers, einer soliden Konstruktion, einer einfachen und zurückhaltend eleganten Linienführung und einer klaren Zuschaustellung der angewendeten Techniken und Materialien genügt, ist eine fast unerfüllbare Forderung. Nur wenige Stühle bestehen diese Prüfung. Ein bekannter Gestalter hat einmal geäußert, daß es für ihn einen guten Grund gegeben habe, einen Stuhl zu entwerfen. Ein solcher Grund kann beispielsweise auch ein Wandel der Bearbeitungstechnik sein, der gemeistert werden will.

Die folgende Auswahl von Stühlen schließt klassische Entwürfe ein, die besonders in technischer Sicht reizvoll sind: Michael Thonets Kaffeehausstuhl aus dem gebogenen Holz der Mitte des 19. Jh.; Alvar Aaltos Entwürfe der 30er Jahre sind inspiriert von den Biegungen der Bäume im Wind; Hans Wegners Stuhl von 1949 baut auf eine Vielzahl von Techniken und vereint erfolgreich die handwerklichen Traditionen mit industrieller Produktion.

Heute tendiert der Designer-Stuhl zur gestalterischen Verselbständigung. Es sind kein Vorzugsstil und keine Vorzugstechnik erkennbar, die auch nur annähernd die Bedeutung der oben angeführten Beispiele erreichen. Dennoch ist die Herausforderung, neue und interesseerweckende Stühle zu schaffen, so groß wie eh und je. Die folgende Auswahl zeigt ein paar Beispiele für Sitzmöbel, bei denen der Ausdruck der Arbeitstechnik einen Gutteil ihrer Daseinsberechtigung ausmacht.

MARC NEWSON
Stuhl
◄ Einfach in Gestaltung und Konstruktion, bietet dieser plastische Stuhl aus Buchenkernholz dem Auge des Betrachters unter jedem Winkel einen optischen Genuß. Die fließenden Linien lassen auf das beachtliche technische Vermögen schließen, das für das Biegen von Holz in solch extremer Weise erworben werden mußte.

ALVAR AALTO
Stuhl
► Dieser klassisch geformte Stuhl ist ein vollkommenes Beispiel für das Biegen von Holz. Er wurde 1936/37 von Alvar Aalto, dem berühmten Gestalter der Moderne, entworfen und von der finnischen Firma Artek produziert, die von Aalto und seiner Frau gegründet worden war. Die Technologie des Biegens von Schichtholz ist bei der Formgebung der langen, freitragenden Birkenholzteile bis an ihre Grenzen getrieben worden. Hier diktiert die Technik die Form uneingeschränkt. Jede Verzierung wäre überflüssig.

POUL KJAERHOLM

Theatergestühl

▶ Im Entwurf dieses Gestühls für ein Theater in Louisiana im nördlichen Dänemark spiegeln sich die Wellen des Meeres wider. Der Gestalter hat das Gestühl nicht nur der Umgebung, sondern auch dem Benutzer angepaßt, denn die geflochtenen Eschensitze und die Konstruktion der Lehne meistern das Problems des Knarrens.

HANS J. WEGNER
Vorzimmerstuhl
Dieser Stuhl ist typisch für dänisches Möbel aus Massenproduktion, die auf handwerklicher Tradition basiert. Er wurde 1953 geschaffen, seine Gestaltung aber ist zeitlos. Die Herstellung fußt auf einer sorgfältig durchdachten Kombination von Hand- und Maschinenarbeit, besonders was die zeitaufwendigen Endstadien der Bearbeitung anbelangt. Die Maserung wird durch Nässen hervorgehoben, und es wurde feingeschliffen (siehe Schleifen).

JEREMY BROUN
Schemel
▼ Bei der Herstellung dieses Schemels oder kleinen Tisches ließ sich der Künstler durch die skandinavische Tradition des Biegens von Holz inspirieren. Der Schemel besteht aus einem durchgehenden Stück Esche, wurde im Dampf gebogen und wendet Frästechnik mit einfachen Vorrichtungen an. An den Biegestellen wurde das Holz abgearbeitet, so daß über einer einfachen Vorrichtung gebogen werden konnte. Diese Stellen wurden durch Mahagonistreifen in eingefrästen Nuten wieder verstärkt. An den Ecken wurde das fertige Stück abgefräst, um Platz für zufassende Finger zu schaffen.

HANS J. WEGNER
Stuhl
▶ Die beherrschenden Linien dieses vorzüglich gefertigten Stuhls aus Esche und Teak vereinen mehrere Techniken. Durch Biegen wurde der aus Schichtholz bestehende Lehnenbogen erzeugt, während die geformten „Pfauenfedern“ über Dübelverbindungen in die Sitzfläche münden. Beine und Querhölzer sind gedrechselt. Obwohl in Dänemark geschaffen, ähnelt der Stuhl in vielerlei Hinsicht dem klassischen englischen Windsorstuhl.

ROBERT WILLIAMS

Stuhl

◄ Diese auffälligen Stühle mit Brettlehne wurden 1977 geschaffen und sind exzellente Beispiele für verschiedene Techniken. Für die Stühle aus Eichen-, Eschen- oder Sycamore-Vollholz wurde die Technik des Biegens für die geschichteten Lehnen und das Fräsen für die Sitzflächen genutzt. Vorn am Sitz befinden sich Fingerverbindungen, hinten Zapfen-Schlitz-Verbindungen. Das Leimen und der Zusammenbau wie auch die Endbehandlung erfolgten von Hand. Durchweg wurden Vorrichtungen benutzt, und obwohl in Serie gefertigt, entfalten die Stühle Individualität, nicht zuletzt aufgrund der sorgfältigen Materialauswahl.

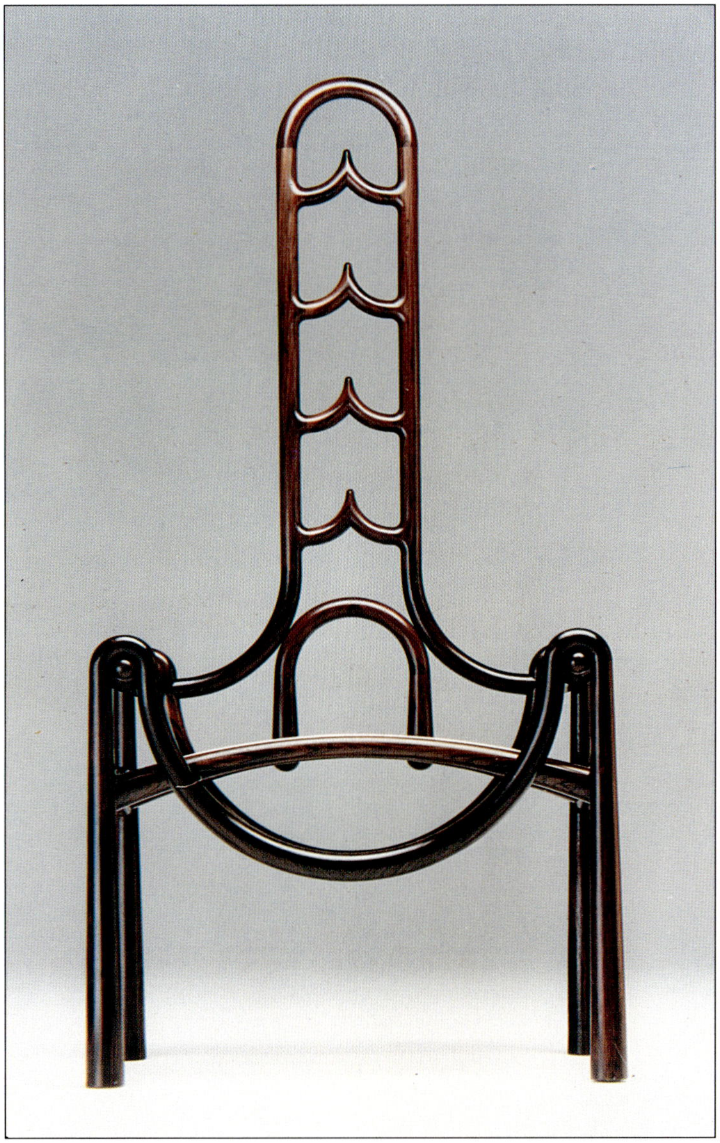

ANDREW VARAH
Stuhl
▲ In diesem ungewöhnlichen Stuhl sind akribische Handwerkskunst vereint mit fließender Form. Er besteht aus Java-Palisander und einem geflochtenen Rohrsitz. Die meistangewandte Technik ist das Biegen von Vollholz, wobei das Problem der kurzen Faser klug gemeistert wurde. Beachtenswert, wie die Kreisquerschnitte abnehmen, was die Schwierigkeiten der Herstellung weiter gesteigert hat. Das Foto zeigt nicht, daß das tief nach unten gebogene vordere Querholz sogar noch nach hinten abgebogen ist, um dem Sitzenden Beinfreiheit zu verschaffen.

JEREMY BROUN
Stuhl
Diese einfache, organische Form wurde durch das Verbinden von Vollholz erreicht, inspiriert durch klassisches skandinavisches Möbel. Das Holz, Amerikanische Esche, wurde indigo gebeizt. Die Polsterung aus gewebter Segelleine ist in Bohrungen befestigt, die mit einer einfachen, im Ständer aufgenommenen Bohrmaschine gefertigt wurden.

ERCOL FURNITURE LTD

Stuhl

Der Windsorstuhl ist vermutlich der bekannteste englische Stuhl. Seine Ursprünge, obwohl unsicher, liegen wahrscheinlich in der Mitte des 18. Jahrhunderts. Unzählige Varianten dieses Typs werden noch immer hergestellt. „Windsor" ist eine Gattungsbezeichnung für Stühle mit eingeleimten Teilen, spezifisch sind Esche und Eibe in Dampf gebogen. Die Beine und die Stäbe der Lehne werden gedrechselt, letztere durch Dübelverbindungen im geformten Sitz befestigt.

HANS J. WEGNER

Stuhl

Aus Eiche mit einem Sitz aus Rohrgeflecht ist dieser Stuhl mit seinen geschwungenen Lehnen eine Lektion für das Formen von Holz, während die Gesamtkonstruktion auf Verbindungen beruht. 1947 entworfen, ist er ein weiteres Beispiel für dänische Massenprodukte aus handwerklicher Tradition. Zu beachten ist, wie das gekrümmte vordere Querholz in das runde Bein mit einer eingelassenen Zapfen-Schlitz-Verbindung mit Ansatz eintritt.

POUL KJAERHOLM
Stuhl
▶ Dieser innovative Stuhl wurde durch Biegen geformt, und zwar nach einem weiterentwickelten Dampfbiegeverfahren, bei dem die Holzzellen durch Pressen hochgradig biegsam gemacht werden, so daß ihnen praktisch jede beliebige Form, einschließlich verschlungener Knoten, verliehen werden kann. Das Holz bleibt biegsam, solange es naß ist.

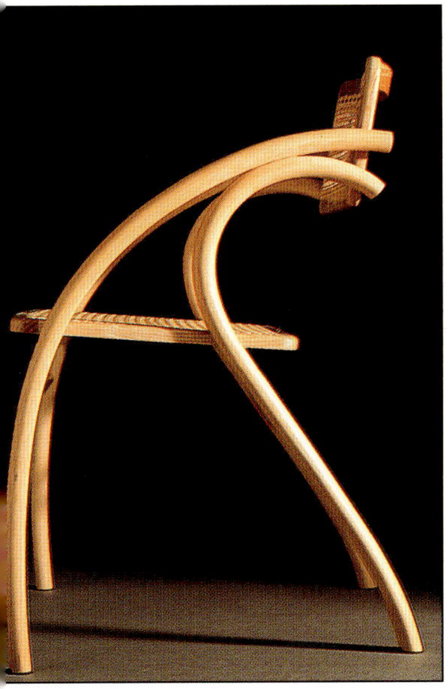

BEN HEAF
Stuhl
▲ Dieser elegante und raffinierte Stuhl ist aus gebogenem Schichtholz hergestellt. Er besteht durchweg aus Esche und hat einen geflochtenen Sitz. Die Schichtholzteile haben einen kreisrunden Querschnitt.

MICHAEL THONET
Stuhl
◀ Dieser klassische Stuhl wurde von dem deutschen Handwerker Michael Thonet geschaffen, der Mitte des 19. Jahrhunderts in Österreich wirkte; er stellt einen Meilenstein in der Entwicklung der Holzbearbeitungstechnik dar. Seine Form beruht vollständig auf der Technik des Biegens in Dampf. Der Sperrholzsitz, der bis zu 50 mm dick sein kann, ist in einer einzigen durchgehenden Krümmung geformt, in der die Biegetechnik bis an ihre Grenzen ausgenutzt wurde. Das vorzügliche Erscheinungsbild, die Bequemlichkeit und die Wirtschaftlichkeit des Holzeinsatzes haben ihn zu einem der meistkopierten der je produzierten Stühle werden lassen.

SAMUEL CHAN
Stuhl
▶ Die reizvolle und abgewogene Mischung orientalischer und westlicher Einflüsse, die in diesem Stuhl verkörpert ist, vereinigt sich mit Praktikabilität der Konstruktion, was die Herstellung erleichtert und Dauerhaftigkeit gewährleistet. Der hier gezeigte Stuhl ist aus Buche furniert, es gibt auch eine melaminbeschichtete Ausführung.

CHRISTOPHER ROSE
Speisezimmerstuhl
▲ Die Lederpolsterung in passenden oder kontrastierenden Farben verleiht diesem Stuhl mit Eschengestell eine Individualität, die der Stimmung des Eigentümers zu entsprechen vermag. Das Gestell ist entweder natur oder schwarz lackiert zu haben, was die Auswahlmöglichkeiten erweitert, und auch die passend oder kontrastiv eingefärbten Holzplatten unter den Armlehnen erhöhen die Variationsbreite.

STEFAN DURING
Sitzbank
◀ Nicht alle modernen Sitzmöbel sind unbequem. Die fließende Eleganz dieser zweisitzigen Bank lenkt die Aufmerksamkeit auf die konstruktive Lösung des Zusammentreffens der gebogenen Rückenlehnenteile mit den Armlehnen, die es dem Benutzer gestattet, sich nach Belieben in die Ecke zu lehnen oder an die Rücken- oder die Seitenlehne zu lagern. Die Sitzbank besteht aus in Dampf gebogener Esche, die Verbindungen sind Zapfen-Schlitz-Verbindungen, die Polsterung besteht aus Leder.

TERRIE NOLL
Bank
Der Schöpfer dieser prächtigen Jugendstilbank hat sich moderner elektrischer Schnitzwerkzeuge bedient, um die raffiniert ineinander verwobenen Muster in das Mahagoniholz zu arbeiten. Die Endbearbeitung erfolgte durch Schleifen. Die Seitenteile sind mit Blasenmahagoni furniert.

TISCHE UND SCHREIBTISCHE

Ein Tisch ist eine ebene Ablagefläche in funktionsabhängiger Höhe. Der Eßtisch ist das soziale Zentrum des Heims genannt worden. Hier werden Meinungen ausgetauscht, laufen Informationsprozesse ab, vollzieht sich das tägliche Ritual der sozialen Interaktion in der Familie. Der Konferenztisch ist gewöhnlich größer und anspruchsvoller in Konstruktion und Form; er erlaubt Interaktion in bewußt strukturierter Weise – der runde Konferenztisch ist „demokratisch", alle Konferenzteilnehmer können sich gleichgestellt fühlen. Der Couchtisch mag das einzige handwerkliche Erzeugnis inmitten massenproduzierter Gegenstände sein, er kann höchst individuell oder ganz schmucklos und zurückhaltend gestaltet sein.

Der Tisch ist für den Holzhandwerker eine Herausforderung. Um eine Ablagefläche auf eine gewünschte Höhe zu bringen, können außer den vier Beinen an jeder Ecke zahllose konstruktive Möglichkeiten herangezogen werden. Betrachten wir das Problem als die Aufgabe, einen Raum mit einer Struktur ausfüllen zu müssen, wofür eine breite Palette von Holzbearbeitungstechniken zur Verfügung steht. Das ist es, was den Reiz des Gestaltens ausmacht – die überkommene Vorstellung darüber, wie das Objekt auszusehen hat, beiseite zu lassen und stattdessen eine Anzahl von Aufgaben mitsamt den zu erfüllenden Kriterien zu definieren und sie mit der jeweils bestgeeigneten Technik zu lösen.

Einige der hier vorgestellten Tische sind das Ergebnis besonderer gestalterischer oder technischer Interessen der Entwerfenden oder ihrer Auftraggeber. Einige Beispiele sind ziemlich leicht anzufertigen, andere täuschen Einfachheit nur vor. Ein Tisch ist ein vorzügliches Objekt für den Anfänger, weil seine Hauptelemente eben nur die stützende Struktur für eine ebene Platte zu sein brauchen. Diese Platte kann aus Faserplatte mit beleimten Kanten, die Beine können aus einem Standardprofil bestehen, die Verbindungen können einfach sein. Wie einfach Ihr Tisch aber auch gestaltet sein mag, er muß ordentlich gemacht sein, und der Schlüssel zum Erfolg ist das Beherrschen der Technik.

SAMUEL CHAN
Tisch
▶ Dieser Beistelltisch erweist dem modernistischen Gestalter Gerrit Rietveld Referenz, obwohl seine geraden Linien und die einfache Form zeitlos sind. Das Mahagonigestell wurde mit traditionellen japanischen Verbindungen gefügt, während in den Hängekästen aus Sycamore Schwalbenschwanzverbindungen verwendet wurden.

NICHOLAS MEECH
Tisch

▶ Dieser originelle Tisch fußt auf einer traditionellen Technik, nämlich kreisrunde Dübel zu formen, indem rohes Holz durch eine Dübelplatte gezogen wird (siehe Dübelverbindungen). Die naturbelassenen Stangen sind mit einem rotierenden Handhobel (siehe Hobeln) schwach bearbeitet worden.

JOHN MAKEPEACE
Serviertisch

◀ Die Aura eines Möbelstücks kann durch das auffallende Licht geschaffen werden. Das Licht ist ein wichtiges Element dreidimensionaler Gestaltung, es erzeugt Schatten, erhöht die Wirkung von Form, Linien und Textur. Hier hat der Gestalter das einfache Thema eines Stapels regelmäßig geformter Kästen genutzt, um Unregelmäßigkeit zu schaffen. Die Grenze zwischen nutzensorientiertem Möbel und Kunstwerk wurde bewußt überschritten, um das Stück anders als viele handwerklich gefertigte Möbel unserer Zeit zu gestalten.

FRED BAIER
Schreibtisch
▶ Die Idee, die diesem Tischentwurf zugrundeliegt, bestand darin, ein Stück zu gestalten, das von jemandem mit nur wenig systematischer holzhandwerklicher Ausbildung gefertigt werden kann. Der Tisch besteht aus gebeizter Sycamore mit furnierten Flächen aus Sperrholz. Das Sycamoreholz wurde mit einer Xylolfarbe gebeizt und mit einem vorkatalysierten Lack gespritzt. Durchweg sind Lamellofederverbindungen verwendet worden.

STEPHEN FIELD
Tisch
◀ Dieser elegante Pembrocktisch besteht aus Satinholz mit einem breiten eingelegten Band aus Bischofsholz und weiteren Bändern aus Rio-Rosenholz. Die Beine mit quadratischem Querschnitt sind mit zarten Ebenholzlinien eingelegt, haben Hülsen an den Füßen und stehen auf Messingrollen. Der Schiebekasten ist mit Zeder eingelegt. Die Tischplatte besteht aus fünf Vollholzbrettern aus Brasilianischem Mahagoni, die Kernseite abwechselnd nach oben und unten gekehrt. Nach Verleimen und Putzen wurde sie mit Honduras-Mahagoni gegenfurniert, und zwar mit der Maserung im rechten Winkel zur Maserung des Vollholzes. Das Satinholz erhielt unten ein Furnier zum Ausgleich. Die das Stück stabilisierenden Tischklappen wurden trotz des Zeitaufwands in gleicher Weise gefertigt. Die Verbindungen wurden gesägt, bevor die langandauernden Schneide- und Einlegearbeiten begannen. Korpus und Beine bestehen aus Brasilianischem Mahagonivollholz.

PAUL GOWER
Arbeitsplatte
Aus gescheuerter und gebleichter Eiche gefertigt, hat diese Küchenarbeitsplatte eine leicht gekrümmte Platte. Der Entwurf ist teilweise von der Wellenform chinesischer Dächer inspiriert und teilweise von der Form des Fleischhauerblocks, was dem Stück „Küchenflair“ verleiht. Die Hackbretter und der Messerkasten in der Mitte bestehen aus Ahorn-Hirnholz, die Tabletts an den Seiten aus nichtrostendem Stahl.

NEIL CLARKE
Schreibtisch
Dieser glänzende Schreibtisch besteht aus voller Nordamerikanischer Kirsche und Ahorn. Es wurden mehrere Bearbeitungstechniken angewendet: für den Korpus verschiedene Schwalbenschwanzverbindungen, für das Untergestell und den Hocker Zapfen-Schlitz-Verbindungen. Die Qualitäten des ansonsten naturbelassenen Holzes werden durch Dänisches Öl hervorgehoben.

DEREK S. DAVIS

Schreibtisch

▼ Ein simples Konzept brachte diesen Schreibtisch des Raumfahrtzeitalters hervor. Das Material ist Amerikanischer Hartholzahorn, die Schreibtischplatte ist mit Blasenahorn furniert, die Ausschmückungen sind in Walnuß ausgeführt. Die Schübe haben Schwalbenschwanzverbindungen. Mit verschiedenen Öl- und Polyurethanschichten wurde die Tischplatte behandelt, bei den letzten drei Schichten Bienenwachs zugemischt.

ALAN PETERS

Tisch

▼ Dieser niedrige Tisch besteht aus Andamanischem Padauk mit kontrastierenden Sycamorebeinen, und es wurde die auffälligste Verbindung der Holzbearbeitung, die Schwalbenschwanzverbindung, benutzt. Die Form des Verbindungselements wird im Querschnitt der Beine fortgeführt. Weil alle Maserungen in gleicher Richtung liegen, arbeitet der Tisch bei Feuchteänderungen unbehindert. Die Beine haben oben eine schmale Brust, die der Platte Festigkeit gibt.

DEREK PEARCE

Tisch

▶ Die Platte dieses ungewöhnlichen Bibliothekstisches besteht aus zwei Stücken Kolumbianischer Kiefer, die mit Lamellofedern verbunden sind. Die Seitenplatte wurde abgetrennt und mit der Tischplatte über handgesägte Schwalbenschwanzverbindungen verbunden. Die „Bücher" bestehen aus verschiedenen Materialien: Sperrholz, Faserplatte, Kiefer und Hartholz. An der Tischplatte sind sie mit zwei Bolzen, 10 mm dick, und Beschlagplatten befestigt. Das wirklichkeitsnahe Aussehen der Bücher fußt auf verschiedenen Techniken und Werkzeugen, wie Fräser, Falzhobel, Kreis- und Kettensäge. Sie wurden mit Beizen, Tuschen und mit der Lötlampe endbehandelt, während die Tischplatte mit Seidenfinish und einem hitze- und kratzfesten Polyurethan gespritzt wurde.

BEN BROOKS
Tisch
Dieser niedrige Tisch soll die Turbulenz strömenden Wassers ausdrücken. Der Gestalter hat zahlreiche abstrakte Zeichnungen angefertigt, um die Dynamik einzufangen, die er im Möbelstück wiederzugeben bestrebt war. Kritisch auch die Auswahl der Materialien – die Tischplatte und die hinteren Beine bestehen aus Englischer Eiche, eingelegt mit Sycamore. Die untere Struktur setzt sich aus Eichenschichtholzplatten zusammen, deren Verdrillung durch den Zusammenbau selbst erreicht wird.

WALES & WALES
Tisch
▶ Dieser elegante Entwurf löst das immer wiederkehrende Problem, eine kreisrunde Tischplatte mit drei Beinen stützen zu wollen, indem er den traditionellen Dreifuß in eine heutige Sprache übersetzt. Das Gestell, ein gutes Beispiel für das Biegen von Holz, ist geschichtete Esche, über Dübel mit gedrechselten Klötzern verbunden. Die eschenfurnierte Platte ist mit einer auffallenden Kirschleiste umleimt (siehe Kantenbehandlung).

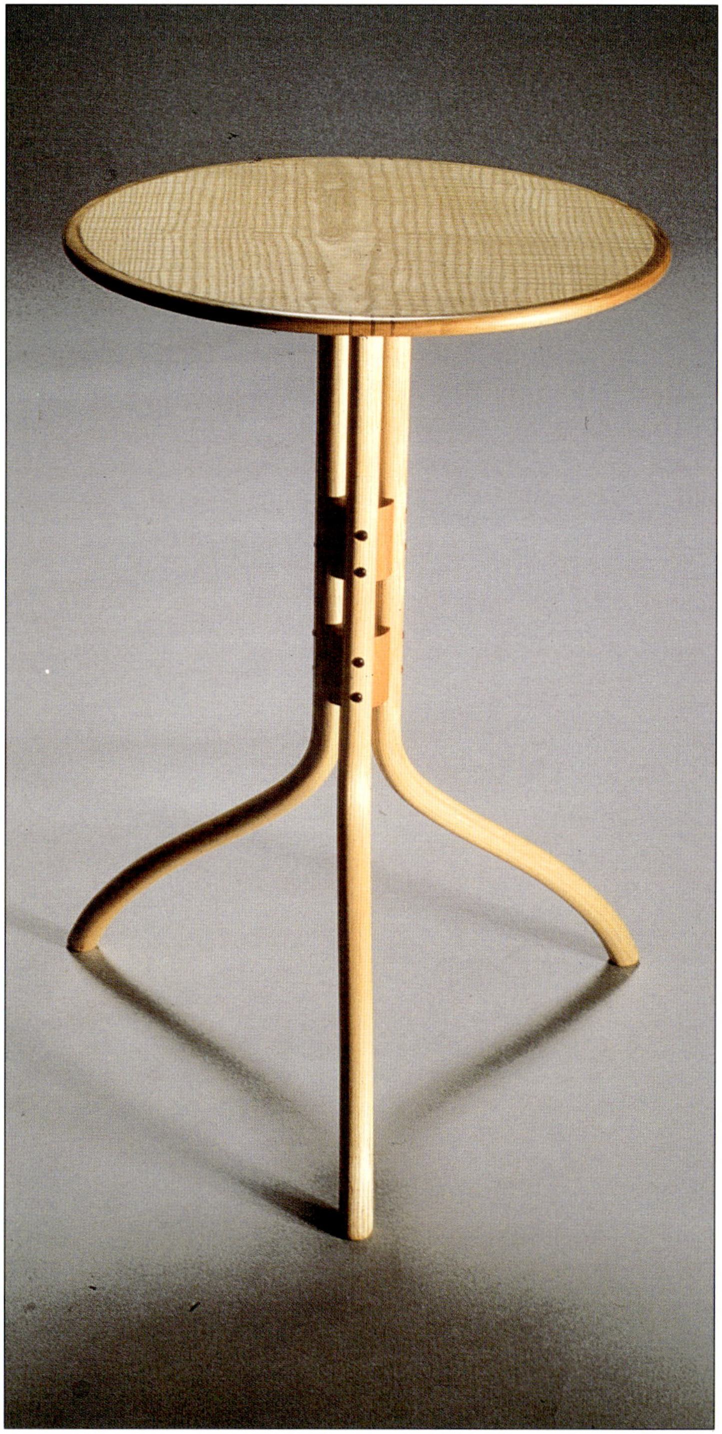

EDWARD HOPKINS
Geschachtelte Tische
Der einfache, aber exzellent ausgeführte Entwurf läßt die Qualität des Materials hervortreten. Bei der stabilen Rahmen- und Plattenkonstruktion wurden Zapfen-Schlitz-Verbindungen verwendet, hier zieht der Markstrahl der immergrünen Eiche den Blick auf sich. Infolge der vorzüglichen konstruktiven Durchführung können die einzelnen Tische mit nur einer Hand leicht bewegt werden.

PETER CZUK
Tische
Dieses Tischpaar aus Maserknollenahorn ist in ähnlich kunstvoller Weise geschaffen worden, wie ein Juwelier einen kostbaren Stein fassen mag. Unten und Oben beider Stücke wurden sorgfältig gegeneinander ausbalanciert, um ein Ganzes zu formen. Die Tischplatten sind jeweils Stücke aus vollem Maserknollenahorn, etwa 25 mm dick. Sie sind abnehmbar und werden durch federgespannte Klinken gehalten, so daß die Platten unbehindert arbeiten können. Für die Beine hat der Gestalter Zapfen-Schlitz-Verbindungen und eine schwarze Lackierung verwendet.

LUKE HUGHES
Schreibtisch
Dieser Tisch ist ein Sonderauftrag eines Kunden, der seine Financial Times unbehindert aufschlagen möchte. Dieser wohlproportionierte Schreibtisch in Englischer Eiche mit Rosenholzdetails hat schwalbenschwanzverbundene Schubkästen mit Böden aus Zeder, die beim Aufziehen lieblich duften. Für den Transport kann das Stück in ein flaches Paket verwandelt werden.

ALAN PETERS
Tisch
Dieser elegante Tisch mit einer kanellierten, wie ein Fächer ausgebildeten Platte aus vollem Indischen Rosenholz und Intarsien aus Sycamore ist ein klug erfundenes Beispiel für feine Form- und Hobelarbeit. Jede Kehle ist ein einzelnes keilförmiges Stück, hergestellt mit einer Vorrichtung. Nach dem Einarbeiten der Hohlkehle und dem Einlegen wurden die Stücke verbunden und verleimt.

MICHAEL FORTUNE

Tisch

▶ Dieser höchst plastische Wohnzimmertisch ist eine exotische Holzkombination – Maserknollenahorn, Ebenholz, eingefärbter Ahorn und Bischofsholz. Krümmungen (siehe Formen) an Möbeln bewirken optischen Reiz, bringen aber oft beachtliche technische Schwierigkeiten mit sich. Dieses technisch komplizierte Stück zeigt die Anwendung des Fräsens, der Lamellofederverbindung und von vollem und furniertem Holz.

JEREMY BROUN

Tisch

◀ Dieser ungewöhnliche Tisch wurde aus Bubinga-Vollholz gefertigt. Für seinen Bau waren einige Techniken erforderlich, darunter die ungewöhnliche Zick-Zack-Verbindung in der Mitte. Das Konzept der in der Mitte zusammenstoßenden drei Arme aus Schichtholzbrettern (siehe Hobeln) diktiert die Form des Stoßes, der durch sorgfältiges Sägen von Hand und mit Elektrowerkzeug (siehe Fräsen) gefertigt wurde. Eine stabile lose Feder (siehe Breitenverbindung) hält die Verbindung in der Mitte zusammen. An den Seiten wurden kräftige Fingerverbindungen gewählt, und alle Verbindungen werden durch eine gefräste Nut von 1,6 mm Breite hervorgehoben.

DEKORATIVE HOLZARBEITEN

Als dekorative Holzarbeiten sollen hier einige hölzerne Gegenstände bezeichnet werden, die sich in die bisherigen klarer umrissenen Kategorien nicht einordnen lassen.

Dekorativ heißt verziert, mit Schmuck versehen, und wird wohl häufig als in gewissem Maße überflüssig angesehen, als Merkmal insbesondere früherer Arbeiten, die bestenfalls mit meisterlichen Schnitz- oder Laubsägearbeiten ausgestattet waren und schlimmstenfalls infolge unpassender Struktur oder unangemessener Konstruktion eine Beleidigung fürs Auge darstellten. Andererseits hat der Terminus „dekorativ“ durchaus eine moderne, eher breite Bedeutung, indem er sich auf Objekte bezieht, die vorrangig gestaltet wurden, das Auge zu erfreuen oder allgemein anzuregen, vielleicht auch auf Objekte, deren Hauptaufgabe es ist, ihre funktionale Umgebung mit etwas Schmuck zu versehen.

Stühle, Tische und Schränke sind ziemlich eindeutig als funktionale, zweckbestimmte Gegenstände faßbar, obgleich es reich verzierte Exemplare und Stücke mit hoher räumlicher Qualität gibt. Wenn man von Funktion spricht, sollte man sich nicht auf eine einzige beschränken. Ein Stuhl ist natürlich in erster Linie für das Sitzen gedacht, aber sein Aussehen ist von ebensolcher Bedeutung.

Der heutige Holzhandwerker mag arbeiten, um sich selbst Befriedigung zu verschaffen oder den speziellen Wünschen eines Auftraggebers zu entsprechen. In unserer Konsumgesellschaft, in der die wachsende Automatisierung immer mehr Vielfalt bei erschwinglichen Preisen bringt, ist eine dekorative Holzarbeit ein Stück Persönlichkeitsverwirklichung. In einigen extremen Fällen mag das zu einem Überschwang an handwerklicher Bemühung geführt haben, im Normalfall aber werden einfach die Schönheit des Holzes und die Meisterlichkeit der Arbeitstechnik demonstriert.

Die hier ausgewählten Gegenstände sind ganz verschieden und präsentieren die breite Palette an Hölzern und formenden Arbeitsverfahren. Die Tendenz hin zu dekorativen Holzarbeiten, bei denen die Funktion die traditionellen Grenzen hinausrückt, ist fesselnd. Verständlicherweise sind viele dekorative Stücke wegen des Aufwands an menschlicher Arbeit und der Kostbarkeit der verwendeten Hölzer teuer und liegen außerhalb der Reichweite des Normalbürgers. So kann sich derjenige glücklich schätzen, der die Fertigkeiten zu erwerben vermag, selbst solche Gegenstände anzufertigen, ob sie sich nun verkaufen oder nicht.

TOM RAUSCHKE/
KAAREN WIKEN
Schale
Bei dieser ungewöhnlichen Schale kann der Deckel gewendet werden. Eine Seite zeigt eine Winterlandschaft, die andere eine Sommerlandschaft. Die Außenseite der Schale wurde aus einem Hickoryblock gedrechselt, dann mit der Juweliersäge gesägt und schließlich mit dem Schnitzmesser zu einem einmaligen Stück geformt. Der Deckel ist eine Einlegearbeit. Die sommerlichen Fluren sind aus Schwarzer Walnuß, Pockholz, Ahorn, Osage-Orange, Esche und Ebenholz, die schneebedeckten Details der Winterlandschaft aus Steineiche. Die Pockholzbäumchen wurden gedrechselt und auf einer Bohrmaschine gefräst. Im gläsernen „Teich“ spiegelt sich der Himmel in Gestalt einer Stickerei von Kaaren Wiken.

TOBY WINTERINGHAM
Tabletts
Die attraktiven, farbenfroh furnierten Tabletts unterstreichen die taktilen Qualitäten des Holzes. Sie enthalten dekorative Motive, die in der Mitte in das auf Faserplatte aufgeleimte Furnier eingelegt wurden. Die Ränder bestehen aus Englischer Kirsche, sie wurden mit einem Kunstharzlack behandelt.

JEFF KEMP
Gitarre
▶ Der Aufbau der klassischen Gitarre verkörpert die größtmögliche Vielfalt an Holzbearbeitungstechniken – von der Breitenverbindung der waffeldünnen Zedernbretter der Oberseite, der Formgebung der inneren Stützhölzer und dem Biegen der Salamanderholzseiten in Wärme bis hin zum Schleifen des geschnitzten Halses und Bohren der Löcher für die Wirbel. Jeder Musiker aber weiß, daß in der Stunde der Wahrheit nicht ausschlaggebend ist, ob die Verbindungen dichtgefügt und die Leimfugen unsichtbar sind oder ob Hals und Oberseite exakt parallel liegen – das alles ist natürlich von Bedeutung –, sondern ob das Instrument klingt, wenn es zum ersten Mal gezupft wird. Trotzdem – die Güte des Klangs kann durchaus von der Behandlung der Oberflächen abhängen.

JEREMY TURNER
Teller
◄ Dieser attraktive Teller mit Flachrelief wurde aus Sycamore geschnitzt. Das Blattwerk wurde mit einer Pappschablone angezeichnet. Nach dem Schnitzen wurde das Stück gewaschen, um es zu säubern und die Fasern aufzurichten. Die trockene, rauhe Oberfläche wurde vor dem Auftragen von Wasserfarben glattgerieben. Um die erwünschte Dichte der Farbgebung zu erreichen, mußten mehrere Farbschichten aufgetragen werden. Dann wurde leicht abgerieben, um die Kanten und die Textur der geschnitzten Flächen hervortreten zu lassen. Zwei Schichten eines Kunstharzlacks wurden aufgetragen und jedesmal nach dem Aushärten mit Stahlwolle abgerieben, zuletzt wurde das fertige Stück mit Bienenwachs poliert.

TOBIAS KAYE
Schalltopf
Dieser Schalltopf aus Kirsche ist ein Stück aus einer Serie, die Kaye durch Drechseln produziert. Beim Formen legt er großen Wert auf die „akustische Krümmung“, indem er ebenso aufmerksam hinhört wie er hinschaut, um eine Harmonie der Formgebung zu erreichen. Damit diese akustischen Schalen „funktionieren“, muß die Dicke der Wandungen ein Achtzigstel oder ein Fünfzigstel des Durchmessers haben, jenachdem ob die Schale tief oder flach ist. Die Saiten werden durch Messingröhrchen in der Wand gezogen; das macht den Klang heller und verhindert, daß sie sich in das Holz einschneiden.

BERT MARSH
Vase
Die herrlich gemaserte Vase wurde aus einem kleinen Stück eines vollständigen Goldregenstammes gefertigt. Die hellen Flächen oben und unten sind Splintholz, das außen am Stamm liegt und das Kernholz umgibt. Die gedrechselte Vase ist so geformt, daß sie die Jahresringe des Holzes sichtbar werden läßt.

DEEP SPRING STUDIO
Korb
▶ Aus dem Bild geht nicht sofort hervor, daß dieser Korb zusammenklappbar ist. Verschiedene Hölzer – Padauk, Ebenholz und Tigerahorn – wurden aufeinandergelegt und verleimt, so daß ein voller Block von etwa 25 mm Dicke entstand. Zuerst wurde der Handgriff ausgesägt, dann der Korb selbst in einem spiralig nach innen geführten Schnitt. Wenn das Stück zusammengeklappt ist, verlaufen Maserung und Schichtung ohne Unterbrechung über das ganze Stück hinweg. Gesägt wurde freihand mit der Bandsäge. Der Korb wird aufgeklappt, indem zuerst die Seiten vorsichtig nach oben gezogen werden und dann der Handgriff aufgerichtet wird.

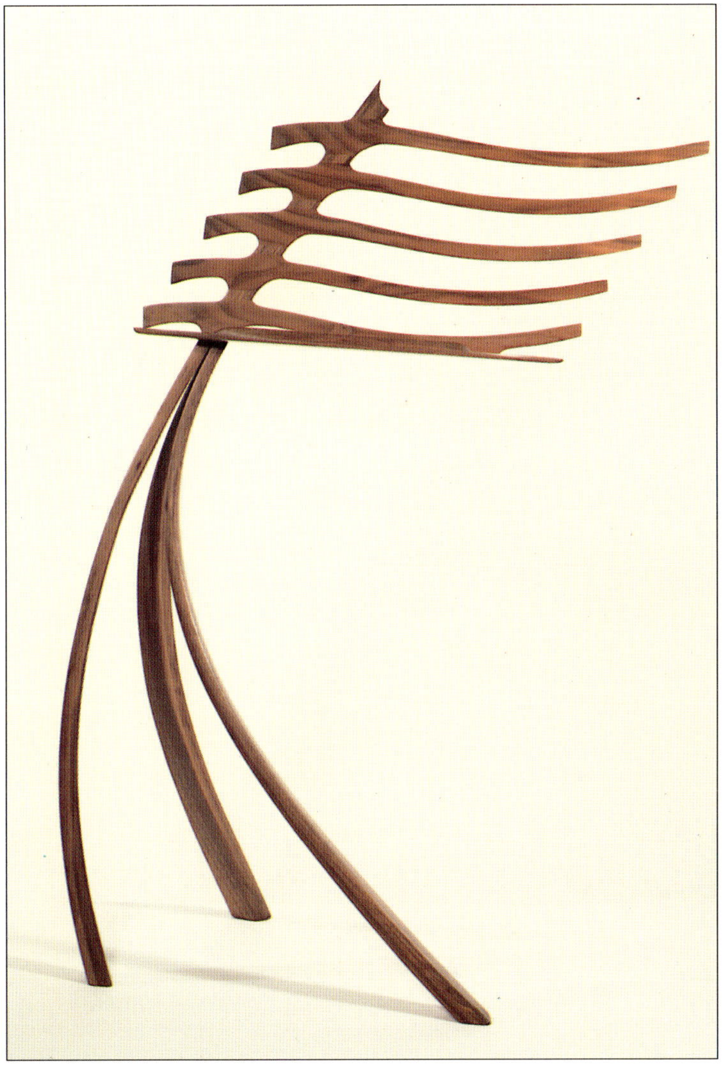

NIC PRYKE
Behälter
◀ Dieser ungewöhnliche Behälter ist für zwei Karaffen bestimmt. Er besteht hauptsächlich aus Amerikanischer Kirsche, umleimt mit Ebenholz und eingelegt mit Sterlingsilber und verschiedenen Hölzern, wie Walnuß, Sycamore und Maserknollenesche. Obwohl auf traditioneller Intarsienarbeit fußend, verleihen die abstrakten Motive dem Behälter ein modernes Aussehen.

CHRISTOPHER HAUTH
Notenständer
▲ Wie eine Espe, die sich im Winde biegt, fängt dieser elegante Notenständer aus Schwarzer Walnuß die Kraft und die Würde der Natur ein. Mit traditionellen Verbindungen gefügt und aus konischen Schichtholzteilen aufgebaut, ist er mit China-Holzöl von Hand abgerieben worden, um eine zum Design passende Oberfläche zu erhalten.

TOBIAS KAYE
Schale
▲ Diese dünnwandige Schale besteht aus Steineiche. Sie wurde naß gedrechselt, solange das Holz noch grün und geschmeidig ist. Steineiche wird sehr weiß, wenn sie schnell getrocknet wird, die Schale ist sogar weiter aufgehellt worden, indem sie mit Zitronensaft (Zitronensäure) abgerieben wurde. Es sollte ein aussschließlich dekorativen Zwecken dienendes Stück entstehen. Der Gestalter wollte die Eleganz des Holzes durch die stark aufwärts gerichtete Form betonen. Die Weiße, die Gleichmäßigkeit der Maserung und der scharfe, saubere Schnitt, den das Holz von der Drehbank erhält, tragen zum Eindruck von Leichtigkeit bei.

CHRISTOPHER HAUTH
Flurgarderobe
◄ Die Erfordernisse von Form und Funktion raffiniert mischend, ruft diese elegante Flurgarderobe sofort Aufmerksamkeit hervor. Das abdunkelnde Chinaholzöl-Finish harmoniert mit dem feinen Glanz der Schwarzen Walnuß, die traditionellen Verbindungen betonen den Charakter des Möbels als ein Stück Ausstattung des Zuhauses.

MAX COOPER
Behälter
▲ Dieser anmutig gerundete Sammlungsbehälter aus furniertem Satinholz ist an den gekrümmten Seitenfläche und oben mit neoklassischen Intarsienmotiven verziert. Die Türen geben sechs Schubkästchen mit gebogenen Fronten frei, die aus laminiertem Ebenholz bestehen und mit Rio-Rosenholz furniert sind. Die schwalbenschwanzverbundenen Schubkästen sind mit Buchsbaum ausgekleidet.

BODDINGTON & FOOTE
Lesepult
Das Lesepult, konstruiert für Lasten bis 10 kg, besteht aus vollem Kongo-Palisander. Es wurde aus Schichten aus gesägtem Furnier aufgebaut, die zwischen zwei Formteilen mit Epoxidharz verleimt wurden. Die Schichtholzteile wurden mit Flächenwinkelverbindungen und einem Seil aus nichtrostendem Stahl verbunden, das durchgefädelt ist und an den Enden Spannmuttern trägt. Die Befestigungsstellen liegen in Einsenkungen, die mit gedrechselten Palisander-Knöpfen verschlossen wurden. Im Fußteil steckt ein Bleikern, der den Schwerpunkt nach unten verlegt. Zur Endbehandlung wurde als Grund ein säuregehärteter Lack aufgetragen, anschließend gebrannt und mit Teakwachs gewachst.

MAX COOPER
Uhr
◄ Das mit reicher Intarsienarbeit verzierte Gehäuse dieser Standuhr besteht aus voller Englischer Eiche und ist mit sorgfältig ausgewählter Englischer Walnuß furniert. Die Intarsien, für die zwölf Holzarten benutzt wurden, stellen Akanthusschnörkel und Blumen dar, eine Reminiszenz an das späte 17. Jahrhundert.

ANDREW CRAWFORD
Schachtel
▲ Diese auffallende Schachtel, die als Behälter für die Wasserfarben eines Künstlers entworfen wurde, ist sowohl Ausstellungstück als auch Gebrauchsgegenstand. Das Grundgehäuse besteht aus Birkensperrholz und Ahorn, die Eckverbindungen sind doppelte Falze. Das Äußere ist mit Kanadischem Ahorn wunderschön furniert und mit eingefärbten Furnieren verziert. Beachtenswert, wie die Linien um das Stück fließen, über die Kanten hinweg und unter den farbigen Schmuckstreifen hindurch, wobei sie ihre Farbe wechseln. Innen wird die Idee wiederholt. Die Wellenlinien sind durch Ausschneiden dünner Streifen aus einem Furnierstapel erzeugt worden, der in einer gekrümmten Form verleimt worden war. Das angepaßte Innere beherbergt zwei speziell angefertigte Wasserbehälter. Ein kleiner Schubkasten mit Schwalbenschwanzverbindungen, der durch Ziehen an einem kleinen, gedrechselten Buchsbaumknopf geöffnet wird, enthält eine weitere Palette.

ROBERT INGHAM

Schatulle

Nicht weniger als 80 kleine Stücke Maserknollenulme, gehalten von Rahmen aus Mooreiche, wurden für die Fertigung dieser Schatulle verwendet. Auskleidung und Zwischenbretter bestehen aus Sycamore. Auch die Scharniere sind aus Holz. Die Messingbeschläge wurden als integrale Elemente des Gesamtentwurfs geschaffen.

REGISTER

Kursive Seitenzahlen besagen, daß das Stichwort ausschließlich in einer Bildunterschrift oder innerhalb eines Bildes vorkommt.

Folgende Möglichkeiten können beispielsweise für den Bezug diverser Hölzer oder die Information über Hölzer genutzt werden:

Baumärkte
Einkaufs- und Vertriebsgenossenschaften des Holzhandwerks
Holzfachhandel
Holzfachmärkte
Holzhandel
Holzhandelsgesellschaften
Holzmärkte
Bundesverband Deutscher Holzhandel e. V., Wiesbaden
Verein Deutscher Holzeinfuhrhäuser e. V.
Vereinigung der Holzhandelsverbände e. V.
Vereinigung Deutscher Sägewerksverbände e. V., Wiesbaden
Zentralvereinigung Deutscher Handelsvertreter- und Handelsmaklerverbände, Bundesfachgemeinschaft Holz- und Baubedarf, Bundesfachabteilung Holzmakler, Köln
Schweizerischer Holzindustrieverband Bern und Zürich
Fachzeitschriften

Wenn Sie mehr wissen möchten …

Albert Jackson, David Day. ***Alte Möbel pflegen und restaurieren.*** *160 Seiten, 625 Farbgrafiken, 65 Farbfotos. Format 21,5 x 26,0 cm. ISBN 3-8001-7800-1*

Mit diesem Buch liegt ein nützlicher Ratgeber für die Reparatur und Oberflächenbehandlung von Möbeln speziell für den Heimwerker vor. Gegliedert in fünf übersichtliche Kapitel: 1. Der Erwerb alter Möbel 2. Überzüge restaurieren und wiederherstellen 3. Stühle und Bänke 4. Tische 5. Kommoden und Schränke, informiert es über Wohnraummöbel sowie deren Konstruktion und gibt konkrete Ratschläge zu Methoden und Materialien für die Pflege und Reparatur. Mit leicht nachzuvollziehenden Schritt-für-Schritt-Anleitungen werden auch Laien in die Lage versetzt, Restaurierungsarbeiten selbst durchzuführen. Die Autoren gehen auf jeden Kenntnisstand ein und bieten ein breites Themenspektrum, vom Ausbessern bis hin zum Ersetzen eines Teiles.

Simon Cavelle. ***Dekorieren mit Farbe.*** *Maltechniken für Wände und Möbel. 176 Seiten, 490 Farbabbildungen. Format 22,0 cm x 22,0 cm. ISBN 3-8001-7806-3*

Dieses Buch wurde mit dem Ziel geschrieben, die Möglichkeiten der Farbwirkungen jedermann zugänglich zu machen, vom Maler bis zum Anfänger, der noch nie einen Farbpinsel in der Hand hielt. Es werden mehr als 50 Möglichkeiten des dekorativen Malens vorgestellt, von Farbwischen und Ziehtechnik bis zu Découpage, Schablonieren und Marmorieren. Verständliche Schritt-für-Schritt-Anleitungen vermitteln das notwendige Wissen über die Vorbereitung, Ausführung und Vollendung der einzelnen Arbeitsstufen. Viele Beispiele fertiggestellter Arbeiten zeigen den großen Bereich der Einsatzmöglichkeiten. Damit ist es ein grundlegendes Handbuch für kreative Maler, gleichermaßen interessant für Anfänger, Fortgeschrittene und Experten.

Robert Cunning. ***Bilder selbst rahmen.*** *176 Seiten, 495 Farbabbildungen. Format 22,0 cm x 22,0 cm. ISBN 3-8001-7807-9*

Gute Rahmen können auch schlichten Bildern eine überraschend hohe Wertigkeit verleihen. Da professionell gefertigte Rahmen ziemlich teuer sind, bietet dieses Buch das nötige Wissen, schöne Rahmen mit minimalem Aufwand selbst zu fertigen. Es ist als grundlegender Ratgeber konzipiert und durchaus auch für Laien geeignet, die sich erstmals mit diesem Thema befassen wollen. Sehr ausführliche Schritt-für-Schritt-Anleitungen helfen schnell zu ersten erfreulichen Erfolgen. Das Buch erklärt auch, wie alte Stücke so restauriert werden können, daß ihr früherer Glanz und ihre ehemalige Schönheit wieder sichtbar werden. Eine sehenswerte Rahmen-Galerie gibt einen Eindruck von der Spannbreite der Stilarten und Gestaltungsmöglichkeiten.

DANK

Quarto möchte den im folgenden genannten Personen und Firmen für ihre Unterstützung danken, die sie dem Buchprojekt zuteil werden ließen.
S. 65 John Anderson; S. 128 oben Paul Gower/Parnham College, Dorset; S. 129 Alan Peters; S. 130 links John Makepeace Workshops, Parnham House, Dorset; S. 131 Mitte Andrew Varah; S. 131 oben links John Coleman; S. 131 rechts Terrie Noll; S. 132 links John Coleman; S. 132 rechts John Makepeace Workshops, Parnham House, Dorset; S. 133 Robert Ingham – Principal, Parnham College, Dorset; S. 134 Paul Rochon; S. 135 links Wales & Wales; S. 135 Mitte Philip Koomen Furniture; S. 135 rechts Jeremy Broun; S. 136 Karen Hansen; S. 137 speziell angefertigt für Artizana von Lucinda Leech; S. 138 Poul Kjaerholm; S. 139 unten Alvar Aalto/Artek; S. 139 oben Cappellini International Interiors; S. 140 links Wegner/PP Mobler APS, Dänemark; S. 140 rechts Jeremy Broun; S. 141 Wegner/PP Mobler APS, Dänemark; S. 142 links Robert Williams of Pearl Dot, London; S. 143 links Andrew Varah; S. 143 rechts Jeremy Broun; S. 144 links Ercol Furniture Limited, High Wycombe; S. 144 rechts Wegner/PP Mobler APS, Dänemark; S. 145 links Ben Heaf; S. 145 rechts Poul Kjaerholm/PP Mobler APS, Dänemark; S. 146 Hescot Ltd Newmarket; S. 147 links Samuel Chan; S. 147 rechts Christopher Rose of Pearl Dot, London; S. 148 Stefan During, Texel, Holland; S. 149 Terrie Noll; S. 150 oben Samuel Chan; S. 150 unten John Makepeace Workshops, Parnham House, Dorset; S. 151 Nicholas Meech; S. 152 links Stephen Field, Cabinet Maker; S. 152 rechts Fred Baier; S. 153 Paul Gower/Parnham College, Dorset; S. 154 Neil Clarke; S. 155 oben links Derek S Davis; S. 155 oben rechts Alan Peters; S. 155 unten speziell angefertigt für Artizana von Derek Pearce; S. 156 Ben Brooks/Parnham College, Dorset; S. 157 links Wales & Wales; S. 157 rechts Edward Hopkins; S. 158 Peter Czuk/The Rosen Group; S. 159 Luke Hughes & Co Ltd; S. 160 Alan Peters; S. 161 oben Michael C Fortune; S. 161 unten Jeremy Broun; S. 162 oben Tom Rauschke und Kaaren Wiken, Foto: William Lemke; S. 163 oben Toby Winteringham; S. 163 unten Jeff Kemp; S. 164 oben Jeremy Turner; S. 164 untenTobias Kaye, S. 165 links Bert Marsh; S. 165 unten Deep Spring Studio/The Rosen Group; S. 166 Nic Pryke, Foto: Graham Pearson; S. 167 links Christopher Hauth; S. 167 rechts Tobias Kaye; S. 168 links Christopher Hauth; S. 168 rechts Max Cooper; S. 169 speziell angefertigt für Artizana von Silver Linings Workshops; S. 170 links Max Cooper; S. 170 rechts Andrew Crawford; S. 171 Robert Ingham – Principal Parnham College, London.

Wir danken außerdem den Personen, deren Arbeiten wir auf dem Schutzumschlag abgebildet haben: Bert Marsh; Cappellini International Interiors; Nicholas Meech; Tom Rauschke und Kaaren Wiken, Foto: William Lemke; Wegner/PP Mobler APS, Dänemark.
Quarto dankt ferner ganz besonders den Firmen, die freundlicherweise Werkzeuge und Materialien für Abbildungen und Demonstrationen zur Verfügung gestellt haben.
Werkzeuge wurden bereitgestellt von: Axminster Power Tool Centre, AEG (UK) Ltd, Black & Decker, Bosch Power Tools, Franchi Lock & Tools, Hitachi (UK) Ltd, Kity, Luna Tools Ltd (Ryobi), Makita Power Tools, Panasonic Power Tools, Record Power Tools, Skil, Stanley Tools, Trend Cutting Tools, Wolfcraft.
Materialien wurden bereitgestellt von: The Art Veneers Company Ltd, John Boddy Timber Ltd, Oscar Windebank Ltd, Silverman's and Sons Sheet Materials, Sp Systems – Isle of Wight.